내 이름은 왜
비르질인가?

POURQUOI M'A-T-ON APPELE VIRGIL?
by Virgil Gheorghiu

Originally published as POURQUOI M'A-T-ON APPELE VIRGIL? in 1990
by Editions du Rocher
Copyright ©1990 by Editions du Rocher

Korean Translation Copyright ©2017 by Korean Orthodox Editions
This Korean translation is produced by permission of Editions du Rocher

내 이름은 왜 비르질인가?

초판1쇄 인쇄　2017년 3월 25일
초판1쇄 발행　2017년 3월 25일

지 은 이　비르질 게오르규 신부
옮 긴 이　그레고리오스 박노양
펴 낸 이　암브로시오스 조성암 대주교
펴 낸 곳　정교회출판사
출판등록　제313-2010-5호

주　　소　서울특별시 마포구 마포대로18길 43(아현동)
전　　화　02)364-7020
팩　　스　02)6354-0092
홈페이지　www.philokalia.co.kr
이 메 일　orthodoxkorea@gmail.com

*잘못된 책은 바꿔드립니다.
정가 15,000원

ISBN 978-89-92941-44-0　　　　03230

ⓒ정교회출판사 2017

이 책의 한국어판 저작권은 Editions du Rocher와 독점계약한 정교회출판사에 있습니다. 저작권법에 의해 한국 내에서 보호를 받는 저작물이므로 무단 전재와 무단 복제를 금합니다.

『25시』의 저자
비르질 게오르규

내 이름은 왜 비르질인가?

 정교회출판사

차례__내 이름은 왜 비르질인가?

내 일생 최대의 불행, 내 이름 비르질 7
비오스 그리고 뽈리띠아 98
눈처럼 흰 조상들 124
헤지카스트의 땅, 네암쯔 138
하늘 여왕의 시동 158
기혼 사제와 수도 사제 185
비르질 말락 198
옥수수와 빵 212
이집트 면사 사건 234
사제관의 강도 사건 257
교회와 오르키데아 280
멜기세덱 신부님 291
매일 반복되는 부활 316
나의 첫 번째 원수 337
두 예루살렘 사이의 여행 358

내 일생 최대의 불행, 내 이름 비르질

　내 이름은 비르질 게오르규이다. 내 인생의 첫 번째 최대의 참된 불행이 있다면, 그것은 비르질이라는 이름을 갖게 된 것이다. 아무도 자기 이름을 스스로 선택하지 않는다. 게다가 사람들이 자기를 어떻게 부르는지 알게 되는 것도 사실은 뒤늦게, 그것도 한참 뒤늦게이다. 가족 중에서도 늘, 가장 늦게 그것을 알게 된다. 나는 오늘날 대부분의 사람들이 그렇게 하듯이 내 요람 곁에서도 사람들이 법석대고, 온갖 손짓을 하던 모습을 기억한다. 정말 모든 사람이 내게 다가와서는 또박또박 한 음절씩 정확히 발음하거나, 혹은 크게 소리쳐 불러보거나, 혹은 내가 알아차릴 수 있도록 입모양으로 오물거리거나, 더 잘 들리라고 귀에 대고 속삭이던 하나의 단어. 그것은 바로 비르질이었던 것이다. 그들은 내가 이름을 배워 익히길 원했다. 내 기억 속에 그것을 새겨 넣기를 원했다. 내 이름이 비르질이라는 사실을 명심하길 바랐던 것이다. 마치 내 살과 내 목숨이 내게 속한 것처럼 이 이름 또한 나에게 고유하게 속한 것임을 알기를 바랐던 것이다.

내가 비르질이라는 이름으로 불린다는 것을 잘 이해하게 되었을 즈음, 나는 그 이름을 자랑스러워했다. 그것은 이 땅에서 내가 가진 두 번째 소유물이었다. 나는 장난감을 받듯이 그것을 받아들였다. 몸과 이름은 이 땅에서 우리가 얻고 평생 간직하게 되는 첫 번째 것들이다. 사람은 누구나 자기 몸과 자기 이름을 가지고 살다가 무덤에 간다. 그것들과 분리될 염려는 조금도 없다. 불행할 때나 행복할 때나, 심지어 모든 것을 잃어도, 몸과 이름은 여전히 남는다. 언제나. 비르질로. 그것은 내 취향에 맞는 이름이었고, 내 주위에서 언제나 그 이름을 듣게 되어 기뻤다. 내 인생의 출발점에서 내가 듣기 시작한 모든 단어들 중에서, 가장 아름다운 것은 분명 비르질이라는 이름이었다. 그것은 의심할 필요도 없이 모든 사람이 기쁨과 자애로움과 환희를 가지고 나를 쳐다보면서 그 이름을 불렀기 때문이리라. 사랑이 있다면, 아무리 추한 이름도 아름다운 음악으로 바뀔 수 있다.

나중에 나는 비르질이 그 자체로 아름다운 이름이라고

생각하게 되었다. 소박한 아름다움이랄까. 조금은 엄격한. 전나무와 같은 아름다움. 산과 같은 아름다움. 그것은 가지기 힘든 이름이기도 하다. 왜냐하면 그것은 좀 친숙해지기 힘든 이름이기 때문이다. 그 어떤 친밀함도 거부하는 이름. 그것은 또한 실크해트(정장용 모자)를 아무 때나 어디서나 쓰고 다니지 않듯이, 매일, 어떤 상황에서든 지니고 다니기에는 적절치 않은 이름이다. 비르질, 그것은 어떤 애칭도 허용하지 않는 이름이다.

더 나중에, 나는 비르질이란 단어의 어원과 의미가 무엇인지 알게 되었다. 그것은 정결, 순결, 동정을 의미한다. 그리스인들은 '동정'이라는 의미의 '비르지니떼(Virginité)'를 '빠르테니아'라고 부른다. 그것은 말 그대로 "하느님 가까이에 있음"을 의미한다. 교회의 교부들은 "우리의 몸을 불멸하게 하는 것은 바로 동정이다."[1]라고 말함으로써 끊임없이 동정을 찬양했다. 심지어 주님께서 이 땅에 내려오셔서 사람이 되신 것도 "인간의 육체를 동정의 갑옷으로 감싸기 위해서"[2]라고 말할 정도이다. 동정, 그것은 하늘의 치장이다.

해가 거듭되면서, 나는 비르질이 또한 로마 제국의 가장

---

1) *Méthode d'Olympe*, p. 18 col. 277.
2) *Méthode d'Olympe*, p. 18 col. 261.

위대한 시인의 이름이라는 것도 알게 되었다. 그는 로마 제국의 최고 전성기에 살았다. 그는 황제의 개인적인 친구였다. 그는 지상에서 가장 위대한 제국의 가장 위대한 시인이었을 뿐만 아니라 죽은 지 이 천년이 지난 지금까지도 세상의 그 어떤 시인보다도 탁월한 시인으로 남아 있다. 단테 알리기에리(Dante Alighieri)는 그의 『신곡』에서 그를 안내자로 삼았다. 이렇게 그는 두 개의 영광을 동시에 누리고 있는 것이다. 비르질의 영광은 그가 단테의 안내자였다는 점에서 배가된다.

이렇게, 비르질은 전 세계적인 영광을 누린다. 이천 년 전부터, 파타고니에서 알라스카에 이르기까지, 피니스테르에서 일본에 이르기까지 모든 학생들은 비르질에 관해 배웠다. 하지만 내가 태어난 조국 루마니아에서 그는 세상 그 어느 곳에서보다 더욱 큰 영광을 누린다. 루마니아에서는 비르질의 영예가 삼중이다. 왜냐하면 이천만 명에 달하는 인구를 가졌고, 까르파티아 산맥과 다뉴브 강 북쪽에 달처럼 둥글게 걸쳐있는 나라 루마니아에 살고 있는 우리 루마니아 사람들은 로마인들의 후예이기 때문이다. 우리 민족의 이름이 그것을 잘 보여준다. 루마니아 사람(Roumain)과 로마 사람(Romain) 사이에는 단 하나의 철자만 다르다. 우리는 라틴족이고 로마의 후예들이기 때문에 비르질을 같은 동포로 여긴다. 그는 모든 조상들처럼 우리의 조상인 것이다. 그것은 단지 내 이름과 같은 비르질만 아니라 로마의 유산 전체에도 해당된다. 루브(Louve)를 예로 들어보자. 두 아기 로물루스(Romulus)와 레무스(Rémus)에게 젖을 물리고 있는 그 유명한 루브 조각상을 루마니아에서보다 더 자주 볼 수 있는 곳은 세상 그 어디에도 없다. 옛날 로마 제국의 한 지방이었던 우리나라에서는 큰 광장 어디서든, 관청이나 의회 건물 혹은 국립은행의 큰 홀에서 어김없이 이 조각상을 볼 수 있다. 루브는 학생들의 공책과 교과서 표지에도 인쇄되어 있고, 동전과 메달에도 새겨져있다. 하느님은 십계명에서 아버지와 어머니를 공경하라고 명령하신다. 그런데, 로마의 루브는 우리 모두의 유모이다. 로마에서 멀리 떨어진, 유럽의 동쪽 변방에서, 주변에 아무리 둘러봐도 같은 라틴 민족이라고는 찾아볼 수도 없이, 낯선 민족들에 둘러싸여 살면서도, 우리는 우리의 어머니 로마의 모습을 언제나 우리 눈앞에 두어 간직하려고 노력해왔다. 함께 살 때가 아니라 멀리 출타할 때 부모의 사진을 가슴에 간직하고 살듯이 말이다. 이런 까닭에 루마니아에 들어서자마자 우리는 도처에서 로마식 이름을 접하게 된다. 기차로 도착한다면, 역사의 플랫폼들이 트라얀, 리비아, 비르질, 키케로, 루치아, 아우렐리우스, 케사르, 오비드, 호라스 등으로 불리는 것을 듣게 될 것이다. 라틴식 이름은 모든 거리에서도 메아리친다. 신문 잡지 속에서도 장을 넘길 때마다 읽게 될 것이다. 가판대 진열장에서도, 도로 표지판에서도 읽게 될 것이다. 루마니아에서는 모든 사람이 다 로마식 이름을 갖고 있기 때문이다.

로마의 후손에게는 너무도 당연한 일이듯 내가 라틴식 이름을 가졌을 뿐만 아니라 그것도 로마제국의 가장 위대한 시인의 이름을 가졌다는 것을 알고서, 나는 자긍심을 느꼈다. 자기가 가진 것에 긍지를 느끼는 것, 그것을 보여주고 싶고, 자랑하고 싶은 것은 지극히 인간적이지 않는가.

내 라틴식 이름으로 인해 나는 아주 자주 마치 형형색색의 깃털로 치장한 공작처럼 뽐냈던 것이다. 나는 이렇게 자랑스러워하며 사제의 부인이었던 내 어머니(마마 쁘레스비떼라)에게 물었다.

"내 축일은 언제예요?"

먼저 분명히 해야 할 것이 하나 있다. 우리 루마니아 사람들은 세상의 다른 나라 사람들처럼 결코 생일을 축하하지 않는다. 생물학적 출생, 어머니의 배에서 나온 날은 우리가 관심을 갖거나 생각해야 할 만큼 가치 있는 사건이 아니다. 왜냐하면 논리적으로 말해서 생물학적 출생은 사람에게 조금도 특별하고 예외적인 것이 아니기 때문이다.

또 즐거워해야 할 것도 아니다. 그것은 축제의 날이 될 만한, 혹은 일생동안 매년 기억해야 할 만한, 혹은 다른 사람들에게 그 날짜를 알려줄 만한 가치가 있는 사건이 전혀 아닌 것이다. 우리의 생물학적 출생은 포유류라 불리는 모든 동물들의 출생과 똑같다. 우리의 생일을 기억하는 것은 우리가 개나 고양이나 송아지처럼 세상에 나왔다는 것을 기억하는 것일 뿐이다. 그것은 결코 아름다운 광경이 아니다. 오히려 혐오스럽다. 굴욕적이다. 어쨌든 그것은 강조해야 할 사건이 결코 아니다. 우리가 남몰래 처리해야 하는 생리적인 활동 그 이상이 아니다.

하지만 우리가 이 날을 소중하게 여기지 않는 것이 단지 우리의 출생이 동물들의 그것과 조금도 다르지 않기 때문이라거나, 우리가 쥐나 소나 고양이와 똑같은 방식으로 이 땅에 오게 되었다는 점 때문만은 아니다. 그것은 수줍음 때문도, 자긍심 때문도 아니다. 확실히 우리는, 이 생리적인 일을 축하하기 위해 친구들을 초대하여 야외에서 아침부터 음악을 틀어 놓고 노래하고 춤추는 이 땅에 사는 다른 민족들보다 더 교만하지는 않다. 그것 때문만은 결코 아니다. 거기에는 더욱 심오한 이유가 있다. 그것은 우리 루마니아 사람들이 로마인의 직접적인 후예들일 뿐만 아니라 또한 우리 모두가 그리스도인들이기 때문이다. 루마니아 민족은 그리스도교 민족이다. 그리스도인이라는 질적 규정, 그것은 우리가 지상에서 소유하고 있는 가장 고귀한 것이다. 우리는 무엇보다도 그리스도인이기 때문에, 생리적 탄생은 우리에게 아름답지 않은 것, 그리고 모든 포유류 동물들이 세상에 오는 방식과 동일한 것임을 넘어서서 또한 그것은 우리에게 창조 이후 인간에게 닥친 가장 고통스러운 사건을 상기시켜 주는 것이 된다. 생리적인 탄생은 인간의 궁극적인 비극을 일깨워준다. '낙원에서의 추방'이 바로 그것이다. 우리의 첫 번째 조상 아담과 이브의 잘못 이전에는 성적인 방법을 통한 번식이 인간에게 낯선 것이었다. 원래 인간은 불멸의 존재로 창조되었다. 그는 성을 알지 못했다. 출산도, 고통도, 죽음도 말이다. 하늘에는, 결혼이 존재하지 않았던 것이다. 왜 아담의 범죄 이전에는 결혼이 없었는가? 왜 낙원에서는 성적인 관계가 존재하지 않았는가? 왜 저주 이전에는 출산의 고통이 없었는가? 왜냐하면 이 모든 것이 추가된 것이고, 우리의 결함 때문에 나중에야 필요하게 된 것이기 때문이다. 그것들과 그 밖의 모든 것이.[3] 성, 임신, 질병, 노화 그리고 죽음은 인간에게 내려진 형벌이다. 출산과 성의 문제와 관련해서 니싸의 성 그레고리오스도 성 요한 크리소스토모스만큼이나 분명한 입장을 갖고 있다. "남자와 여자로 성이 나뉜 것

---

3) Saint Jean Chrysostome, *La Virginité*, XV, 2 P.G. 48 col. 545.

은 나중 일이다. 신성하고 복된 본성이 성의 구별을 포함한다고 생각해서는 안 된다. 하지만 동물적 본성에 속한 것을 인간에게 귀속시킴으로써 하느님은 그 최초 창조 세계의 탁월함과는 어울리지 않는 번식의 방식을 우리 인간 종족에게 귀속시키신 것이다. 바로 이것이, 성경이 말하고 있듯이, 하느님이 먼저 그 형상에 따라 인간을 만드시고, 그런 다음에야 남자와 여자를 만드심으로써 동물적 본성에 고유한 특징들을 추가하신 이유이다. 이것은 또한 성 바울로가 '새 사람' 안에는 남자도 여자도 없을 것이라고 말하면서 가르치고자 했던 것이다."[4]

짐승들의 출생처럼, 성관계와 출산의 방식을 통한 모든 출생은 그러므로 타락 이전의 인간에게는 낯선 것이었다. "낙원에서 쫓겨나기 전까지만 해도, 이브가 죄짓고 출산의 고통이라는 벌로 심판받기 전까지만 해도, 아담은 성적인 방식으로 이브를 알지는 못했다."[5]

쾌락이라는 형태의 속임수로 죄가 들어왔다. 하지만 "이 쾌락의 감정 이후에 곧바로 수치심, 두려움이 찾아왔고, 그래서 아담과 이브는 창조주의 눈앞에 감히 나설 수 없으며 나무 잎사귀로 가리고 어두운 곳에 숨었다. 그 후, 그들은 가죽 옷이 입혀져 죽음을 위로하기 위해 결혼이 고안

---

4) Saint Grégoire de Nysse, P.G. 44, col. 181 A.
5) Saint Grégoire de Nysse, *De la Virginité*, XII, 4, P.G. 44, col. 302 C.

된 곳, 불결하고 고통스러운 이곳으로 유배되었던 것이다."[6]

모든 생리적이고 육체적인 출생은 우리로 하여금 낙원으로부터의 추방을 떠올리게 한다. 참회의 예복인 '가죽옷(tunique de peau)' 입음, 인간을 포유류 동물의 범주 안에 묶여버리게 한 우리의 타락을 떠올리게 한다. 성적인 방식을 통한 번식은 나중에 하나의 벌로서 인간 본성 안에 도입되었다. "동정은 태초부터 결혼보다 먼저 존재했었다. 하지만 위에서 말한 이유로 인해 결혼이 나중에 도입되었고 마치 필수적인 것처럼 여겨지게 된 것이다. 만약 아담이 순종 안에 머물렀다면, 그것은 결코 필요치 않았을 것이다."[7]

성 요한 크리소스토모스는 그 황금의 입으로 확신에 차서 주장한다. "하느님은 사람이 이 땅에서 불어나게 하는 데 반드시 결혼을 필요로 하지 않으셨다."[8] 게다가 성을 통하지 않고도 불어나는 천상의 피조물들은 수없이 많다.

이것이 바로 우리의 생리학적 출생일이 우리에게 상기시켜 주는 것들이다. 그러므로 우리가 생일을 축하한다면, 그것은 마치 죄수복을 입고 쇠사슬에 묶인 채, 도형장에 끌려온 그 날과 시간을 노래와 춤으로 좋다고 경축하는 도

---

6) Saint Grégoire de Nysse, *De la Virginité*, XII, 4, P.G. 44, col. 302 C.
7) Saint Jean Chrysostome, *La Virginité*, XVII, 5 P.G. 48 col. 546.
8) Saint Jean Chrysostome, *La Virginité*, XVII, 5 P.G. 48 col. 546.

형수와 같은 꼴이 될 것이다. 그것은 우리의 논리에 맞지 않는 일이다. 우리는 불행과 재앙을 경축할 수 없다. 우리는, 유죄판결을 받아, 참회의 의복, 즉 동물적 욕망으로 짜인 이 끔찍한 가죽 옷을 입게 된 것을 회상하면서, 춤추고 노래할 수는 없다.

이것이 바로 우리가 동물적인 출생의 날을 기억하지 않는 이유이다.

이미 말한 것처럼, 나는 한 번도 개인적으로 내 생일을 경축해본 적이 없다. 내가 아는 사람 그 누구도 생일을 기념하지 않았다. 우리나라에서 이 날, 즉 우리의 생리적인 출생일은 다만 경찰서, 법원, 관청, 세무서에서나 중요할 뿐이다. 지상세계, 현세에서나 중요할 뿐인 것이다. 지문이나 찍고, 몸무게, 신장, 머리카락 색깔, 피부색깔, 치아의 개수, 그 밖에 하찮은 사항들에나 관심을 두는 곳에서만 중요할 뿐이다. 말이나 소나 개 등을 사고 팔 때 작성하는 거래기록과 동일한 방식으로 기록되는 신분 기록 카드에나 중요한 사항들 말이다. 이 지상 세계에서는 이런 것들이 매우 중요하다. 우리에게 이런 세부 사항들의 등록은 오직 우리의 동물적이고 현세적인 본성과만 관련되는 것이고, 그래서 신분증과 여권을 발급해주는 관청에 가서 이런 절차들을 밟는다. 그것은 곧 낙원에서의 추방에서 비롯된 결과인 것이다. 그것은 질병, 노화, 죽음, 부패 등과 같은 굴욕 중 하나이다. 내 아버지, 존경스러운 사제 콘스탄틴은 첫 번째 아이였던 내가 태어났을 때 시청에 가서 출생 신고 하는 것을 거부했다. 그것은 그에게 굴욕적인 것이었기 때문이다. 새로 태어난 아기는 몸무게를 재고, 서류에 등록을 하고, 출생신고를 하고, 그 반대급부로 마치 거래증서를 받듯이 등록증을 받아 챙겨두어야 하는 그런 대상이나 물질이 아니기 때문이다.

나중에 나는 마마 쁘레스비떼라의 입을 통해서 전후사정을 알게 되었다.

그녀는 말했다.

"너한테 그 어떤 이름보다 훌륭한 이름, 비르질이라는 이름을 준 뒤, 네 아버지한테 어서 시청에 가서 출생신고를 하라고 부탁했단다. 그런데 네 아빠는 그걸 거부했어. 시간이 흘렀지. 네가 태어난 지 한 달쯤 지났을까, 경찰들이 군화에다가 소총과 권총과 칼로 무장하고 위협적인 표정으로 사제관에 왔단다. 그리고는 네 아빠한테 성큼 다가가서 수갑을 채우려고 했지. 마치 살인자를 포박하듯 네 아빠를 포승줄로 묶으려고 말이야. 그들은 네 아빠를 위협했어. 감옥방에 쳐 넣겠다고 협박했지. 축축한 볏짚이 깔려있는. 이 모든 게 다 네 아빠가 시청에 가서 너의 출생신고를 하지 않았기 때문이었단다. 법은 모든 시민들에게 이것을 명령하고 있고, 지키지 않으면 감옥에 쳐 넣지. 이번에는 네 아빠도 별수 없어서 결국 너의 존재를, 네가 태어났다는 것을 신고하고 말았지. 그렇지 않았다면 여전히 출생신고를 하지 않았을 게다. 그리고 너는 지하에서 몰래 숨어 살게 되었을 거야. 하지만 이제 너는 출생 신고가 되어 있어. 그런데 그게 정확하지 않게 신고가 됐단다. 너의 신분 카드에는 네가 9월 15일에 태어났다고 기록되어 있지만, 그것은 잘못된 거야. 너는 9월 9일에 태어났단다."[9]

나는 이 사건이 너무나 흐뭇했다. 나는 세례를 통해서 옛사람을 벗어버렸다. 뿐만 아니라 관청의 기록에도 나의 생리학적 출생일은 지워져 버린 것이 아닌가. 왜냐하면 그것은 잊어버려야 할 날이기 때문이다.

까르파티아 지방 로마인들의 후손인 우리들은 생리학적 출생일을 기념하지 않는 대신, 우리들의 명명축일(命名祝日)을 비교할 수 없는 기쁨으로, 친구도 초대하고 가능한 한 거창하게 경축한다. 다시 말해 우리는 세례 받을 때 받은 이름을 경축한다는 말이다. 왜냐하면 세례 받은 날이야말로 우리가 참으로 태어난 날이기 때문이다. "세례 받는다

---

9) Virgil Gheorghiu, *De la vingt-cinquième heure à l'heure éternelle*, Paris, 1965, p. 86.

는 것, 그것은 존재 그 자체를 받는 것이고, 무로부터 새롭게 다시 창조되는 것이다."[10]

"우리는 그분 안에서 숨쉬고 움직이며 살아간다."[11] 우리의 생리학적 출생은 "낙원을 감염시켜버린 질병"[12]에서 비롯된 실패의 사건이다.

세례는 하나의 수리 행위, 복원 행위이다. 그것은 우리를 회복시키고 재탄생시키며 재창조한다. "세례를 통해 다시 태어나고 창조된 이들은 본래 그들이 가지고 있었지만 박탈당했던 그 최초의 모습을 이 재탄생을 통해서 되찾는다. 조각가가 처음의 본래 모습을 되돌려주기 위해 손상된 대리석 조각상을 다시 조각하듯 말이다."[13]

비르질이라는 내 이름, 내가 현세에서 그리고 영원토록 지니게 될 이 이름을, 나는 내 어머니의 출산을 통해서 태어난 날이 아니라 나의 수세일(受洗日, 세례 받은 날)에 받았다. 나의 진정한 탄생의 날에 말이다. 그리고 수세일은 여러 가지 명칭을 가지고 있지만 특별히 또한 '명명일(命名日)', 혹은 '명명축일(命名祝日)'이라고 불리기도 한다. 바로 이 날이 우리의 생일이다. 이 기념일에 우리는 사제의 입도 어머니의 입도 아닌 하늘에 계신 우리 아버지, 우리의 창조

---

10) Nicolas Cabasilas, *La vie en Jésus-Christ*, P.G. 150, livre II.
11) 사도행전 17장 28절.
12) Saint Sophronie de Jérusalem, P.G. 87, col. 335 B.
13) Nicolas Cabasilas, *La vie en Jésus-Christ*, P.G. 150, livre II. A.

주이신 하느님으로부터 이 이름을 받기 때문이다. 하느님이 하늘에서 내려오셔서 우리를 굽어보시고, 우리에게 이름을 주신다. 우리를 그 자녀들 중 하나로 인정하신다. 성요한 크리소스토모스는 확신에 차서 말한다. "그대가 세례 받을 때, 그대에게 세례를 주시는 분은 사제가 아니라 하느님 자신이다. 그분은 손수 보이지 않는 그분의 권능으로 그대의 머리를 만지신다. 천사도 대천사도 그 어떤 권세도 감히 가까이 갈 수 없고 만질 수 없는 분께서."[14]

바로 이 날, 하느님은 우리만의 아버지가 되신다. 우리는 법적으로 영원토록 그의 자녀들이 된다. 그것은 우리의 비참한 생리학적 출생보다 비교할 수 없을 만큼 더 아름답고 더 고귀한 출생이다. 이 날 하느님 자신이 우리를 태어나게 하신다는 증거에 대해, 그 손으로 직접 우리를 만지시고, 또 우리에게 이름을 주시어 그 이름으로 우리를 알아보실 것이며, 이 새로운 탄생을 통해서 불멸의 존재가 되는 우리는 이제 영원토록 이 이름을 지니게 될 것이라는 증거에 대해, 황금의 입을 가진 성 요한은 이렇게 말한다. "세례를 베푸는 사제의 말 속에 분명하게 표현된 것처럼, 세례 받는 자의 머리를 만지는 것은 사제의 손만이 아니라 그리스도의 오른손이다. 사제는 '내가 아무개에게 세례를

---

14) Saint Jean Chrysostome, *Homélie sur Matthieu*, P.G. 58, col. 507

주노니'라고 말하지 않고, '아무개가 세례를 받나니'라고 말한다. 이렇게 하여 그는 은총의 관리자일 뿐이고, 그의 손을 빌려줄 뿐임을 보여준다."[15]

이 날, 하느님은 우리에게 말씀하신다. "너는 내 아들, 오늘 내가 너를 낳았노라."[16] 하느님이 인간을 유죄 판결하시어 죽음의 형벌에 처하실 때 "너는 먼지이니 먼지로 돌아가리라"[17]라고 하신 말씀은 세례를 통해서 무효가 된다. "그것은 신적인 판결이었고, 그래서 인류에 의해 파기될 수 없었다. 우리는 그 방책을 찾았다. 사람이 죽고 다시 부활하는 것이 바로 그것이다."[18] 그것이 바로 세례이다. 유죄 선고 받은 인간의 죽음, 그리고 순결하고 새로운 인간의 부활.

그래서 까르파티아의 루마니아 사람들, 우리 그리스도인들에게 생리학적 출생은 조금도 관심거리가 아니다. 뭘 경축한단 말인가? 타락을? 유죄 판결을? 추방과 유배지 생활을? 생물학적 실존 안에 들어선 것을? 이 땅에 온 것을? 우리는 이 땅의 어딘가에, 우리가 선택하지 않은 곳에

---

15) Saint Jean Chrysostome, *Deuxième catéchèse baptismale*, 26, ligne 12 (Texte A. Wenger, Paris, 1957).
16) 사도행전 13장 33절.
17) 창세기 3장 19절.
18) Saint Ambroise, *Des Sacrements*, II, 17.

도착하게 된 것이다. 게다가 우리는 자기 자신의 어머니도 아버지도, 다른 사람들과 말하는 언어도 선택하지 않는다.

이런 것들을 기념하고 축하하는 것은 지극히 비논리적이다. 반면 또 다른 탄생, 세례를 통한 탄생에 대해서는 그와 정반대이다. 우리는 하느님의 자녀가 되어 물에서 나온다. 우리는 적법하게 창조주에 의해 입양된 불멸의 존재이다. 하늘 왕국의 상속자이다. 우리는 세상의 군주 그 이상이다. 지상의 황제의 아들 그 이상이다. "자색옷 대신 피조물은 모든 의복 중에서도 가장 존귀한 옷인 덕을 덧입는다. 왕의 지팡이 대신에 피조물은 복된 불멸성에 의지한다. 왕관 대신에 피조물은 의의 화관을 쓴다. 그래서 피조물 안에 있는 모든 것은, 그 원형의 아름다움과의 닮음을 통해서, 그 왕적 존귀함을 드러낸다."[19] 우리는 모두 벌거숭이다. 모두가 미물이다. 하지만 세례의 물에서 나오는 순간, 우리는 이 모든 것을 소유한다.

세례를 통해서 "너는 먼지이니 먼지로 돌아가리라"는 선고는 파기된다. 하지만 그게 다가 아니다. 사람은 단지 특별 사면을 받는 것에 머물지 않고 타락 이전에 그가 누렸던 순결한 상태로 되돌려진다. 아니 그 이전 상태 이상이다. 세례의 물에서 나온 사람은 아담과는 비교할 수 없

---

19) Saint Grégoire de Nysse, P.G. 44, col. 136 D.

을 만큼 더욱 탁월하다. 세례는 첫 번째 창조보다 더욱 훌륭한 두 번째의 사람 창조이다. 첫 번째 사람을 창조할 때 하느님은 "그의 일을 거들 짝을 만들어 주리라." 하고 말씀하셨기 때문이다. 그런데 "이 새로운 창조, 즉 세례에서는 그와 같지 않다. 성령의 은총을 받은 사람, 그리스도의 몸 안에서 완성된 사람에게 그 어떤 도움이 필요하겠는가? 첫 번째 사람은 하느님의 형상에 따라 창조되었다. 반면 새로운 사람은 하느님과 연합된다. 첫 번째 사람은 동물들을 지휘했지만, 새로운 사람은 하늘보다 더 높다. 첫 번째 사람은 여섯 번째 날에 창조되었지만, 새로운 사람은 첫 번째 날에 창조된다. 우리의 부활이요, 우리의 빠스까요, 우리의 개인적인 주일인 세례를 통해서, 우리는 빛이 창조된 날, 그 첫 번째 날로 되돌아오기 때문이다."[20]

먼 나라에서 태어난 신생아들이 영사관에 출생신고를 함으로써 그들의 진짜 조국과 도시의 시민이 되는 것과 똑같이, 여자의 몸을 통해 이 땅에서 태어난 아이들은 세례를 통하여 하늘의 시민이 된다. 그들은 저 높은 하늘 왕국의 시민적 권리, 즉 불멸성을 부여받는다. 이것이 바로 모든 성당에서 일어나는 일이다. 그 성당이 아무리 작을지라도, 사제가 아무리 큰 죄인일지라도, 또 세례 받는 사람의

---

20) Saint Jean Chrysostome, *Homélie 25 sur Jean*, P.G. 59, col. 150.

처지가 아무리 비참하다 할지라도 말이다. 영사관에서 이뤄지는 행위, 공증의 행위는 그 행위가 이뤄지는 건물의 웅장함이나, 공증절차와 시민증을 발급하는 영사 개인의 가치에 의존하지 않는다. 이 사건, 즉 세례 받는 일은 유럽의 동쪽 거대한 지역에 살고 있는 그리스도인인 우리들에게 너무도 중대한 것이어서, 생리학적으로 이 세상에 태어난 생일을 기념하는 것은 우리의 눈에 너무나도 수치스러운 것으로 보이는 것이다. 우리는 영적 탄생의 날을 가진다. 그 날에는 우리의 이웃, 우리의 지상 친구들, 우리의 육신의 부모뿐만 아니라 천상의 모든 권세들이 함께한다. 이처럼 그것은 범상치 않는 참가자들이 함께하는 너무도 찬란한 광경이고, 그래서 제 아무리 부자라 할지라도 생리학적 생일에 그와 같은 영예를 누릴 수 있는 사람은 아무도 없다. 성 암브로시오스가 세례에 대해 말하는 것을 들어보라. "천사들은 그대들이 다가가는 것을 보았고, 예전에는 죄의 어두운 오물을 뒤집어썼던 이 인간 상태가 돌연 찬란한 빛을 발하는 것을 보았다. 그래서 천사들은 물었다. '광야에서 흰옷입고 올라오는 저 사람은 누구인가?'[21] 천사들도 감탄을 쏟아낸다."[22]

우리 그리스도인은 세례를 통해서 우리의 참된 도성, 천

---

21) 참고. 아가서 8장 5절.
22) Saint Ambroise, Des Sacrements, IV, 2.

상의 예루살렘의 시민이 된다. 세례의 물에 세 번 침수하는 것은 그리스도가 무덤에서 지하에서 보내신 삼 일을 상징한다. 세례 받은 사람은 모두 그리스도의 죽음과 무덤에 묻히심과 부활을 경험한다. 여인에게서 태어난 인간은 죽는다. 그리고 새로운 인간이 물에서 부활한다. 부활한 자는 그리스도인, 즉 '기름부음 받은 자'라는 이름을 받는다. 왜냐하면 그는 기름으로 표시되기 때문이다. 문자 그대로 '날인(捺印)'을 의미하는 '스프라기스'를 받는다는 말이다. 새로운 그리스도인을 표시하는 성유(聖油)는 성령의 날인이다. '아기온 미론'이라고 부르는 '성유'는 실제적으로 성령을 담고 있다. 그것은 단순한 상징이 아니다. 우리가 날인을 받는 그 '아기온 미론'은 거룩한 정교회가 펼치는 가장 장엄한 예식과 함께 만들어진다. 오직 총대주교만이 '아기온 미론', '성유', '위대한 미론'을 마련하고, 우리는 세례 때 그리스도인이라는 이름을 받으며 그 성유로 날인을 받는다. 성유는 기름에 이런 저런 예식 행위들과 함께 첨가되고 결합되는 서른여덟 가지의 서로 다른 방향 성분으로 만들어진다. 아주 아름답고 특별한 항아리들 안에 서른여덟 가지 향료와 기름을 준비하는 일은 대사순절 여섯 번째 주간 수요일부터 시작된다. 성지 주일(그리스도의 예루살렘 입성 축일) 직전 토요일, 즉 성 라자로의 부활 토요일에, 이 항아리들은 성당 안으로 옮겨진다. 총대주교 자신,

주교들을 비롯한 고위 성직자들, 사제들, 그리고 신자들이 함께 거행하는 준비 예식은 매일 천천히 전개되고, 이윽고 성 대 목요일이 되면, 그 절정에 이른다.

예전 구약시대에는 오직 황제들과 왕들 그리고 예언자들만 기름부음을 받았다. 하지만 지금은 모든 그리스도인이 기름부음을 받는다. 모든 그리스도인은 왕이다. 왕의 아들이다. 우주의 가장 위대한 왕의 아들, 천지를 지으신 하느님의 아들이다. 축성된 후 빵과 포도주는 더 이상 빵과 포도주가 아니라 그리스도의 몸과 피이듯이, 기름과 서른여덟 가지 향료는 실질적으로 성령이다. '위대한 미론' 안에 물질화된 성령을 통해서 우리는 날인을 받는다. 옛날 이스라엘의 신생아들이 한밤중의 피를 통해서 보호되었듯이, 영혼과 몸이 성령의 기름부음으로 날인되었으니, 그런 조력자를 갖게 된 그대에게 그 어떤 해로운 일이 일어날 수 있겠는가?[23] 거룩한 날인, 스프라기스를 받았으니, "네가 누워도 무서워할 것이 없고 누우면 곧 단잠을 자게 되리라."[24]

우리는 세례식에서, 사제의 손을 통해 성령의 날인을 받고, 또 하느님 아버지께로부터 하나의 이름, 우리의 이름, 우리가 평생 지니고 살다가 우리의 무덤 십자가에 새겨질

---

23) Saint Grégoire de Nazianze, Oraisons, XL, 15.
24) 잠언 3장 24절.

그 이름을 받는다.

그러므로 우리 루마니아 사람들, 그리스도인들에게 매년 기념하는 개인적인 축일이 있다면, 그것은 바로 우리 각자가 이름을 받은 날, 우리가 새롭게 창조된 바로 그 날이다. 그것은 이중의 명명축일이다. 왜냐하면 우리는, 『구약성경』의 왕들과 예언자들처럼 기름부음 받는 그 날, 두 개의 이름을 받기 때문이다. 첫째로 우리는 그 날 '그리스도인'이라는 이름을 받는다. 그래서 명명축일이다. 예루살렘의 성 끼릴로스는 우리에게 이렇게 설명해준다. "사람들이 그대로 하여금 성유를 받도록 인정했으니, 그대는 '그리스도인'이라는 이름을 받습니다. 그리고 그대는 이렇게 불려 마땅함을 증명했습니다."[25] 그리스도인이라는 이름과 성령의 날인 즉 스프라기스(날인)를 받음으로써, 우리는 직접 하느님에 의해 표시되고, 이 표시는 우리가 그분에게 속해있음을 의미한다. 우리는 그분의 보호 아래 있게 된다. 그분은 우리를 적들이 손댈 수 없는 곳에 두신다. 봉인된 모든 보화는 안전하기 때문이다. 그 주인의 낙인을 지닌 양은 존중될 것이다. 옛날 죽음의 천사는 그 표시를 지닌 아이들은 지나치고, 다른 아이들만 쳤다. 세례 때 받은 날인(스프라기스)으로 표시된 이들은 천사들과 악마들 모두

---

25) Saint Cyrille de Jérusalem, P.G. 33, col. 1092 C.

에 의해서 그리스도의 가족을 구성하는 자들로 인정된다. 이 표시를 보자마자 악마들은 두려워 떨고 즉시 무기를 버리고 도망간다. 반대로 천사들은 친척이나 되는 것처럼 스프라기스 주위로 모여 그리스도인을 둘러싼다.[26]

천사들은 세례의 물을 준비한다. "천사의 행위에 의해, 물속에서 정화된 우리는 성령을 위해 준비된다. 천사는 죄의 정화와 성령의 방법들을 통해서 세례를 주재한다."[27]

하지만 우리의 세례에 참여하는 천사들이 이것만 하는 것은 아니다. 그들은 모든 성가대처럼 성당에서, 예배드릴 때 찬양을 한다. "천사는 찬양하는 피조물이다."[28]

만약 그대가 눈을 들어 바라본다면, 천상의 것들을 볼 수 없는 육체의 눈이 아니라 마음의 눈을 들어 바라본다면, 그대는 분명 세례 때 그대를 둘러싸고 이렇게 찬양하는 천사들을 볼 것이다. "이제 그대의 영적 눈을 드십시오. 천사들의 합창대를, 그 보좌에 앉으신 우주의 지존자 하느님을, 그 오른편에 앉으신 독생 성자, 그 곁에 머무시는 성령, 그리고 임무를 실행하고 있는 좌품천사들(Trônes)과 주품천사들(Dominations)을 보십시오."

---

[26] Saint Cyrille de Jérusalem, P.G. 33, col. 272 B ; Saint Basile le Grand, *Homélie sur le baptême*, XIII ; Saint Grégoire de Nazianze, Oraisons XI, 4.
[27] Tertullien, P.L. I, col. 1206 A-B.
[28] Pseudo-Athanase, P.G. 28, col. 616 B.

사제가 성당에서 우리의 이름을 기록하는 것과 똑같이, 하늘에서 우리의 이름을 기록하는 이들 또한 천사들이다. 이 때문에 나는 사람들이 내 이름을 부를 때마다 매우 마음이 불편하다. 나는 단 하나의 이름밖에 없다. 세례 때 받은 이름 말이다. 천사들은 그 이름을 하늘의 책에 기록했다. 그것은 천상의 예루살렘의 시민으로서의 이름이다. 그리고 하느님은 최후의 심판 때 나를 비르질이라는 이름으로 부르실 것이다. 내가 제단에서 성체성혈을 받아 모실 때도 나는 "나, 사제 비르질이 성체성혈을 영하나이다."라고 말한다. 나는 "나, 사제 게오르규"라고 말하지 않는다. 게오르규는 하느님이 알지 못하는 이름이다. 그것은 내게 속한 것이 아니다. 고백 성사를 할 때, 만물의 주관자이신 그리스도의 이콘 앞에서 에삐뜨라힐리온(사제가 목에 걸치는 영대) 아래 무릎 꿇으면, 고백 사제는 내게 "비르질 신부여"라고 부르면서 내 죄를 고백하라고 청한다. 나는 결코 게오르규가 아닌 것이다. 내가 죽는 날, 내가 무덤에 묻히는 날, 사제가 기도할 때 부를 이름도 바로 비르질이라는 이 이름이다. 내가 누워서 죽은 자들의 부활과 영원한 생명을 기다리게 될 묘지의 십자가 묘비에 새겨질 이름 또한 이 이름, 비르질이다. 내가 사제로 봉직하고 있는 성당에서도 내 신자들, 그리스도 안에서 나의 자녀들, 정교회 그리스도인들은 나를 언제나 "비르질 신부님"이라고 부른다. 그들 중 어느 누구도 나를 "게오르규 신부님"이라고 부르지 않는다. 왜냐하면 게오르규는 실존하지 않기 때문이다. 게오르규는 썩어 없어질 생물학적이고 생리학적인 나의 지상 생애에 속한 이름이다. 게오르규, 그것은 오직 이 낮은 세상, 지상 세계, 지상의 사회와 역사에서만 의미가 있을 뿐, 다른 것에는 아무 의미가 없다. 비르질은 영원을 위한 이름이다. 위로부터 받은 이름. 하느님에게서 직접 받은 이름이다. 왜냐하면 "하느님은 아주 올바르고 적절한 방법으로 그의 백성에게 응답하신다. '종족으로', '친족으로' 그리고 '가족으로' 뿐만 아니라 '이름'을 통해서 한 사람, 한 사람 개인적으로 응답하신다."[29]

이런 까닭에 게오르규는 내 '가죽 옷'에, 내 지상 유배 생활에 속하는 호칭이고, 그래서 오직 지상에서만, 세무서와 주민등록 기록에서만, 구인 사무소나 외국인 관리청에서만 쓸모 있는 이름이다.

하지만 하느님이 비르질이라는 내 이름으로만 나를 알아보시는 또 한 가지 이유가 있다. 하늘에 계신 나의 위대한 주교시오, 나의 창조주이신 하느님은 또한 내 아버지시다. 그분은 우리 모두의 아버지시다. 아버지는 자녀들을 그들의 이름으로 부르신다. 이 지상에서의 짧은 생애 동안

---

[29] Origène, *Homélie sur les nombres*, XXI.

에도 우리의 육신의 부모들, 우리의 형제들, 우리의 자매들, 우리의 친구들은 우리를 우리의 세례명으로 부른다. 내 아버지와 내 어머니도 나를 언제나 비르질이라고 불렀다. 게오르규라고 부른 적은 없다. 그렇다면 하느님이 그 자녀들을 그들의 이름 말고 달리 어떻게 부를 수 있겠는가? 그분의 자녀들이 세례 때 그분으로부터 받은 그 이름 말고 달리 어떻게? 천사들, 내 영적 자녀들, 내 고백 사제, 그리고 주교들, 내게 형제처럼, 아버지처럼, 아들처럼 말하는 모든 이들은 다 나를 비르질이라고 부른다. 게오르규, 그것은 낯선 자들을 위한, 이 세상 권력을 위한, 바깥 사람들을 위한 이름이다. 그렇다. 그것은 이 낮은 지상 세계를 위한 이름일 뿐이다. 가족 안에서건, 성당에서건, 하늘에서건, 나는 단 하나의 이름을 가진다. 우리 모두가 단 하나의 이름, 우리의 영원한 이름을 가진다. 그 이름은 거룩하다. 하느님이 주신 이름이기 때문이다. 천사들에 의해 기록된 이름이기 때문이다.

하지만 이 모든 것을 차치하고라도, 대부분의 지상 도성의 시민들처럼 우리의 생리학적 생일을 축하하는 대신에, 우리가 우리 이름의 축일, 우리의 명명 축일을 기념하는 데는 무한대의 이유가 있다.

먼저 우리가 지니는 이름의 성인은 우리 가족의 한 부분을, 우리의 일상적 삶의 한 부분을 구성한다. 우리는 세례 받는 날 주보성인의 이콘을 받고서 평생 그것을 집 안의 동쪽 벽에 모셔둔다. 그리고 이사를 갈 때도 성인을 모셔간다. 우리가 죽으면, 사람들은 우리의 가슴 위에 우리의 성인 이콘을 놓아둔다. 우리와 마지막 작별의 인사를 나누러 오는 모든 사람은 관속에 누워있는 우리의 가슴 위에 놓인 성인의 이콘에 입을 맞출 것이다. 마치 살아있을 때 우리의 이마 위에 입 맞추듯 말이다. 우리는 죽지만, 성인들은 하늘에서만 아니라 이 땅에서도 여전히 살아있기 때문이다.

우리가 지니는 이름의 성인은 또한 하늘에서 우리를 중보하는 분이다. 그분은 마지막 심판 때에 '떼오또코스', 즉 하느님의 어머니이신 동정녀 마리아 곁에서, 또 우리의 수호천사와 함께 우리를 변호해주는 이들 중 하나가 될 것이다.

우리의 명명 축일 잔치에는 먼저 우리의 육친, 우리의 아버지와 우리의 어머니 그리고 우리의 형제자매들이 참여한다. 하지만 잔칫상의 가장 높은 자리, 가장 영예로운 자리에는 마을의 사제, 우리의 영적 아버지가 자리한다. 그의 입을 통해서 우리가 하느님으로부터 우리의 이름, 이 날 우리가 경축하는 이름을 받았기 때문이다. 그러므로 그가 잔치를 주재하는 것은 너무도 당연하다. 그 다음에 우리의 친구들, 친척 형제자매들, 우리의 이웃들, 우리의 직장

동료나 학교 친구들이 있다. 이 모든 이들이 우리의 명명 축일에 초대된다. 하지만 사제 곁에는 보이지 않게 우리가 지니는 이름의, 이날 우리가 기념하는 이름의 주보성인이 또한 자리한다. 성인은 살과 뼈로 이루어진 육신을 가지고서도 하늘을 정복한 지상의 사람이다. 성인은 땅과 하늘에서 동시적으로 살아있는 사람이다. 그는 동시에 두 왕국, 즉 지상의 왕국과 천상의 왕국의 시민이다. 그는 우리와 똑같은 사람이지만 그의 몸과 그의 삶을 신화(神化, déifié)시킨 사람이다. 살아서도 그는 천사들 가운데 머물 권리를 가진다. 대부분의 성인들은 오래전에 이미 결정적으로 하늘로 올라갔다. 하지만 그들의 축일에, 다시 말해 우리의 명명축일에, 그들은 지상으로 내려온다. 하늘에 사는 존재이지만 그들은 우리의 초대 손님이 되고, 우리 곁에서 우리 가운데서 살아간다. 매년 우리는 하늘에 있는 우리의 주보성인이 내려오길 기다린다. 그리고 그들은 어김없이 틀림없이 우리에게로 내려온다. 우리 집에 온다. 우리 집 지붕 아래로 들어온다. 그리고 하루 종일 우리와 함께 머문다.

하지만 이게 다가 아니다. 우리가 지니는 이름의 성인은 결코 혼자 오는 법이 없다. 우리의 성인이 혼자서 하늘에서 내려와 우리 집에 오는 것은 절대 불가능하다. 그런 가정은 논리에 맞지 않는다. 분명 유럽의 동쪽 지방에 살고 있는 우리는 많이 배운 사람들이 아니다. 그렇다고 해도 성인이 자기 혼자만 하늘에서 내려와 우리 집에 들어올 수 있을 것이라고 믿을 만큼 우리가 과학적인 감각이나 논리를 결여하고 있지는 않다. 우리는 그렇게까지 어리석지는 않다. 창문을 열면, 모든 빛이 집안으로 들어오지 않는가. 하나의 빛줄기만 아니라 태양빛 전체가 들어오지 않는가. 이것을 확인하고 알기위해 굳이 학자가 될 필요는 없지 않은가. 거룩함(sainteté)도 빛과 똑같다. 집에 빛이 들어올 때는 대낮의 태양 빛 전체가 들어온다. 빛이 집에 들어오지 않으면 마치 겉창을 닫거나 짙은 커튼을 친 것처럼 집안이 온통 어두워진다. 명명 축일에 우리의 집은 하늘을 향해 열린다. 빛이 들어올 수 있게 창문을 열어두듯 말이다. 혹은 기다리던 귀한 손님이 들어올 수 있게 대문을 활짝 열어두듯 말이다. 그런데 우리 주보성인 혼자서만 들어오는 게 아니다. 하늘 전체가 그와 함께 우리 집을 관통한다. 그와 동시에 말이다. 빛처럼 하늘 또한 '하나'이고 '나뉠 수 없는 것'이기 때문이다. 그것은 나뉠 수 없고 조각날 수 없다. 그러므로 빛이 활짝 열린 창문을 통해서 나뉨 없이 전체로 관통하듯이, 성인 혼자 오는 게 아니라, 하늘 전체가 온다.

이렇게 이 날, 이 숭고한 명명 축일, 우리는 우리 집에 오는 성인 덕분에 하루 종일 하늘 전체를 우리 집 안에 가지게 된다. 하늘의 모든 품계의 존재들이 땅 위에 있게 된다. 우리 집안에 말이다. 우리 집에는 세라핌들이 있다. "'세라핌(Séraphim)'이라는 거룩한 호칭은 히브리말로 '불태우는 자' 혹은 '뜨겁게 하는 자'를 의미한다. '헤루빔(Chérubim)'이라는 호칭은 '지식의 총체' 다시 말해 지혜의 발산을 의미한다."[30]

또 여기에는 좌품천사들, 주품천사들, … 그리고 천사들과 대천사들도 있다. "천사들의 수는 천 곱하기 천, 아니 만 곱하기 만 만큼이나 많다. 하나로 뭉쳤다가 다시 헤아릴 수 없이 많은 숫자로 불어나니, 천군천사들의 수는 그 어떤 방법으로도 헤아릴 수 없음을 우리에게 분명하게 보여준다. 이 세상에 속하지 않은 복된 천군천사들의 수가 실제로 그러하다."[31]

나는 사실 그들의 숫자를 알지 못한다. 하지만 하늘에 사는 이 모든 존재들이 우리 집에 있었다는 것만은 확신한다. 전례서의 본문들처럼 오리게네스도 우리에게 이렇게 확신시켜준다. "천사들과 관련하여 말해야 할 것은 이런 것이다. 만약 주님의 천사가 주님을 두려워하는 이들 주위를 맴돈다면, 여러 사람이 주님의 영광을 위해 합당하게 모여 있을 때, 그들 각각을 지켜주고 인도해주는 책임을

---

30) Saint Denys l'Aréopagite, *La Hiérarchie céleste*, VII, I, P.G. 111, col. 205 B.
31) Saint Denys l'Aréopagite, *La Hiérarchie céleste*, XIV, I, P.G. 111, col. 321 A.

맡은 천사들이 그들 각자와 함께 할 것이라는 것, 그래서 성인들이 모일 때마다 두 개의 교회, 즉 사람들의 교회와 천사들의 교회가 함께 있게 될 것이라는 것은 자명하다."[32]

명명 축일에 사람은 자기 집에, 자기 집 지붕 아래, 이 땅 위에, 종일토록 하늘의 모든 찬란함과 빛을 받는다. 수많은 눈을 가진 헤루빔들이 있고, 여섯 날개를 가진 세라핌들이 있고, 맨발의 천사들도 있고, 우리 부모와 우리 친구들의 수호천사들도 있고, 우리 마을의 수호천사도 있고, 우리 성당의 수호천사도 있다. 하지만 이게 다가 아니다. 천사들과 함께 또 다른 성인들이 하늘에서 내려온다. 고백자들, 순교자들, 수세기 전부터 우리 곁에 묻혀 있는 돌아가신 선조들과 이웃들, 우리와 함께 살다 먼저 죽은 모든 그리스도교 형제들 혹은 우리 성인의 이름을 지닌 모든 사람들이 함께 한다. 이들 모두가 그곳에 함께 있다. 예전에 살았던 모든 이들이 말이다. 이 모든 이들이 우리의 명명 축일에 초대를 받기 때문이다. 이 축일에 우리 집의 지붕은 활짝 열린다. 마치 뚜껑처럼 옮겨진다. 너와로 된 우리의 지붕은 마치 그리스도의 무덤을 덮었던 판처럼 옮겨진다. 우리 집은 높은 곳을 향해 열리는 것이다. 그리고 진흙처럼 연약하고 가련한 인간인 우리는 천사들과 나란히 있

---

[32] Origène, De Oratione, XXXI, 5, Corpus graecorum scriptorum, III, 399.

고, 그들과 성인들과 수많은 신적 존재들과 뒤섞인다. 집 안에 하늘과 땅이 함께 있고, 부드러운 강물과 짠 바닷물이 하구에서 함께 섞여 한 가지 물이 되듯이, 함께 뒤섞인다. 하늘은 성인들을 축하하고, 땅은 성인의 이름을 지닌 사람을 축하한다. 모든 성인이 언제였든 땅에 살았던 사람이었듯이, 또 성인의 이름을 지닌 사람도 언젠가 하늘에 있게 될 존재이듯이, 하늘 자신이 땅과 뒤섞인다. 그것들은 단 하나의 반죽이 된다. 물과 밀가루가 섞여서 믿음이라는 불 안에서 하나의 빵이 되듯이 말이다. 땅의 진흙이 하늘의 쪽빛 창공과 섞인다. 하늘과 땅에, 그리고 우리 집 안에, 우리 집 지붕 아래, 오직 하나의 가족만이 있을 뿐이다. 우리 이웃 중에는 이 날 우리 집에 와야 한다는 것을 까먹는 사람이 없다. 특별히 우리를 사랑하는 사람이 아니어도, 각별한 친구가 아니어도 말이다. 그래도 온다. 기쁨을 가지고 온다. 환한 웃음 지으며. 왜냐하면 그도 천사들의 동무가 될 것임을, 헤루빔과 세라핌과 순교자들, 그리고 아주 옛적부터 루마니아 정교회의 모든 성당 묘지에 묻혀 있는 먼저 돌아가신 모든 선조들이 그와 함께 할 것임을 잘 알기 때문이다. 땅의 시민들이 돌연 하늘의 시민들과 한 무리를 이룬다. 이 모든 게 다 명명축일 덕분이다. 사도들이 다볼 산에서 그리스도의 변모를 보았을 때 하늘에서 누릴 그들의 미래의 삶을 미리 맛보았듯이, 까르파티아 산맥 동쪽 사면에 살고 있는 가난한 그리스도인들인 우리는 우리의 명명 축일을 통해서 하늘에서 누릴 미래의 삶을 미리 맛본다. 모두가 함께 모일 그 때를 말이다. 하늘도 땅도 달도, 그 어떤 분리도 존재하지 않게 될 때를 말이다. 하느님의 빛이 만물을, 모든 곳을 비출 것이니, 별들은 소용없게 될 것이기 때문이다. 낮과 밤도 있을 필요가 없으니, 시간도 폐지될 것이고, 우리는 시간을 초월하여, 역사를 초월하여 영원 안에서 살게 될 것이다. 하느님처럼. 하느님의 자녀로서. 하느님의 상속자로서 말이다.

이것이 바로 로마의 먼 후손들이고 북 루마니아의 가난한 몰도바 사람들인 우리에게 명명 축일이 의미하는 바이다.

축제의 하루가 끝나고 저녁이 되면, 마치 썰물처럼 하늘은 저 높은 곳으로 다시 물러나고, 우리는 우리 집과 우리 삶과 진흙 같은 우리 몸과 우리의 비참한 일상과 함께 이 지상에 남겨진다. 텅 비는 순간이다. 하지만 슬픔은 없다. 이 축일은 우리의 죽음 이후에 틀림없이 도래하게 될 것들의 견본임을, 그리고 그것들은 결코 끝이 없을 것임을 잘 알기 때문이다. 우리의 미래의 삶은 결코 끝이 없는, 중단이 없는 명명 축일일 것이기 때문이다.

하늘이 땅에서 물러간 축일 저녁, 우리는 잠시 우리 집을 바라보고 스스로를 위로하며 이렇게 말한다. "여기를 천사들이 거닐었었지" 하고 말이다. 그리고 선조들이 하루 동안 땅에 돌아와 앉아서 쉬고 함께 즐겼던 의자들을 부드러운 눈빛으로 바라본다. 성인들이 만졌을 이불이 덮여 있는 침대, 천사들과 대천사들과 세라핌들의 날개가 스쳤을 커튼을 본다. 그들 모두가 이 하루 동안 우리의 손님이면서 동시에 식구였기 때문이다. 그들은 우리와 삶을 공유했다. 그들은 우리가 매일 사용하는 사물들과 집기들을 만졌다. 이 날 우리에게는 엠마오로 가는 사도들이 그리스도와 함께 식사했을 때 일어났던 일들이 일어난 것이다. 우리도 천사들과 성인들과 더불어 먹고, 마시고, 함께 웃었던 것이다.

하지만 이 밖에도, 명명 축일의 세속적이고, 실질적이며, 인간적인 측면이 존재한다. 명명 축일에는 모든 아이들이, 아무리 가난한 아이라도, 머리부터 발끝까지 비록 새 옷은 아닐지언정, 깨끗한 옷으로 갈아입는다. 늘 같은 것이다. 하지만 셔츠와 팬츠, 손수건은 깨끗하게 손질되고, 전통싸리 향과 청량한 물기와 태양 빛이 느껴진다. 명명축일 전날 밤에는, 아이를 깨끗하게 목욕을 시켜 주고, 손톱도 깎아 주고, 머리카락도 가위로 다듬어 준다. 아이는 모든 게 빛이 난다. 사람은 복합적인 동물이기 때문에, 영혼이 순결해야 하듯 몸도 깨끗해야 한다. "이 두 가지 순결함을 다 잘 지켜야 한다. 신앙심은 몸의 불결함에 감염

되면 변질되고 말라 죽을 수도 있기 때문이다."[33] 그리고 아이는 천상의 존재들과 함께 한다. 분명 오늘날 이 땅을 살아가는 사람들 중에는 비물질적 존재들이 있다는 것을 의심하는 사람들이 아주 많다. 대부분의 사람들이 이것을 믿지 않는다. 그들의 육안으로 이것을 보지 못했기 때문이다. 하지만 바흐, 브람스, 베토벤의 음악을 들어보지 못했다고 해서 이 음악이 존재하지 않는다고 주장할 권리는 아무에게도 없다. 그것은 다만 무식함을 드러낼 뿐이다. 그뿐이다. 중국어, 프랑스어, 영어를 읽을 줄 모른다고 해서, 중국어, 프랑스어, 영어에 문자가 없다고 말할 권리는 그 누구에게도 없지 않은가. 사람들 중에는 바다를 보지 못한 사람도 있다. 그렇다고 대양과 바다가 존재하지 않는다고, 보고 듣고 만져본 것만 믿겠노라고 말하면서 고집을 부리는 사람이 있다면 이 얼마나 불행한 사람인가. 하늘을 알지 못하는 사람도 그와 똑같다. 그들은 부정한다. 하지만 그것은 지극히 비논리적이고 비과학적이다. 그것도 과학을 자랑하는 이 시대에 말이다. 까르파티아의 동쪽 기슭, 몰도바에 사는 우리, 로마인들의 후예인 우리는 우리의 양식을 땅에서보다는 하늘에서 얻는다. 어떻게 농부가 옥수수와 감자와 그 밖의 모든 양식을 얻는 밭의 존재를 의심

---

33) Saint Irénée de Lyon, Démonstration de la publication apostolique, I, 2.

할 수 있겠는가? 주일의 거룩하고 신성한 리뚜르기아에서와 같이, 우리는 우리의 명명 축일에 이 지상의 것들을 훌쩍 뛰어넘어 실제적으로 하늘을 열어젖힌다.[34]

하늘은 실제적으로 우리의 마을이다. 우리의 옥수수 밭처럼. 우리 집처럼. 우리는 그것을 만지고 또 거기서 산다. 하지만 거기에는 선물도 있다. 우리는 선물을 받는다. 도처에서 또 모두에게서 말이다. 분명 우리들은 극도로 가난하다. 내 어린 시절 친구들 중 그 누구도 인형이나 전기기차나 공이나 사탕을 받아 본 적이 없다. 그 어떤 장남감도 말이다. 장난감은 부자들을 위한 것이다. 그런데 우리는 가난한다. 가난뱅이들이다. 이 땅의 프롤레타리아들이다. 하지만 우리는 두 팔 가득 선물을 받는다. 그것도 아주 귀한 선물, 그러나 돈은 들지 않는 선물 말이다. 우리들 각자는 자신의 명명 축일에 두 팔 가득 충만한 자애를 받는다. 더 많은 사랑을 받는다. 부드러운 애무를 수없이 받는다. 또 입맞춤은 얼마나 많은가. 온화한 시선은 또 어떤가. 이것이 바로 금이다. 순금이다. 아니 금보다 다이아보다 더욱 값진 것이다. 이것들은 우리의 마음을 따뜻하게 해주고 볼을 발갛게 만들고 눈을 빛나게 해준다. 우리는 행복하다. 우리에게 다른 것은 아무 것도 필요치 않다. 자전거도

---

34) Saint Sophronie, P.G. 87, col. 3339 D ; Saint Jean Chrysostome, P.G. 35, col. 1085 B.

목마도 필요 없다. 모든 친구들, 그리고 모든 친척들이 사랑과 친절과 우정의 말을 건네고, 다정다감하고 웃음어린 시선으로 바라봐주고, 황금빛 이삭 한 움큼을 우리 발 앞에 뿌리듯 악수를 청한다. 그들은 우리의 이마와 볼에 입맞춘다. 그러나 그것은 매일 매일의 그것과는 다르다. 그것은 친절한 마음의 도장처럼 우리의 피부 깊이 뜨겁게 찍히는, 그리고 "쪽" 하고 멀리서도 들리는 그야말로 축제의 입맞춤이다. 그것은 건성으로 하는 미적지근하고 묵묵한 입맞춤이 아니기 때문이다. 말뿐만 아니라 입술로, 살갗과 살갗을 맞대어 하는 입맞춤이기 때문이다. 또래의 친구들은 마치 경기장에서 우승한 사람을 축하하고 환호하듯 존경스럽게 쳐다보며 손을 움켜쥔다. 전쟁이나 탐험에서 돌아온 영웅처럼 하루 종일 축하와 칭송을 받는다. 그러니 이 날 우리는 정말 기분이 좋다. 축일에 축하받는 것, 축일에 존중받는 것은 참으로 아름답기 때문이다. 박수를 받고, 사방에서 우정과 친절의 표현을 받아 누리는 것은 참으로 아름답기 때문이다. 사랑의 표현, 호의의 표현 말이다. 현명한 이들은 명명 축일에 받은 이 증언과 증표들을 평생토록 간직한다. 그리고 늙을 때, 또 외롭고 힘든 순간들, 절망과 포기의 순간들을 맞이할 때 그 추억들을 꺼내어 맛본다. 훈장이나 무도회 예복, 연애편지 등이 담겨있는 추억 상자를 열어보듯, 밤에 혼자서 옛날 명명 축일의 추억들을 회상하는 노인들이 있다. 진정 명명축일은 증오와 고독과 포기의 날에도 하루하루를 살아갈 분량의 사랑과 친절을 뽑아 쓸 수 있는 두둑한 자본이다. 학교에서도, 명명축일이 되면, 축일을 맞이한 소년 소녀는 첫 수업을 시작하기 전에 먼저 선생님의 축하와 격려를 받는다. 그리고 학급 친구들도 그에게 연필과 공책과 꽃다발을 선물하며 축일 축하노래를 불러준다. 그런 다음 축일을 맞이한 어린이는 교실을 나선다. 왜냐하면 명명 축일은 그에게 평일이 아니기 때문이다. 그것은 개인적인 일요일이다. 모든 사람이 그에게 뭔가를 준다. 처음부터, 특히 학교에서, 나는 내가 비르질이라고 불리는 것이 얼마나 끔찍한 불행인가 하고 생각하곤 했다. 왜냐하면 이렇게 불리는 사람에게는 명명 축일이란 게 없기 때문이다. 한 해의 모든 날이 다 똑같은 것이다. 그는 자신만의 축일을 가지지 못한다. 집에서도, 천국에 살고 있는 나의 성인이 천사들과 대천사들과 헤루빔, 세라핌들을 대동하고 나를 축하해주러 올 수 있도록 지붕을 활짝 열어놓지 않는다. 나를 위해서는 하늘이 땅으로 내려오는 법이 결코 없었다는 말이다. 나 비르질은 명명축일이 없기 때문이다. 나는 그것을 한 번도 가져본 적이 없다. 그리고 아마도 그것을 한 번도 누려보지 못하고 이 세상을 떠날 게 거의 분명하다.

분명 다른 아이들에게는 그게 그렇게 중요하지 않을 수

도 있다. 하지만 내게 그것은 엄청난 비극이었다. 루브의 젖을 먹고 자란 로물루스와 레무스의 후예인 우리, 유럽의 거대한 동쪽 변방 까르파티아 산맥의 동쪽 기슭에 살고 있는 우리는 정말 매우 가난한다. 사람은 가난할수록, 비록 그것이 아무리 사소한 것이라 할지라도, 그로부터 자그마한 행복이라도 맛보려는 마음가짐을 가지고 모든 것을 대한다. 우리를 비롯해서 이 땅의 가난한 사람들은 마치 파도 위를 떠다니는 빈 병을 붙잡고 그것이 그들의 생명을 구해줄 것이라고 생각하는 난파당한 사람과 같다. 이처럼 행복에 대한 갈망을 사람에게서 뿌리 뽑을 수는 없다. 우리는 물질적인 행복을 가지지 못했기 때문에 그래서 더더욱 돈 안 드는 행복에 집착한다. 나는 단지 루마니아의 고위 공무원이었다는 죄목으로 2년 동안 감옥살이를 해야 했는데, 가난한 사람들은 그때 내가 경험했던 것과 똑같은 삶을 매일매일 살아간다. 아름다움이라곤 조금도 찾아볼 수 없는 감옥에서는 도저히 살 수가 없었기 때문에, 나는 미군 병사들이 감시탑에서 순찰 초소에서 읽고 내던진 잡지와 신문들을 주어다가 거기에 실려 있는 그림 사진들을 잘라 보관했다. 2년 동안 나는 세상의 모든 박물관에 소장되어 있는 대부분의 명작들을 모을 수 있었다. 잡지 사진으로 말이다. 족히 책 한 권 두께는 될 만한 양이었다. 그것은 내 주머니 속의 박물관이었다. 내 감옥 박물관이었다. 수용소 벽과 죄수복의 그 회색, 그 우울한 날들의 어두운 색, 영혼과 시선의 어둡고 흐린 잿빛을 보지 않으려고, 나는 매일같이 잡지에서 오려내어 모아 둔 그 그림 사진들을 보곤 했던 것이다. 이렇게 해서 온통 슬픔으로 가득 찬 그곳에서도 나는 색깔들을 가질 수 있었다. 2미터밖에 안 되는 내 감방 안에서도 세상의 온갖 색깔들과 풍경들을 누렸던 것이다. 다른 관점에서 보면 그것은 우리의 명명 축일과 거의 같은 의미였다. 1년 364일을 고통 속에서 살던 우리는 뜨겁고 건조한 모래의 망망대해에서 오아시스를 찾는 사막의 여행자만 느낄 수 있는 그런 간절함을 가지고 우리 이름을 경축하는 그 날, 명명 축일을 기다렸던 것이다. 모든 사람이 바로 이 하루의 축일을 누릴 수 있었던 것이다. 돈이 없어도 말이다. 모든 사람이, 오직 나만 빼고. 왜냐하면 나는 명명 축일이 없었기 때문이다. 가난한 사람들의 유일한 희망, 축일이 올 거라는 희망, 그 희망이 내게는 금지되었다. 나는 비르질이라 불렸다. 그리고 비르질은 명명 축일이 없다. 이 잔인함은 너무 불의하고 가당치않고 견디기 힘든 것이었기에, 나는 모든 방법을 동원해서 그것을 피해보려 애썼다. 내게도 내 이름을 축하해주는 명명 축일을 만들어 주기 위해서 말이다.

내 어머니 마마 쁘레스비떼라가 명령했다.

"더 이상 떼쓰지 말거라. 너는 명명 축일이 없으니까."
내가 말했다.
"모두가 다 그걸 가지고 있어요. 나만 빼고 모두가요."
나는 눈물 흘리며 말했다.
"그건 공평하지 않아요."
"공평하건 공평하지 않건 간에, 그게 진실이야. 아무도 그것을 바꾸지 못해."
"왜 나만, 이 마을에 사는 모든 사람들 중에 왜 나만 명명 축일이 없는 거예요?"

나는 이미 다 알아보았고, 또 그게 사실이었다. 마을 사람 모두가, 남자 여자, 늙은이 어린이 할 것 없이, 다 그들의 축일이 있었다. 나만 빼고 말이다. 유일한 예외였다. 나는 이 불행을 공유할 동무가 하나도 없었던 것이다.

"엄마, 말해주세요. 왜 나는 명명 축일이 없는 건가요?"
"축일 달력에 비르질이란 성인이 없기 때문이야. 그렇지? 그래 안 그래?"
"성 비르질이 없다고요?"

나의 경악하지 않을 수 없었다. 주보성인도 없는 그런 이름들이 있다고는 상상도 해본 적이 없었던 것이다. 그런데 보라. 그런 이름 하나가 여기 있다. 내 이름, 비르질이 바로 그런 이름이다.

나는 눈물을 펑펑 쏟으며 물었다.

"비르질이란 성인도 없는데, 왜 나를 비르질이라고 부르는 거죠?"

"그게 네 이름이니까 그렇지. 그 이름은 그리스도교의 이름이 아니야. 축일 달력에도 나오지 않지. 너는 이교도의 이름을 가진 거야."

매년 하루 동안 하늘을 우리 집 안에 들여놓을 수 있는 그런 명명 축일을 가질 수 없다는 것, 그것은 최고의 불행이었다. 그것은 불공평한 것이었다. 그것은 나를 마치 인두로 지지는 것처럼 아프게 했다. 게다가 내가 이교도의 이름을 지녔다는 말을 듣기까지 했으니, 정말 너무 한 거 아닌가! 내게는 축일이 없다는 것, 그것은 이미 나도 알고 있는 바였다. 그런데 내 이름이 법의 보호 밖에 있는 것이라니, 이건 해도 너무 한 거 아닌가! 내 작은 머리속에서는 이교도라는 것과 부모 살해의 패륜, 무법자, 법 밖에 있는 자는 다 같은 말이었기 때문이다. 그것은 어린 아이가 견딜 수 있는 범위를 넘어선 것이었다. 대성통곡하며 나는 물었다.

"선하시고 사람을 사랑하시는 하느님이 왜 비르질이라는 성인은 만들지 않으신 거죠? 선하신 하느님이 왜 내 이름, 이렇게 예쁜 이름에게는 주보성인을 허락하지 않으셨느냐 말이에요? 하느님은 베드로란 이름을 가진 성인은 열 명도 넘게 만드셨고, 요한이라는 성인도, 안드레아라는 성인도, 니꼴라스라는 성인도 여럿 만드셨잖아요? 비르질 성인 한 사람 만든다고 해서 하느님이 손해 볼 게 뭐냔 말이에요?"

마마 쁘레스비떼라가 말했다.

"하느님이 하신 일은 다 선하단다."

그녀는 너무 젊었다. 스물하고도 대여섯 살일 뿐이었다. 나는 그녀의 첫 아이였다. 그녀의 성격은 비타협적이었고 고분고분하지 않았다. 그녀의 입에서 나오는 말은 마치 불에 달궈진 쇠막대기 같았다. 그의 말들은 내 귀를 지졌고 대못처럼 내 살을 파고들었다. 엄격함은 그녀의 생활과 실존 그 자체였다.

"만일 한 번만 더 성 비르질이라고 말하는 것이 들리면, 그땐 내가 네 귀를 뽑아 버릴 테야. 이교도의 이름 앞에다 '성'이라는 낱말을 붙이는 것은 신성모독이야. 그건 네 앞에 지옥문을 열어주는 일이야. 내게도 말이다. 왜냐하면 일곱 살이 될 때까지는 자식의 모든 죄를 엄마가 짊어지기 때문이야. 설마 다시는 반복하고 싶지도 않은 '성 비르질'이란 단어를 내뱉어서 네 어미인 나를 지옥에 보내고 싶진 않겠지?"

나는 입을 다물었다. 나 때문에 엄마가 지옥 불에 던져지게 해서는 안 되니까 말이다. 하지만 내 마음 깊숙한 곳에서는 계속해서 의문이 생겨났다. 모든 일들을 선하게 처리하시고 오류란 있을 수 없으신 하느님이 어떻게 성인도 없는 그런 이름을 지어주실 수 있단 말인가?

내 생각을 짐작하시고 마마 쁘레스비떼라가 말했다.

"성인들을 만드는 것은 하느님이 아니야. 그러니까 하느님을 비판해서는 안 되지."

"엄마, 하느님이 아니라면 그럼 누가 성인들을 만드는 거란 말이죠? 모든 것을 다 하느님이 만들잖아요. 그러니까 그분이 성인들을 만드는 게 분명해요."

"이런 논쟁은 네 나이에 어울리지 않아. 게다가 이런 것들에 대해 말하는 사람은 악마들을 깨우고 충동질 한단다. 그러니 입 다물고 다시는 그런 말 하지 말거라."

불과 반세기 전이었다. 오늘날도 나는 마마 쁘레스비떼라를 비판할 수 없다. 그녀를 정죄하는 것은 더더욱 할 수 없다. 그녀는 분명 무지했다. 하지만 세상 사람들이 말하는 그런 의미에서의 무지가 아니었다. 내 어머니가 학교 공부를 많이 하지 못한 것은 사실이다. 하지만 엄밀하게 말하자면 그녀는 결코 무지한 사람이 아니었다. 그녀는 '떼오디닥티(théodidacte)'였다. 독학자(獨學者), 즉 선생도 없이 학교도 가지 않고 혼자서 공부하고 배우는 사람들이 있듯이, 마마 쁘레스비떼라는 학교에서 또는 혼자서 배움을 터득한 것이 아니라 바로 하느님에게서 직접 가르침을 얻었기 때문이다. 그녀는 진정으로 떼오디닥티였다. 진짜 떼오디닥티. 그녀는 마치 아빠스 테오도로스처럼 누구를 만나든, 첫 순간부터 칼과 같았다.[35] 그녀에겐 오직 한 가지 생각, 하느님 생각밖에 없었다. 그녀는 "방심이야말로 모든 악과 모든 죄의 시작이라는 것"[36]을 너무도 잘 알고 있었기 때문이다. 그래서 그녀는 한사코 하느님 생각에 매달려 그것을 떠나려 하지 않았다. 불쌍한 마마 쁘레스비떼라, 그녀는 너무도 위대한 믿음을 지녔으므로, 까르파티아의 내 조국에 있는 산들을 옮길 뿐만 아니라 아마도 혼자서 이 땅의 모든 산들조차 다 옮길 수 있었을 것이다. 분명 그녀의 믿음은 신학 박사들의 믿음은 아니었다. 가끔 그녀는 비록 교회 밖은 아니지만 더 먼 곳, 더 깊은 곳에 있었다. 그녀의 무지는 순결한 단순성에서 비롯되었다. 그것은 세상에서는 어리석음이라고 판단되는 그런 단순성이 아니었다. 그것은 하느님의 말씀을 아무런 판단 없이 듣고, 아무런 의문도 없이 받아들이는 그런 단일하고 단순한 사유의 속성이다. 마치 어린아이가 선생님의 가르침을 그 어떤 판단도 그 어떤 검열도 없이 그대로 받아들이고 흡수하듯 말이다. 우리의 정신 영역이라는 게 너무도 작아서 신성한 신비들을 설명할 수는 없기 때문이다. 그래서 오직 믿음을

---

35) *Apophtegmes des Pères*, Arsenie 31.
36) *Apophtegmes des Pères*, Poemen 43.

통해서 오직 단순성을 통해서 인간은 그 신비들을 듣고 받아들일 수 있는 것이다. 아브라함이 바로 그런 사람이었다. "들은 말씀에 대해 그는 자신을 판단자로 여기지 않았다."[37]

나는 물어보았다.
"엄마는 왜 나에게 이교도의 이름을 지어주어서 비르질이라고 부르는 거죠?"
마마 쁘레스비떼라가 갑자기 모든 걸 멈추었다. 일을 하다 말고 마치 화석이 된 것처럼 굳어 버렸다. 나는 다시 집요하게 물었다.
"내게 비르질이라는 이름을 선택해 준 사람이 엄만가요? 이교도 이름을. 엄마의 아들에게 그 이름을 주려고. 엄마처럼 믿음이 좋은 사람이 말이에요."
그녀는 움직이지 않았다. 얼이 빠져 나간 사람처럼. 성경에 나오는 소금 기둥이 된 사람처럼. 잠시 후 공손하게 조금은 소심하게 주저하면서 그녀가 말했다.
"네 말이 맞아. 너에게 비르질이란 이름을 택해 준 사람은 나야. 나, 네 엄마가 너에게 이 이교도 이름을 선택해 주었어."

---

37) Philoxène de Mabboug, Homélie, IV, 74.

그녀는 마치 고백 사제에게 고백하듯 말했다. 하느님 앞에서 고백하듯. 마치 최후의 심판에서처럼. 오직 한 가지 생각, 즉 거짓말을 하지 말아야 한다는 생각으로. 하지만 너무 늦었고 돌이킬 수 있는 것은 아무 것도 없다는 확신을 가지고 말이다. 그녀는 용서를 구할 수도 있었다. 하지만 그녀는 스스로 용서받을 만한 자격이 없다고 생각했다.

"사실이야. 비르질이라는 이름을 네게 선택해 준 사람은 나야. 이 이교도 이름을. 내가 …"

내가 물었다.

"엄마, 왜 그러신 거예요? 엄마는 나를 평생 불행하게 만들었어요. 아주 불행하게요. 왜죠?"

그녀가 말했다.

"그 이름을 선택할 때, 나는 네 이름에 대해 아무 생각도 없었단다. 정말이지 아무 생각도. 나는 아무 것도 생각하지 않았어. 내가 아무 것도 생각하지 않았는데, 어떻게 네 이름에 대해서 어떤 생각이건 할 수 있었겠니?"

그녀는 내게 결코 거짓말하지 않았다.

나는 따져 물었다.

"그럼 아무 생각도 없이 그 수많은 이름 중에서 내 이름을 선택했단 말이에요?"

"그래, 아무 생각도 없이!" 그녀가 말했다.

"선택한다는 건 생각한다는 걸 의미하지 않나요?"

"너에게 맹세코 말하지만 나는 정말 아무 생각이 없었단다. 내가 비르질을 선택했어. 그건 사실이야. 하지만 내 머리 속엔 아무 생각도 없었어. 모든 게 비워진 상태였지. 공포 때문에. 두려움 때문에. 만약에 집에 불이 났다면, 물에 빠져 익사하기 직전이라면 너는 생각할 수 있겠니? … 그런 순간에는 모두가 두려워 할 뿐이야. 그게 다야. 내가 네 이름을 선택할 때가 꼭 그랬어. 나는 아무 생각도 할 수 없었어. 오직 두려웠을 뿐이야."

내 아버지는 언제나 웃으면서 어머니에게 말하곤 했다. "설사 당신이 어느 날 하늘과 땅의 모든 것을 소유하게 된다 해도, 당신에겐 여전히 논리란 게 없을 거요. 논리는 당신 머리에 달라붙어 있을 수가 없기 때문이지. 논리, 그것은 당신의 정반대요."

그것은 참이다. 논리적이지 않음, 그것은 본질로 들어가면 결국 다른 사람들과는 다른 방식으로 생각한다는 것을 의미한다. 하지만 성인들도 세상의 논리로 보자면 결코 논리적이지 않았다. 세상의 눈으로 보면 그들은 논리적이지 않다.

"엄마, 그렇게 말하지 마세요. … 엄마의 첫 아이의 이름을 생각도 안 해보고, 선택도 안 해 보고, 그냥 결정했다는 건 있을 수 없는 일이에요. …"

"일의 자초지종을 들려주마. 너는 내 명명 축일 다음 날,

그러니까 성 요아킴과 안나의 축일인 9월 9일에 태어났단다. 사람들은 너를 요아킴이라 부르라고 제안했지. 나는 거절했어. 그 이름은 내가 좋아하는 이름이 아니었기 때문이야. 그러자 네 아버지가 말했어. '아이를 바실리라고 부릅시다.' 네 아버지의 아버지, 그러니까 네 할아버지의 이름이 바실리였기 때문이지. 그런데 바실리라는 이름을 듣자마자 나는 공포에 사로잡혔어. 네가 태어난 그 날에 말이야. 나는 그때 몸이 편치 않았고, 그래서 침대에 누워있었단다. 고통스럽게. 그런 내 앞에서 바실리라는 이름을 말하는 것을 들었을 때, 나는 소리를 지르기 시작했고 두려워하면서 부들부들 떨었어. 이해가 가니?"

나는 대답했다.

"이해가 안 가요. 바실리라는 이름을 말하면 왜 아프게 되는데요? 그건 성 대 바실리오스를 말하는 거잖아요. 그분은 '세 분의 거룩한 대주교'[38] 중의 한 분, 우리 거룩한 교회의 세 위대한 박사 중 한 분이잖아요."

"여기를 보렴. 그러면 이해가 갈 거야."

마마 쁘레스비떼라는 내게 그녀의 왼쪽 어깨를 보여주었다. 거기에는 아주 큰 상처자국이 있었다. 살갗이 찢어져 검게 변색된 상처자국 말이다. 그때까지 나는 단 한 번

---

38) 성 대 바실리오스, 신학자 성 그레고리오스, 성 요한 크리소스토모스를 가리킨다. 정교회는 1월 25일을 이 세 분 대주교를 동시에 기념하는 축일로 삼고 있다.

도 내 어머니의 어깨를 본 적이 없다. 그녀가 피부에 그런 찢긴 자국을 지니고 있었다는 것을 알지도 못했다. 보기에도 끔찍한 그런 상처를 말이다.

"어렸을 때, 너보다 조금 더 어렸을 때, 예루살렘의 우리 집에는 늑대개가 한 마리 있었단다. 정말 멋진 개였어. 그 개는 내 놀이 동무였지. 어린 시절 내내, 나는 그 개와 함께 놀았단다. 가는 곳마다 나를 쫓아다녔지. 나를 보호해 주었고, 내 침대 아래서 잠자곤 했지. 그 개는 마치 구름 같은 회색 털을 가지고 있었어. 강철처럼 아주 광택이 나는 털을 가지고 있었지. 그런데 어느 날, 그 개가 미쳐 버린 거야. 그래서 집을 뛰쳐나갔지. 몇 날 몇 밤을 먹지도 마시지도 않고 고통스러워하며 온데를 쏘다니고 뛰어다녔지. 그리곤 한밤중에 다시 집에 돌아와서는 내 방에 들어와 나를 물어뜯으면서 복도로 끌어냈어. 사람들이 나를 구하기 위해 횃불을 들고 달려왔단다. 그때 그 개를 보았어. 바실리(Vassily)라고 불렸던 그 개가 입 안 가득 거품과 피를 물고 있는 모습을 말이야. 털은 더러워졌고, 피부는 여기저기 찢겨 있었지. 그건 악마보다 더 기괴하고 광기어린 모습이었어. 사람들은 그 개를 죽였어. 내 눈 앞에서. 도끼로. 쇠스랑으로 말이야. 아직도 마음속에 그때의 공포가 생생하게 살아있고 몸에는 그때의 찢긴 상처를 지니고 있는 나에게, 바실리란 이름은 미친개의 이름이란다. 기괴하고 끔찍하고 무시무시한 개. 밤중에 나를 물어뜯은 그 개 말이야. 이젠 이해가 되니? 그런 내가 어떻게, 바실리라고 불리는 내 아이, 내 자식을 품에 껴안아주고 젖을 먹여주고 쓰다듬어줄 수 있겠니? 나에게 이 이름은 공포 그 자체야. 죽음, 고통과 같은 말이지."

나는 너무 불쌍한 마음이 들어 눈물을 흘리고 말았다.

"그래서 바실리만 아니면 아무 이름이라도 상관없다고 내가 네 아버지에게 말했단다. '바실리만은 안 돼요. 만약 'V'자로 시작되는 이름을 원하신다면, 아이를 비르질(Virgil)이라고 불러요. 당신 아버지 이름과도 첫 자가 같잖아요. 그러니 우리 첫 아이를 비르질이라고 불러요.' 그때 나는 아무 생각도 없이 이렇게 말했던 거야. … 이제 네가 왜 비르질이라고 불리게 되었는지 이해하겠니?"

나는 마마 쁘레스비떼라의 손에 입을 맞추었다.

"엄마, 하지만 나중에라도 비르질이 이교도 이름이라는 것을 생각해 보지 않았나요? 비르질 성인이 없다는 것을? 내게는 명명 축일도 없을 것이고 무덤에 묻힐 때도 내 성인의 이콘을 가슴에 품지 못할 거라고 생각해 보지 않았단 말인가요? 엄마처럼 그렇게 큰 믿음을 가진 사람이 이 모든 걸 생각해보지 않았단 말인가요?"

그녀가 말했다.

"그래. 나는 아무 것도 생각해 보지 않았어. 나는 단지 네가 바실리라고 불리지 않는 것이 좋았을 뿐이야. 내 팔에 바실리를 품지 않아도 된다는 것이 정말 천만다행이었을 뿐이야."

모든 게 분명해졌다. 마마 쁘레스비떼라의 이유는 분명했다. 논리적이지는 않았지만 감정적으로는 충분히 공감할 수 있는 것이었다. 하지만 이것도 이교도 이름을 지니게 된 것, 그리고 주보성인 축일, 하늘에 있는 내 보호성인의 축일이 없다는 것을 위로해주지는 못했다. 나는 이번에는 내 아버지에게 물어 보았다.

"아빠, 아빠는 사제고, 사제의 아들이고, 사제의 손자면서, 어떻게 나한테 아빠의 첫 자식인 나한테 이교도의 이름을 주실 수가 있었지요?"

"그래, 네 이름은 분명 이교도의 이름이지. 하지만 네 이름은 비르질이야. … 비르질은 로마식 이름이란다. 로마사람은 로마식 이름을 가져야 해."

나는 말했다.

"더 중요한 건 그리스도인이라는 거지, 로마인이란 게 아니잖아요. 그리스도의 거룩한 교회에는 단 하나의 백성밖에 없잖아요. 로마사람도, 프랑스 사람도, 스페인 사람도 없잖아요. … 모두가 단 하나의 거룩한 백성이잖아요."

내 아버지가 말했다.

"그래. 분명 그렇지. 하지만 우리 루마니아 사람들은 루마니아 사람이 아니었다면 결코 그리스도인이 될 수 없었을 거야. 우리는 로마의 후예들이야. 루브가 모든 광장에서 젖을 먹이고 있는 로물루스와 레무스의 계승자들이란 말이지. 만약 우리의 이천 년 역사에서 단 한순간이라도 우리가 루마니아 사람이라는 것, 로마의 후예들이라는 것을 잊었다면, 우리는 자동적으로 더 이상 그리스도인이 아니게 되었을 거야. 거룩한 백성에 속하지 못하게 되었을 거야. 우리는, 로마의 후손이기 때문에, 그리스도인이고, 하느님의 자녀들이고, 하늘 왕국의 상속자들이 된 것이지."

"슬라브 사람들, 핀란드 사람들, 독일 사람들도 그리스도인이잖아요. 그리스도의 거룩한 백성에 속하기 위해 반드시 로마 사람이나 루마니아 사람이 되어야 하는 것은 아니잖아요. 그리스도에게는 종족도 민족도 중요치 않잖아요."

"물론 그렇지. 그리스도는 종족들을 차별하지 않으시지. 하지만 비르질, 우리가 그리스도인인 것은 오직 우리가 루마니아 사람으로 남아있기 때문이란다. … 이것을 절대 잊어서는 안 돼. 루마니아 사람 그 누구도 이것을 잊어서는 절대 안 되지. 다뉴브 강가, 까르파티아 산맥, 달처럼 둥근 이 나라에 살고 있는 라틴 민족인 우리는 이천 년 동안 불행의 역사를 겪어왔어. 우리는 불과 몇 십 년을 제외하고는 결코 독립된 적이 없었단다. 이천 년 역사 중 불과 반세기 정도 자유를 누린 것이지. 이천 년 전부터 각 세대는 동쪽으로부터 한 번 이상의 침략을 받았지. 아시아로부터 말이야. 백 가지도 넘는 야만족들이 우리 민족을 휩쓸고 지나갔고, 또 지나갈 거야. 우리를 묶고, 노략질하고, 죽였지. 특별히 우리의 신앙과 풍습과 언어를 바꾸라고 강요했지. 우리 민족의 어머니가 로마의 루브라는 것을 잊었다면, 우리는 매번 변화되었을 거야. 우리는 5세기나 지속된 터키의 침략과 지배로 무슬림이 됐을 지도 몰라. 우리나라를 휩쓸고 지나갔던 카자르의 침략으로 유대교도가 됐을지도 모르고, 고트족의 침략으로 고트족이 됐을지도 모르고, 훈족과 같은 이교도들이 됐을지도 몰라. 침략 당할 때마다, 신이 바뀌고, 언어가 바뀌고, 풍습과 이름이 바뀌었을 거야. 너는 다른 무슬림들처럼 알리나 무함메드가 됐을지도, 카자르처럼 아브라함이나 모세가 됐을지도 모르지. 훈족이나 다른 아시아 유목민족처럼 아띨라나 타메를란이라고 불렸을 지도 모른단다. … 그렇게 매일 다른 것으로 변화되어가다 보면, 결국은 아무 것도 아닌 존재가 돼버리겠지. 상황에 따라 정체성이 바뀌면서 결국엔 그 어떤 정체성도 지니지 못하게 되었겠지. 그렇게 우리는 무(無)가 되었을 거고, 무는 그리스도인도 될 수가 없을 거야. 그리스도인이기 위해서는 먼저 존재해야 하고 그 다음에는 자유로워야 해. '자유는 자신의 고유한 본성과의 일치를 의미'[39] 한단다."

"이런 까닭에, 그리스도에 대한 우리의 믿음을 지키기 위해, 우리는 먼저 루마니아 사람으로 남아 있어야 해. 우리의 정체성을 잃지 않아야 하고, 로마가 우리의 뿌리임을 잊지 말아야 하고, 우리의 루마니아 말을 지켜야 한다는 말이야. 우리가 로마 세계의 일부인 것은 절대 아니야. 어떤 사람도 어떤 것의 부분이지 않아. 사람은 그 자체로 하나의 온전한 본질이야. 각 사람이 전체란 말이지. 그 어떤 것의 부분이 아니란 말이란다. 사람은 그렇게 남아 있어야 해. 그것이 바로 그의 정체성이지. 다른 이들로부터 우리의 정체성을 보존하려면 우리들은 세자르, 비르질, 오비드, 리비아와 같은 이름으로 불려야만 했어. 그리고 목숨을 걸고라도 침략자들의 이름 받기를 거절해야 했던 거지. 그것은 죽느냐 사느냐의 문제였단다. 아니 그 이상이었지. 그것은 그야말로 존재하느냐 존재하지 않느냐의 문제였던 거야. 물론, 이름, 신앙, 풍습 등과 같은 것은 정신에 속한 것들이야. 하지만 우리가 동쪽에서 몰려온 수천의 야만인들 유목민족들로부터 우리를 보호할 수 있었던 것은 요새

---

39) Saint Grégoire de Nysse, P.G. 46 col. 101 D.

나 높은 벽이나 화강암으로 축조된 성이 있었기 때문이 아니란다. 우리의 투쟁과 방어의 수단은 전부 영적인 것이었어. 하지만 정신은 땅에 있는 그 어떤 물질보다도 더욱 강력하지. 정신 안에 축조한 것은 오래 지속된단다. 오래 지속되고 말구. 세상 끝날까지만이 아니라 영원토록 지속된단다. 네가 이교도의 이름을 가졌다는 걸 잘 알고 있어. 축일달력에 너의 성인이 없다는 것도. 네게 명명 축일이 없다는 것도. 하늘이 네 주보성인과 함께 우리 집에 내려올 기회가 없다는 것도 말이야. 하지만 너는 이 모든 희생을 감수해야만 해. 그게 너에게 주어진 사명이란다. 그리스도의 몸에 박힌 못처럼 말이야. 그리스도가 우리 집에, 우리와 함께 있게 하려면 그렇게 해야 해. 만약 우리가 우리 자신과 동일한 사람들이 아니라면, 만약 우리가 우리의 정체성을 잃어버린다면, 만약 우리가 무가 된다면, 그리스도는 우리 가운데 있을 수가 없기 때문이지. 무는 그리스도인이 아니야. 마지막 심판 때, 우리는 비르질의 언어로, 로마의 거룩한 그리스도인들이 우리에게 가르쳐준 이 라틴 언어로 그리스도께 말하게 된 것을 자랑스러워할 거야. 그들은 신앙 때문에 루마니아의 금광으로 유배되어 도형수처럼 강제 노동을 했단다. 그러니 비르질, 너는 네 이름을 사랑해야 해. 비르질, 그것은 정말 아름다운 이름이란다."

"비르질이 멋진 이름이라는 건 맞아요. 하지만 그래도

그건 이교도의 이름이잖아요. 축일달력에는 없는 이름이 잖아요."

그때 갑자기 한 가지 생각이 떠올랐다. 나는 마마 쁘레스비떼라에게 했던 것처럼 내 아버지에게도 똑같은 질문을 던졌다.

"왜 하느님은 어떤 성인에게도 이렇게 멋진 이름, 비르질이란 이름을 주시지 않았나요? 하느님이 성인들에게 온갖 이름을 다 붙여주셨으면서도, 비르질이란 이름은 붙여주지 않으신 이유가 뭔가요?"

그때 마마 쁘레스비떼라가 불쑥 아버지와 내가 대화를 나누고 있던 방에 들어오며 소리쳤다.

"성인들에게 이름을 붙여주는 분은 하느님이 아니야. 성인들의 이름은 그들의 어머니가 준 거야. 나처럼 보잘 것 없는 엄마들이 말이야. 모든 엄마들이 그렇게 하듯이."

"그러면 축일달력에 성 비르질이 없는 이유가 뭐예요?" 내가 물었다.

"이 땅에서 비르질이란 이름을 가졌던 모든 사람이 다 타락한 인간들, 천박한 인간들, 용광로에 들어갈 육체들뿐이었기 때문이지. 비르질이라는 사람은 모두가 별 볼일 없었던 거야. 먼지만도 못한 것들이었던 게지. 먼지로 돌아갈 그런 먼지들 말이다."

"비르질이란 이름을 가졌던 모든 사람이 다 가치 없는

존재들이었다고요?"

나는 이렇게 반문했다. 그것은 더 큰 불행이었다. 이 이름은 정말 처음부터 끝까지 불행만 가져다주는 이름 같았다. 먼저 그 이름은 축일달력에 없다. 둘째는 이교도 이름에다가, 셋째는 가치 없는 자들만 지녔던 이름이니 말이다. 예외 없이 모두가 조금도 가치 없는 하찮은 존재들 말이다.

"그러니까, 비르질이라 불린 사람들은 모두 다 무법자, 불법자란 말인가요?"

마마 쁘레스비떼라가 말했다.

"물론이지. 그렇고말고. 만약 어떤 비르질이 영예를 누렸다면, 그 영예는 사탄이 준 것일 게다. 모두가 악마의 종들이었으니까. 그들 중 누구도 하느님을 섬길 수 없었고, 자기 이름을 거룩하게 할 수 없었던 거야. 성인이 될 수도 없었고, 기적을 행할 수도 없었단 말이야. 열 명도 더 되는 베드로 성인이 있고, 열 명도 더 되는 요한 성인이 있고, 니꼴라스 성인에다가 안드레아 성인도 있어. 모든 이름이 다 거룩해졌지. 그런 이름을 가졌던 사람들 중에 성인들이 있었기 때문이야. 하지만 비르질 성인은 그 어디에도 없어. 그 누구도. 그것은 정말 우리 인간에게 애석한 일이지. 사실, 그 이름은 너무도 아름다운 이름이야. 그런데 그 이름을 하필이면 가치 없는 사람들, 쾌락에 젖은 사람들이 지녔던 거란다. 무덤에서 그냥 부패하고만 자들 말이야. 왜냐하면 성인들의 뼈와 살은 결코 썩지 않는 법이거든. 성인들의 뼈는 성해가 되지. … 그리고 성인들은 살아있을 때도 기적을 행하지만, 죽어서도 그들의 뼈가 계속해서 기적을 일으키거든. … 그들에게 속했던 것들, 그들의 뼈는 계속해서 가련한 인류를 구해주고 도와준단 말이야."

나보다 먼저 내 이름을 지녔던 사람들에 대해 마마 쁘레스비떼라가 내뱉은 가혹한 말들은 내 심장을 깊숙이 파고 들어갔다. 아주 어려서부터 나는 비르질이라고 불리는 사람들을 알려고 노력했다. 존경스럽고 지혜롭고 아름다움을 사랑하는 존경스런 나의 아버지가 많이 도와주었다. 아버지 덕분에, 나는 읽고 쓰는 것을 알기도 전에 비르질(Virgile)의 작품들을 알았다. 비르질은 내 어머니가 주장한 것처럼 그렇게 가치 없는 하찮은 사람이 결코 아니었다. 비르질은 라틴 세계의 가장 위대한 시인이었다. 나는 이 위대한 시인 비르질이 그리스도께서 이 땅에 오시기 얼마 전에 태어났다는 것을 알고는 매우 슬퍼했었다. 그는 또한 내 조상들인 '불멸자들'이 로마의 카탈로니아 군대에 의해 정복되기 전에 세상을 떠났다. 비르질의 죽음과, 루마니아 민족의 형성과, 그리스도의 강림이 근소한 시간적 차이를 두고 거의 동시대에 일어났던 것이다. 나는 비르질에 감탄했다. 그는 세상에서 제일 위대한 제국의, 제일로 위대한 시인이었다. 하지만 그는 성인이 아니었다. 가장 위대한 시인도 성인에 비하면 새발의 피에 불과하다. 뛰어난 재능의 시인을 위해서 동상도 세워지고, 기념비도 세워지고, 초상화도 그려지고, 훈장도 수여된다. 이 땅의 위대한 영웅들처럼, 로물루스와 레무스를 젖 먹여 키운 루브처럼 말이다. 하지만 그 어떤 시인도 이콘에 그려지지 않는다. 이콘에 그려질 수 있는 사람은 그리스도와 하느님의 어머니인 테오토코스 그리고 성인들뿐이다. 하느님은 빛이시고, 오직 성인들만이 빛의 자녀들이기 때문이다.[40]

시인의 머리에는 영웅들처럼 화관이 씌워질 수 있다. 금, 은 장식으로 된 화관, 혹은 보석으로 수놓아진 관을 쓸 수 있다. 하지만 시인들과 천재들과 영웅들의 머리를 장식하는 이 모든 화관은 창조된 물질로 만들어진다. 그것이 아무리 귀한 것이라 해도, 피조물이라는 것에는 변함이 없다. 하지만 성인들의 머리에는 그리스도와 그의 어머니처럼 후광이, 배광이 씌워진다. 후광은 피조물로 만들어지는 것이 아니다. 이콘에서 성인들의 머리를 둘러싸는 후광은 그리스도의 창조되지 않은 빛으로 이뤄진다. 그것은 다볼산 위에서 그리스도의 몸을, 살과 **뼈**로 된 그분의 몸을 둘

---

40) 루가복음 16장 8절.

러싸고 변모시켰던 것과 똑같은 창조되지 않은 빛이다. 이 똑같은 창조되지 않은 빛이 성인들의 살과 뼈를 심지어 이 땅에서도 변모시키고, 우리가 죽은 다음 그리스도가 다시 오시는 날 우리의 살과 몸을 또한 변모시킬 것이다. 모든 성인들은 이 땅에서부터 빛이 나고 영광 속에 머문다. 다볼 산의 그리스도처럼 말이다. 에덴에서 쫓겨나면서 받은 '가죽 옷'과 파토스(정념들)를 벗어던짐으로써, 지상에서의 삶에서부터, 이 땅에서부터, 지금부터, 그들은 장차 낙원에서 누리게 될 상태와 똑같이 되는 것이다. 비록 몸을 지니고 있되, 이 땅에서부터 성인들은 뼈와 살을 가지지 않는 천사들처럼 산다. 이 지상에서부터 그들은 "하느님의 보물을 맡은 자, 하느님의 순결한 거처"[41]가 된다. 성경은 이렇게 말한다. "의인들의 영혼은 하느님의 손에 있어서 아무런 고통도 받지 않을 것이다."[42] "성인들의 죽음은 죽음이 아니라 잠이다. 그들은 이 세상에서 시련을 당했으니 이제 영원토록 살 것이다."[43] "그들의 몸은 성령의 전(殿)이요 … 그들은 빛이요 생명이다."[44]

시인은 세상을 가르칠 수 있다. 세상을 드높일 수 있다. 인류의 가장 비밀스런 진리들을 드러내고 동시대인들에게

---

41) 레위기 26장 12절.
42) 지혜서 3장 1절.
43) 참고. 시편 49편 9절.
44) Saint Jean Damascène, *La foi orthodoxe*, chap. XV.

그 후손들에게 모든 인류에게 영광의 길을 보여줄 수 있다. 이 땅이 지속되는 한, 세상 끝날까지, 호메로스, 에스킬로스, 에우리피데스, 세익스피어와 같은 위대한 천재들이 있었고 또 앞으로도 있을 것이다. 또 위대한 화가들, 조각가들이 있다. 음악 창작가들, 과학의 영웅들이 있을 것이다. 이 모두가 정말 놀라운 일을 한다. 그렇지만 성인들은 그보다 더욱 놀랍다. 비교할 수 없이 더 위대하다. 오로지 사랑, 생명, 빛인 성인들은 인류를 고양시킬 뿐만 아니라, 또 인류를 가르치고 인도할 뿐만 아니라, 그들은 인류를 도와주고, 구해주고, 또 특별히, 인류를 사랑한다. 성인들은 우리의 실존 안에서 우리를 구원한다. 그들은 이 땅에서 우리에게 도움을 가져다준다. 그들은 하늘에서 우리를 위해 중보한다. 성인들은 우리와 함께 우리를 위해 우리를 대신해서 고통 받는다. 그들은 기꺼이 우리의 짐과 우리의 고통을 짊어진다. 제 아무리 위대하다 할지라도 그 어떤 시인도, 그 어떤 천재도 복된 교부 아가톤처럼 말할 수 없다: "문둥병자를 만나 내 몸을 그에게 주고 그의 몸을 내가 취할 수만 있다면, 나는 너무 행복할 것입니다. 왜냐하면 완전한 사랑이 그러할 것이기 때문입니다."[45] 성인들은 "모든 사람에 대해 단 하나의 감정, 즉 사랑의 감정만을

---

45) Apophtegmes des Pères, Agathon, 26.

가진 사람들이다."⁴⁶ 성인에게는 모든 사람이 하나이다. "완전한 사랑은 유일한 인간 본성을 서로 다른 도덕적 태도에 따라 나누지 않는다. 오직 이 통일성만 바라보기 때문에 사랑은 모든 사람을 동등하게 사랑한다. 열렬한 사람에게는 친구를 대하듯, 또 비열한 자에게는 원수를 사랑하라 하셨듯이 싫증을 내지 않고 선을 베풀면서, 또 그들이 발생시키는 여러 가지 곤란들을 악의를 가지지 않고 참아내면서, 또 가능하다면 그들을 위해 고통 받는 것조차 거부하지 않으면서 말이다. 어떤 경우에도 사랑에 고유한 태도를 포기하지 않는다. 사랑의 열매는 바로 거기에 있다. 모든 사람을 차별 없이 사랑하는 것."⁴⁷

위대한 시인, 천재들 안에서 드러나는 것은 바로 사람이다. 하지만 성인들에게서 드러나는 것, 그 안에 현존하는 것은 바로 하느님 자신이다. "만약 우리가 하느님을 찾으면, 그분은 우리에게 나타나실 것이고, 만약 우리가 그분을 붙잡으면, 그분은 우리 안에 머무실 것이다."⁴⁸

성인은 자신의 육신을 멸시하고, 그와 같은 존재인 인간을 구하기 위해 자신의 지상 생애를 희생한다. 그는 이웃을 행복하게 만들어주기 위해 스스로 희생한다. 자신을 더

---

46) Saint Maxime le Confesseur, P.G. 91, col. 1205 A.
47) Saint Maxime le Confesseur, *Centuries sur la Charité*, I, 71.
48) Apophtegmes des Pères, Arsenie, 10.

욱 훌륭하게 만들어감으로써 행복해진다. 성인의 삶이란 바로 매순간 더욱 나은 존재가 되는 것이기 때문이다. "그 영혼과 육신 안에서 그 본성에 따라 전적으로 인간으로 남아있지만, 성인은 또한 그에게 합당한 은총과 지복의 영광에 이르게 해주는 신성의 빛을 통해서 전적으로 신이 된다."[49] 성인들 덕분에 하늘과 땅 사이에 상호침투가 실현된다. 하느님이 인간이 되신 것은 인간이 신이 되게 하기 위해서다.[50] 하느님의 '까따바시스', 다시 말해 하느님이 하늘에서 내려오신 것은 인간의 '아나바시스', 즉 인간이 하늘에 오르게 하기 위해서다. 하느님이 인간의 육신을 취하신 것, 즉 '사르코포로스', '인간의 육신을 취하신 자'가 되신 것은 인간이 '테오포로스', '하느님을 품은 자' 그리고 '프네브마토포로스', '성령을 품은 자'가 되게 하기 위해서다. 이런 일이 바로 성인들 안에서 실현된다. 성인들로 인해 하느님이 내려오신다. 그것이 바로 '케노시스', '강생의 겸손'이다. 그리고 성인들 덕분에 인간은 올라가고 '테오시스', 즉 '신화(神化, déification)'에 도달한다.

이런 이유 때문에, 어린 시절부터 비르질에 대해, 그리고 위대한 시인들에 대해 품어왔던 엄청난 존경심에도 불구하고, 이 존경심은 한 번도 절대적이거나 완전한 것이

---

49) Saint Maxime le Confesseur, P.G. 91, col. 1088 C.
50) Saint Irénée, P.G. 7, col. 1120.

아니었다. 셰익스피어, 호메로스, 오비디우스의 동상 앞에 서와 마찬가지로 비르질 시인의 대리석 동상 앞을 지날 때면, 나는 항상 멈춰 서서 모자를 벗어 부동자세를 취하여 예를 표하곤 하였다. 극진한 공경심과 존경심을 담아서 말이다. 그와 같은 천재를 낳은 인간 종족에 속해 있음을 행복해 하면서 말이다. 그들 앞에 서면 마치 몽블랑 앞에 선 것처럼, 감탄이 넘쳤던 것이다. 대양 앞에 선 것처럼, 별들이 충만한 밤하늘의 아름다움 앞에서처럼 말이다. 하지만 나의 감탄은 거기서 그친다. 완벽함 앞에서는 언제나 멈춰 서야 한다. 완벽함이란 이미 성취된 무엇이기 때문이다. 그런데 거룩함(sainteté)은 성취된 완벽함이 아니다. 니싸의 성 그레고리오스가 언급했던 것처럼 "그리스 사상에서 완전이란 완성된 어떤 것에 있다. 그런데 덕은 본질적으로 앞으로 나아가는 것이다. 그러므로 완전에 대한 우리의 생각을 바꿔야 한다. 그리고 우리의 이상에 맞게 이 명사를 보존하려면, 완전은 계속적인 진보에 있다고 말해야 한다.[51] 천사들과 영혼들의 본성은 한계를 알지 못하고 그 어떤 것도 그 본성의 진보를 막을 수 없다.[52] 덕과 거룩함은 오직 하나의 한계만을 가지는데, 그것은 무한이라는 한계이다.[53] 덕에 대해 우리가 사도에게서 배운 것도 바로 이것,

---

51) Saint Grégoire de Nysse, P.G. 44, col. 300 D.
52) Saint Grégoire de Nysse, P.G. 44, col. 792 D.
53) Saint Grégoire de Nysse, P.G. 44, col. 301 B.

즉 덕의 완전은 오직 하나의 한계를 가지는데, 그것은 덕이 그 어떤 한계도 갖지 않는다는 것이다.[54]"

나는 이런 것들을 알고 있기에, 창조된 완전 앞에 있을 때의 나의 감탄이 아무리 크다 할지라도 그것이 결국 멈추고 만다는 것은 지극히 당연한 것이다. 그것은 한계를 가진 아름다움이고 완전이다. 반대로 성인 앞에서 나는 황홀함을 멈출 수 없다. 성인의 이콘 앞에서, 그 거룩함 앞에서, 나는 내 두 무릎을 꿇는다. 허리를 숙이고, 내 이마가 땅에 닿도록 절한다. 이렇게 절하며 기도한다. 또 땅에 입을 맞춘다. 성인이 그려진 이콘에 입을 맞춘다. 그분께 도움과 구원과 보호를 간청하면서 말이다. 그에게 사랑과 자애를 구하면서 말이다. 그의 아름다움, 그의 완전, 그의 사랑은 한계가 없기 때문이다. 성인은 이 땅에서만 위대한 것이 아니라 하늘에서도 또한 위대하다. 성인은 단지 현세에서만 위대한 것이 아니라 세상 끝날까지 위대하다. 아니 영원토록 위대하다. … 그의 아름다움, 그의 사랑, 그의 위대함은 하느님의 그것이다. 그래서 한계가 없다. 그러므로 우리는 이 두 가지 아름다움을, 이 두 가지 위대함을 비교할 수 없다.

내가 이런 질문을 했을 때 나는 아주 어린 나이였다. 한

---

54) Saint Grégoire de Nysse, P.G. 44, col. 300 D.

창 놀기 좋아할 때였다. 내 또래의 아이들처럼 말이다. 하지만 나는 이교도의 이름을, 이교도 라틴 세계의 가장 위대한 시인의 이름을 가졌고, 내게는 명명 축일이 없었으며, 그래서 나는 너무도 불행하다 여겼기 때문에, 나는 천재적인 시인은 성인에 값할 만하다고 말함으로써 보상을 받아보려 했던 것이다. 하지만 내가 알게 된 것은 이 둘은 비교하는 것조차 가능하지 않다는 것이었다. 그래도 나는 내 불행을 어떻게든 이해해보려고 노력했다. 성인의 위대함과 사람들의 위대함을 비교함으로써 말이다. 그리고 비록 내가 원했던 것은 아니지만 나는 성인이 아니라면 그 어떤 사람도, 아무리 그가 위대한 사람이라 할지라도, 진정 위대할 수 없다는 것을 이해하게 되었다.

내가 이 모든 것을 이해해야만 했던 이유는 바로 내가 비르질이라 불리는 불운을 가졌기 때문이었다. 젊은 사제였던 내 아버지가 나를 도와줬다. 할 수 있는 한도에서 말이다. 하지만 그도 별 수가 없었다. 왜냐하면 무엇보다 먼저 그는 아직 젊었기 때문이었다. 그 다음으로 그는 가난한 프롤레타리아 주임사제였기 때문이다. 셋째로 그가 나를 충분하게 도와주지 못했던 것은 바로 그가 나처럼 이교도 이름을 가진 자의 고통을 겪어보지 못했기 때문이었다. 그래서 결국 나는 스스로가 마마 쁘레스비떼라처럼, '테오디닥토스', 즉 '오직 하느님만을 스승으로 둔 자'가 되었다. 나는 또한 인간의 유일한 위대성은 바로 거룩함에 있다는 것을 이해하게 되었다. 비르질은 그의 책을 읽을 수 있는 사람들에게 위대하다. 하지만 성인은 위대하기 위해 번역될 필요도 읽혀질 필요도 없다. 성인은 하느님과 연합된다. 그는 하느님을 품은 자이다. 그리고 하느님은 어디에나 계신다. 언제나 계신다. 모두에게 현존하신다. 번역되지도, 읽히지도, 보이지도, 알려지지도 않지만 말이다. 하느님은 악한 자에게나 선한 자에게나 위대한 사람에게나 보잘것없는 사람에게나 정복자에게나 피정복자에게나 현존하신다. 그리고 성인들도 모두에게 언제 어디서나 계신다. 그들의 위대성은 비교할 수 없기 때문에 한계가 없다. 그 어떤 것도 그 누구도 자신을 하느님에, 또 하느님을 자신 안에 품은 사람들에 견줄 수 없기 때문이다.

바로 이런 이유 때문에 성인들은 머리 주위에 빛의 원, 후광 혹은 배광을 가지는 것이다. 그것은 신성이다. 하느님의 빛이다.

그러므로 나는 이미 일곱 살 때 성인의 이름을 가지지 못한 것에 대해 그 어떤 위로도 발견할 수 없다는 것을 사무치게 깨닫고 만 것이다.

어느 날 나는 비르질이라 불리게 된 나의 이 불행에 대해 토론하기 위해서 내 아버지를 찾아갔다. 내 아버지는 마마 쁘레스비떼라처럼 신학 토론이 악마들을 자극한다고는 말하지 않았다. 그는 그가 할 수 있는 한 최선을 다해서 내게 대답해 주려고 노력했다.

나는 무릎을 꿇고 존경심과 친밀함을 가지고 정중하게 그의 손에 입 맞추며 말했다. 그는 내 육신의 아버지이기도 했지만, 무엇보다도 또한 사제였고, 그래서 내 영적인 아버지이기도 했기 때문이다. 그는 나를 두 번 낳아주신 것이다. 그는 지상 모든 사람들의 아버지였다. 그래서 나는 다른 아이들이 그들의 아버지와 그렇게 하듯이 내 아버지와 격의 없이 지낼 수만은 없었다. 우리 사이에는 아주 커다란 거리가 있었던 것이다. 비록 육신에 따라서는 너무나 가까운 사이였지만 말이다. 성인들 다음으로, 사제보다 위대한 것은 이 땅에 아무것도 없다. 지금 이 땅에 살고 있는 수십억의 사람들이 무릎을 꿇고 기도한다고 상상해 보자. 그 모든 사람들의 기도도 실상 사제 한 사람의 기도에 미치지 못한다. 사제는 그 머리에 오순절 성령강림의 날에 사도들에게 내렸던 그 불을 가지고 있다. 그 불은 바로 성직(聖職)이다. 성직은 이콘에 그려진 성인들의 후광처럼 신적이다. 에똘리아의 성 꼬즈마는 이렇게 썼다. "만약 그대가 사제와 왕을 동시에 만난다면, 차라리 사제에게 경의를 표하라. 만약 그대가 사제와 천사를 동시에 만난다면, 그때도 차라리 사제에게 경의를 표하라. 사제는 천사들보다 높기 때문이다. … 사제들에 대해 더 이상 할 말이 없다.

어떤 사제를 만날 때 내가 해야 할 의무는 그 앞에 가서 고개를 숙이고, 그 손에 입 맞추며 내 구원을 위해 기도를 청하는 것이다. 비록 모든 사람이 다 하느님께 기도한다 해도, 그들은 결코 봉헌물인 빵과 포도주를 축성하는 이 신비를 성취할 수 없다. 하지만 한 명의 사제만으로도, 비록 그가 아무리 큰 죄인이라 할지라도, 성령의 은총을 통해 그것을 가능케 한다."[55]

내 아버지에 대한 나의 사랑이 공경심과 결합되었던 것은 바로 그가 사제였기 때문이다.

"아버지, 엄마가 그러는데, 나보다 먼저 살았던 모든 비르질은 다 가치없는 자들이었대요. 누구도 인간의 조건을 뛰어넘어 성인이 되는 데 성공하지 못했기 때문에. 그게 사실인가요?"

내 아버지가 대답했다.

"가치 없는 자들이라고? 결코 그렇지 않단다. 그들은 모두 사람이었어. 그게 다야. 타락했고 그들의 본래 상태로 거룩함으로 돌아가고자 하는 열망이 없었던 사람 말이다. 하지만 우리 모두가 다 똑같아. 비르질이란 사람들이 다른 이름을 가진 사람들보다 더 형편없는 사람들이었던 것은

---

[55] Saint Cosmas d'Etolie, *Sermons*, Editions Aug. Kantiotis, p. 138.

아니란 말이지."

"아버지, 정말 심각하고 중대한 질문을 하나 하고 싶어요. 성인이 되려면 무엇을 해야 하지요?"

나는 숨을 죽이고 대답을 기다렸다. 그 대답에 따라 나는 존재할 수도 있고 존재하지 않을 수도 있었다. 나는 과연 축일달력을 보충할 수 있을 것인가? 그 이름을 찾아 볼 수 없는 축일달력에 성 비르질이라는 멋진 이름을 추가할 수 있을까? 비록 너무도 유명하기는 하지만 아무도 거룩하게 하지는 못했던 그 이름을 말이다.

"당신 아들 비르질이 당신에게 뭘 묻고 있는 거예요?" 마마 쁘레스비떼라가 소리쳤다. 그녀는 평소처럼 아버지와 내가 대화를 나누고 있던 방으로 들어왔다. 마치 폭풍처럼. 예기치 못한 시점에 그녀가 나타나면 그것은 화산이 폭발하는 것과 같았다. 지진과도 같았다. 대낮에 갑자기 몰아쳐 나무들을 뿌리째 뽑아버리고 모든 것을 파괴해버리고는 참혹한 폐허 위에 빛나는 태양만 남겨둔 채 어느새 사라져 버리는 거대한 돌풍과도 같았다. 마마 쁘레스비떼라, 그녀는 움직이는 폭풍이었다. 결코 같은 곳에서 터지는 법이 없는 화산이었다.

"당신 아들이 당신에게 뭘 또 묻고 있냐고요? 또 다시, 거룩한 것들에 대해 설명을 해달라고 해요? 그러면 지옥에 가게 될 거라고 이미 경고했건만. 무지한 사람들이 신학에 대해 말을 하는 것은 악마들을 깨울 뿐이에요."

내 아버지는 미소 지으며 조용하고 지혜롭게 말했다.

"여보, 사랑하는 쁘레스비떼라, 그는 신학을 말하고 있는 게 아니에요."

마마 쁘레스비떼라가 말했다.

"내가 분명히 '거룩한'이라는 말을 들었는걸요? 거룩한 것, 성인들에 대해 말하는 게 신학이 아니면 뭐예요? 당신은 여기 우리 집에서, 이 사제관에서 악마들을 깨우도록 허용하고 있는 거예요. …"

"그건 신학이 아니오. 그냥 어린 아이의 유치한 장난일 뿐이오. 그러니 쁘레스비떼라 당신은 당신 일이나 계속 하시구려. 비르질은 그냥 단순하게 성인이 되려면 어떻게 해야 하느냐고 내게 물어봤을 뿐이오. 그게 전부요. 그건 하느님도 좋아하실 질문이란 말이오."

"누가 성인이 되고 싶다고요? 그 아이가 아니길 바랄 뿐이에요!"

"사랑하는 쁘레스비떼라. 불행하게도 그런 사람은 아무도 없소. 아무도 더 이상 성인이 되길 원치 않는단 말이오. 아이들이 종종 그렇듯이, 아이가 내게 그렇게 질문했을 따름이오."

"그래요. 아이가 당신에게 물어보았으니, 이렇게 대답해 줘요. 오늘날에는 아무도, 절대 아무도 성인이 되지 않는다고. 오늘날 사람들은 살인자, 도둑, 장관, 군인, 술집주인이 될 뿐이라고. … 모두가 악마의 직업을 갖게 된다고 말이에요. 오늘날은 아무도 성인이 되지 않아요. 그러니 당신은 이 천진한 아이에게 진실을 말해주어야 해요. 그가 어떤 세상을 살고 있는지 알 수 있도록 말이에요."

마치 폭풍이 물러가듯, 다른 곳으로 재앙을 몰고 가듯, 문을 쾅 닫고 쁘레스비떼라 나가 버렸다.

그러자 아버지가 내게 토로했다.

"엄마가 말한 것은 사실이 아니란다."

그래서 내가 물었다.

"아버지, 그럼 오늘날도 옛날처럼 성인이 될 수 있단 말인가요?"

나는 행복해서 얼굴이 상기됐다. 오늘날에도 사람이 거룩함을 얻는 것이 가능하다면, 나는 정말로 성인이 되길 원했기 때문이다. 성 비르질이라는 이름을 축일달력에 올려놓고 싶었기 때문이다. 천사들도 기뻐하고, 다른 성인들도 기뻐하고, 그리고 나중에 비르질이라는 이름을 가질 모든 아이들도 기뻐할 수 있도록 말이다. 그들이 나처럼 명명 축일도 없이 살아가지 않도록 말이다.

"물론이지. 오늘날에도 성인이 될 수 있단다." 아버지가 조용히 말했다.

나는 내 아버지의 무릎에 가까이 다가갔다. 사제가 된

지 얼마 되지 않아 아직은 세월 풍파에 헤지지 않은 수단 안에 감춰진 아버지의 몸은 꼿꼿하면서도 유연했다. 마치 검은 튤립처럼 말이다. 아주 아름다운 검은 튤립.

아버지가 말했다.

"하느님은 항상 사람들을 거룩하게 하고 또 신화시켜서 그들을 신으로 변모시키길 원하신단다. 하느님은 자신의 피를 우리의 피와 섞었는데, 그것은 우리 사람들이 그분과 단 하나의 존재가 되게 하시려는 것이란다."

"맞아요. 하지만 옛날에는 그랬지만, 오늘날은 안 그렇잖아요. 우리가 살고 있는 이 시대에는 더 이상 성인이 없잖아요."

아버지가 말했다.

"오늘날은 옛날보다 더 쉽지. '하느님은 우리 세대가 우리 조상들의 세대와 똑같은 수준으로 악마들에게 공격당하는 것을 허락하지 않으신단다. 왜냐하면 하느님은 오늘날의 사람들이 연약하고 그래서 옛날처럼 힘겨운 투쟁을 견뎌낼 수 없다는 것을 잘 아시기 때문이야.'[56]"

이 말은 내게 엄청난 용기를 주었다. 나는 결단했다. 나는 결단코 성인이 되어야 한다. 하지만 성인이 되려면 목

---

56) Saint Diadoque de Photice, P.G. 65, col. 1146 D.

이 잘리고 생매장 당하고 맹수들에게 던져지는 일들을 다 견뎌야 한다고 책에서 읽었다. 메뚜기와 나무뿌리로 연명하면서 광야에서 살거나, 산 속 동굴에서 곰 늑대 같은 맹수들과 함께 살아야 한다. 몇몇 성인들의 생애는 내게 너무 큰 감동을 주었고 그래서 나는 일찍이 그리스도를 부정하라는 명령을 거부했다는 이유로 두 젖가슴이 칼에 잘려나간 성녀에 관해 작은 시를 하나 쓴 적도 있었다. 그리고 또 비잔틴 황제의 비서였지만 그 화려한 생활과 대리석 궁전을 다 포기하고 수도자가 된 고백자 성 막시모스에 대해서도 좀 더 긴 시를 하나 썼던 것이다. 성 막시모스는 아주 훌륭한 글솜씨와 말솜씨를 가졌다. 그래서 사람들은 그가 더 이상 진리를 글로 표현하지 못하게 하려고 그의 오른팔을 잘라버렸고, 더 이상 복음을 전하지 못하게 하려고, 그의 혀를 그 뿌리까지 잘라버렸다. … 나는 또한 다마스커스의 성 요한에 대한 또 다른 시를 썼는데, 그는 다마스커스의 술탄의 비서였고, 금과 같이 화려한 말솜씨를 지녔으며 탁월한 시인과 철학자의 자질을 갖춘 사람이었다. 어느 날 술탄은 그가 더 이상 '성모님'에 대해 시를 쓰지 못하도록, '야타간'이라는 끝이 굽은 장검으로 그의 오른팔을 자르라고 명령했다. 하지만 '니꼬피아' 즉 '천상에 계신 승리의 여왕'이 그의 감옥에 내려와서 시인인 그의 잘린 팔을 가져다가 다시 그의 어깨에 붙여주었다. 나중에 다마스커스의 성 요한은 그에 대한 보답으로 다시 찾은 팔을 기념하여 그가 있던 수도원의 성모님 이콘에 은으로 된 손을 바쳤다. 이런 이유로, 우리 마을의 성당에는 성 요한이 은으로 된 손을 바쳤던 이콘을 본따서 그린 '뜨리케레우싸' 이콘, 즉 '손이 세 개'인 테오토코스 이콘이 있었다.[57] 이 모든 이야기들을 알고 난 후 나는 성인이 되는 것은 거의 불가능한 일이구나 하고 생각하게 되었다. 하지만 어떤 희생을 치르더라도 그것을 시도해보리라 결심했다. 나는 기도서 겉표지에 쓰여 있는 오리게네스의 한 문장을 좌우명처럼 여겼다. "출발조차 하지 않는 것보다는 완전한 삶을 찾아가다 길에서 죽는 편이 백번 낫다."[58]

아버지가 말했다.

"성인이 되는 것. 그것은 사람들이 이 세상에서 성취할 수 있는 일들 중에서도 가장 자연스러운 것이란다."

"그것은 엄청 어려운 일 아닌가요? 아니 거의 불가능한 일 아닌가요?"

"아니, 그건 아주 자연스러운 일이야. 사람에게 가장 자연스러운 일이지. 아니 그 이상이야! 우리 모두는 반드시

---

57) 니꼬피아(승리하는 분), 테오토코스(하느님을 낳으신 분)는 모두 성모 마리아의 다른 이름들이다.
58) Origène, *Homélies sur l'Exode*, V. 4, Corpus graecorum scriptorum VI, 189.

성인이 되어야할 의무가 있어. 우리는 성인이 되라는 명령을 받았단 말이지. 성 대 바실리오스는 이렇게 말한단다. '사람은 신이 되라는 명령을 받은 피조물이다'[59]라고 말이야."

나는 내 아버지를 절대 신뢰하고 있었다. 먼저는 내 육신의 아버지로서. 그 다음으로는 천사와 같은 본성에 의해 다른 모든 이들보다 탁월한 사람으로서, 영적 아버지로서, 사제로서, 나의 새롭고도 참된 탄생인 나의 세례를 베풀어 준 장본인으로서 말이다. 하지만 그가 성인에 대해 그토록 쉽게 말하는 것을 나는 도무지 믿을 수가 없었다. 그것은 조금도 설득력이 없었던 것이다.

"비르질, 너 아니? 성인이 무엇인지?"

나는 말했다.

"그럼요. 하늘에 있는 사람이잖아요. 이콘 위에 그려진 분들. 후광으로 둘러싸인 분들이잖아요."

"그래 그렇지. 하지만 성인도 사람이란다. 하나의 사람이란 말이지. 그럼 사람은 무엇인지 너 아니? 사람은 바로 행복을 추구하는 피조물이야. 그게 바로 사람이야. 본성상 모든 사람은 평생 오로지 행복을 추구할 뿐이지. 성인, 살인자, 도둑, 복된 자, 죄인, 덕스러운 자를 막론하고 이 땅에 살았고 살고 있고 또 살아갈 모든 사람은 오직 한 가지

---

[59] Saint Basile le Grand, P.G. 36, col. 560 A.

만 하지. 그들 모두 그들의 행복을 추구한다는 말이야. 사람들이 차이가 나는 것은 다만 행복해지기 위해서 그들이 선택한 방법, 장소, 수단일 뿐이란다. 바로 이런 점에서 성인은 살인자와 다른 것이지. 이 둘 모두, 살인자도 성인도 행복을 추구하지만, 서로 다른 방법으로 그렇게 한다는 말이야."

 나는 시인이었다. 일곱 살이었다. 나는 전부 다 이해하지는 못했다. 특별히 이 모든 이야기는 내게 너무나 새로운 것이었다. 조금도 예기치 못한 이야기들이었다. 곧 두려움이 나를 마비시켰다. 만약 내 어머니, 존경스런 어머니 마마 쁘레스비떼라가 그 순간 방에 들어왔다면, 들어와서 성인이나 살인자나 행복을 추구한다는 점에서 똑같은 사람일 뿐이라는 아버지의 이 말을 듣게 되었다면, 그땐 아마도 돌이킬 수 없는 재앙이 일어날 것이기 때문이었다. 아마도 그것은 세상의 종말보다 더욱 끔찍한 재앙이었을 것이다. 왜냐하면 내 어머니는 한 문장 안에 살인자와 성인을 동시에 언급하는 이와 같은 신성모독을 결코 허락하지 않았기 때문이다. 그녀에게는 기름과 물이 섞일 수 없듯이, 하늘과 땅이 분리되어 있듯이, 흑백이 서로 구분되듯이, 거룩한 것, 신성한 것은 악한 것, 세속적인 것과 명확하게 분리되어 있었다. 다행스럽게도 마마 쁘레스비떼라는 이 말을 듣지 못했다. 그래서 이번만큼은 나와 내 아버지에게 번개가 내리치는 일이 일어나지는 않았다.

"아버지, 아버지는 사제면서, 어떻게 성인이 되는 것이 쉽다고 말할 수가 있어요? 그럼 모든 사람들 앞에서도 그렇게 말할 수 있어요? 그게 아니면 내가 어린 아이라고 그렇게 말하는 건가요?"

"물론이지. 나는 모든 사람에게 그렇게 말할 거란다. 성인이 되는 것, 신화(神化)되는 것은 '우리가 본래 아니었던 어떤 것으로 변모되는 것이 아니라, 우리가 전에 그랬던 어떤 모습으로 변화됨으로써 영광스럽게 본래 모습으로 새로워지는 것'[60]을 의미하는 것이기 때문이야. 성인이 된다는 것은 자신의 고유한 본성을 되찾는 일이지. 사람의 최초 상태는 행복이었고 낙원이었어. 성인이 되기 위해 노력함으로써 우리는 우리의 본성에 따라 정해진 바대로, 좀 더 나은 존재가, 좀 더 행복한 존재가 되기 위해 노력하는 것이란다."

"성인이 되는 것이 그렇게 쉬운 것이라면, 이 땅에 성인의 수가 그렇게 적은 이유는 무엇인가요? 예를 들어 육신의 아버지, 영적인 아버지, 이렇게 이중으로 나의 아버지

---

[60] Saint Diadoque de Photice, P.G. 65, col. 1148 A.

고 사제인 아버지는 왜 성인이 되려고 노력하지 않은 건가요?"

나는 아버지를 보았다. 그는 교회의 가장 아름다운 성인이 될 수도 있었으리라고 속으로 말했다. '이코노스타시스(성상벽)'의 보제 출입문에 그려진 대천사보다 더 아름다운 성인 말이다.

"대답해 보세요. 왜 아버지는 성인이 되려고 시도해 보지 않았는지. 그건 너무 쉬운 일이라고 아버지가 말했잖아요. … 대답해 보세요!"

내 아버지가 말했다.

"아무도 성인이 되길 원치 않는단다. 나조차도 그렇게 되길 원하지 않았어. 단지 그뿐이야. 그런 생각이 내 머리 속에 없었던 거야."

나는 놀랐다. 그것은 논리에 맞지 않았기 때문이다. 장군이 될 수 있는데 왜 병사로 만족한단 말인가? 황제가 될 수 있는데 왜 시종으로 만족한단 말인가? 거룩함이란 것이 모든 사람에게 가능한 것인데 왜 성인만 빼고 아무거나 되려 한단 말인가? 그래서 나는 마을에 사는 모든 아이들에게 물어보았다. 그리고 도시 사람들에게도 물어보았다. 학교에서도 모든 동급생들에게 물어보았다. 대학생들에게도, 신학생들에게도, 사제에게도, 주교에게도 물어보았다.

그런데 그때까지만 해도 아무도, 절대적으로 아무도, 이 땅에 살고 있는 사람 그 누구도 성인이 되길 원한다고 말하는 사람이 없었다. 아무도 그것에 관심이 없었던 것이다. 아무도. 이것은 내게 어리석음의 극치로 보였다. 가장 끔찍하게 논리에 맞지 않는 것이었다. 오늘날, 사람들은 우주 공간으로, 달나라로, 화성, 금성, 수성으로 날아가길 원한다. 어디든 가려 한다. 그것들은 참 아름답고 높기도 하다. 하지만 그보다 더 높고 더 아름다운 곳, 낙원(천국)에는 아무도 가고 싶어 하지 않는다. 아무도 성인이 되길 원치 않는다.

"왜 아버지는 성인이 되길 원하지 않았어요? 왜 그런 생각조차 하지 않았어요?"

내 아버지는 결코 거짓말하는 법이 없었다. 그는 내게 대답했다.

"나는 우선 신학교 시험을 통과해야겠다고, 그러고 나서는 사제가 되어야겠다고, 그 다음에는 내 자식들에게 또 내 신자들에게 좋은 모범을 보여주어야겠다고 생각했고 그러길 원했고 그러기로 결심했지. 내 생각과 내 꿈은 늘 눈 앞에 있는 것이었어. 사람들은 말하지. 우리는 항상 다른 곳을 꿈꾼다고. 하지만 이 다른 곳은 아주 높은 곳도, 아주 먼 곳도 아니야. 다른 곳은 언제나 길 건너편이었던 거지. 다른 곳은 언제나 옆집이었고, 도시였고, 수도였지. 사람들은 결코 먼 데 있는 다른 곳을 꿈꾸지 않아. 예를 들면 낙원이나, 하늘 같은 곳, 성인이 되는 것과 같은 것 말이야. 이렇게 인정하고 나니 참으로 부끄럽구나. 사실 나는 성인이 되겠다는 생각을 해본 적이 없어. 나도, 지금껏 내가 만났던 사람 그 누구도 말이야. 아무도. 사람들은 늘 바로 앞의 일만 생각하고 꿈꾸지. 눈앞에 있는 것, 감각할 수 있는 것 말이야. …"

긴 침묵이 찾아왔다. 내 아버지는 평생 처음으로 굴욕을 경험했던 것이다. 그것도 매우 깊이. 나 때문에 말이다. 시인이었고 일곱 살이었던 내가 쓰디쓴 진실을 그에게 말해 버렸기 때문이다.

나는 물었다.

"아버지는 할 수 있었다는 것을 다 알면서도 성인이 되는 것을 포기했단 말이에요?"

"모든 사람이 다 덜 좋은 것이 되기 위해 기가 막히게 좋은 것들을 포기한단다. … 그래서 사제 혹은 제분업자 혹은 경찰이 되기 위해, 성인이 되는 것을 포기하지. … 그게 다 우리의 보편적인 타락의 상태에서 기인하는 것이지."

내 아버지는 두 눈에 눈물이 그렁그렁했다. 사람들은 그 것을 볼 수 없다. 진정한 눈물은 보이지 않는 법이다. 오직 그 눈물의 반짝임만 보일 뿐. 그는 자신이 완전히 실패했다고 생각한 것이다. 그의 실존 그 자체를 망쳐버렸다고 말이다. 그는 이것을 바로 나에게서 배우게 된 것이다. 다른 사람들과 똑같이 그 또한 주둥이 근처에 있는 것만 뜯어먹는 초식동물과 다를 바 없다는 것을 내가 그에게 보여주었던 것이다. 인간의 위대하고도 진정한 모험을 감행할 용기를 가진 자는 아무도 없다. 하늘을, 낙원을 찾아 나설 용기 말이다. 인간의 최대의 모험이라고 해봤자 그것은 겨우 다른 대륙, 바다 혹은 다른 행성이 고작이다. … 그것은 정말 하찮은 것이다. 굴욕적인 것이다. 하느님의 자녀인 우리들에게는 말이다.

특별히 창조주 하느님은 정말 위대한 일들을 위해 우리를 세웠다. 쩨쩨한 목적과 임무를 위해서가 아니라는 말이다. 인간의 직립 자세를 보자. 인간의 자세는 똑바르고 하늘을 향해 있다. 인간은 높은 곳을 본다. 이 자세는 인간으로 하여금 명령하고 지휘할 수 있게 해준다. 왕 같은 권능을 상징한다. 모든 존재 중에서도 유독 인간만이 이렇게 만들어졌다. 반면 그 밖의 다른 동물들의 몸은 땅을 향하고 있다. 이것은 인간의 권능 앞에 몸을 숙인 존재들과 그들 위에 위치한 이 권능 사이에는 존귀함의 차이가 있음을 분명하게 보여주기 위한 것이다. 실제로 짐승들에게는 신체 앞부분에 빌이 있다. 땅으로 숙여져 있는 몸은 앞쪽에 뭔가 지탱해줄 것을 필요로 하기 때문이다. 그러나 사람의 신체 구조에서는 이 부분이 손이 되었다. "직립 자세에서는 하나의 지지대로 충분하다. 그래서 발만 있어도 튼튼하게 서 있는 것이 가능하다."[61]

"아버지, 하느님과 천사들처럼 자유롭고 존귀한 피조물인 사람이 그런 노예적 임무에 만족할 수 있었다는 것을 어떻게 설명할 수 있지요?"

"우리가 하늘을 보지 못하게 막고 우리의 시선을 땅과 하찮은 문제들에 고정시킨 자는 바로 악마란다. 유대인들이 이집트에서 노예생활을 할 때, 파라오는 그들에게 한 가지 임무를 맡겼는데, 그 임무란 항상 시선을 땅에 두어야 하고 하늘은 절대 볼 수 없게 하는 그런 일이었단다. 우리에게도 똑같은 일들이 일어나고 있어. 유대인들이 하늘을 바라보지 못하도록, 파라오들은 그들에게 벽돌 만드는 일을 강제로 시켰어. 우리도 마찬가지야. 모든 사람이 평생 벽돌을 만들고 있는 거야. 그렇게 하면서, 다시 말해 허구한 날 땅만 쳐다보면서 저 높은 곳은 당최 보질 않지. '악마는 우리의 본성을 해치고 그것을 파괴하려고 하지. 이렇게 그는 그의 권세 아래 있는 이들이 하늘을 보지 못

---

61) Saint Grégoire de Nysse, P.G. 44, col. 144 B.

하도록 어떻게든 막으려 하고, 반대로 땅만 바라보고 벽돌이나 찍어내게 하고 있는 거야.'"

나는 놀랐다. 인간의 활동들이, 거의 모든, 아니 모든 활동들이 '벽돌 만들기'와 같은 것이라니. 피조물들 중에는, 인간의 활동 중에는 고귀함이라곤 없는 것인가? 분명 그 나이에 나는 모든 걸 이해하지는 못했다. 하지만 나중에, 아주 나중에 나는 하늘로 개방되어 있지 않은 순전히 인간적인 모든 행위들은 결국 벽돌 만들기에 불과하다는 생각에 이르렀다. 그 안에는 참으로 가치있는 것은 아무 것도 남아 있지 않다. 아무리 숭고하고 아무리 훌륭하다 할지라도 모든 인간 행위는 한계 안에 있다. 우리가 만드는 벽돌들이 거푸집 안에 있듯이 말이다. 그리고 "한계 안에 갇혀 있는 것은 어떤 것이건 덕도 아니고 거룩함도 아니다."[62]

내 아버지가 말했다.

"우리 모두는 벽돌을 만들고 있어. 파라오 치하의 유대인 노예들처럼 말이야. 우리로 하여금 먼 곳을, 우리 자신을 넘어선 곳에 있는 것을, 하느님을 보지 못하게 막고 있지. 하지만 그게 다가 아니야. '물질적 쾌락과 관련된 모든 것, 말하자면 배의 즐거움과 관련된 것, 부와 관련된 모든 것은 필연적으로 흙과 물로 되어 있어. 벽돌처럼 말이야.

---

62) Saint Grégoire de Nysse, P.G. 44, col. 301 A.

이 두 가지 요소가 섞여서 진흙이 되지. 말 그대로 진창이란 말이지.'[63]"

내가 말했다.

"아버지, 한 가지 아버지한테 고백하고 싶어요. 나는 성인이 되고 싶어요. 축일달력에 성 비르질이란 이름을 주고 싶어요. 아버지는 내가 그럴만한 힘이 있다고 생각하나요?"

"그럼, 당연하지. 네가 성인이 되는 것은 가능하고말고. '하느님은 운명을 우리의 손 안에 두셨어. 우리의 구원은 바로 우리의 의지에 달려 있어.'[64]"

"그럼 성인이 되려면 무엇을 해야 하죠?"

"너 정말로 성인이 되고 싶은 게냐?"

"예." 나는 입을 크게 벌려 힘차게 대답했다. 쨈을 먹을 때 입 안 가득 집어 넣듯이 말이다. 나는 진정한 마음으로 그렇게 대답했다. 내 작은 인격을 다 걸고 말이다. 바이올린이 그 줄로만 아니라 그 나무통과 함께 소리를 내듯 말이다.

"나는 해야 한다면 무엇이든 다 할 거예요. 그러면 나도 성인이 되지 않겠어요? 아버지 거짓말하는 거 아니죠?"

"물론 아니지."

---

63) Saint Grégoire de Nysse, P.G. 44, col. 344 A.
64) Saint Maxime le Confesseur. P.G. 90, col. 953 B.

"아버지, 그럼 성인되려면, 무엇부터 해야 하죠? 성 비르질이 되려면 말이에요?"

"시작이건 마무리건, 네가 해야 할 일은 언제나 한 가지뿐이란다. 오직 한 가지. 그러면 너는 성인인 거야."

나는 말했다.

"집이나 도로나 울타리를 만들려고 해도 엄청나게 할 일이 많은데. … 성인이 되는 데 필요한 일이 한 가지 밖에 없다니 그건 말도 안 돼요. 내가 어리다고 그렇게 말하는 거지요. 아버지는 내 말을 심각하게 여기지 않고 있어요."

그러자 내 아버지가 말했다.

"그렇지 않아. 나는 정말 네 말을 진지하게 듣고 있어. 누구도 거룩함에 대해 가볍게 말할 수는 없어. 그 상대가 비록 어린 아이라도 말이야."

"그럼, 성인이 되려면 무엇을 해야 하는지 빨리 말해 주세요? 축일달력에 성 비르질을 가지려면 말이에요. 그럼 지금 당장 시작하고 싶어요. 바로 이 순간부터 말이에요. …"

"성인이 되기 위해서는, 오직 한 가지가 필요한데, 그것은 바로 '원수를 사랑하는 것'이란다."

나는 말했다.

"그럴 리가 없어요. 축일달력에 나오는 성인이 되는 데 그깟 일이면 다 된다고요? 원수를 사랑하기만 하면 충분하다고요?"

"그거면 충분하단다."

"그럼 지금 이 순간부터 나는 아버지 엄마를 사랑하듯이, 하느님과 나 자신을 사랑하듯이, 원수를 사랑할 거예요."

나는 너무도 기뻤다. 성인이 되는 것이 그렇게 쉬울 것이라고는 한 번도 상상해 본 적이 없었다. 이렇게도 쉬운데 성인이 된 사람이 그토록 적다고 생각하니 화가 났다. 한 가지만, 원수를 사랑하는 것, 이 한 가지만 하면 되는데 말이다.

내 아버지는 말했다.

"처음은 어려울 거야. 왜냐하면 사람은 선택을 해야 하니까. 처음에는 항구를 벗어나기 위해 노를 저어야 하는 뱃사람과 같단다. 오직 자신의 의지와 자신의 힘에 기대야 하지. 하지만 그 다음에는 은총이 오고, 하느님의 도움이 와서 이끌어 간단다. 바람이 돛에 불어와 배를 움직여 가듯 말이야."

나는 너무 행복했다. 이 땅에서만 아니라 하늘에서의, 시간 속에서만 아니라 영원성 안에서의 나의 진로와 나의 운명이 결정된 것이다. 나는 성인이 될 것이다! 어떤 것도 나를 멈추게 하지 못하리라. 내 아버지가 나에게 가르쳐 준 것처럼, "덕의 길에서 달리기를 멈추는 것은 악의 길에서 달리기를 시작하는 것"[65]임을 나는 잘 알고 있었기 때문이다.

나는 또한 "거룩한 삶은 그 자체로 여행에 필요한 모든 것을 조달해줄 만큼 풍요롭다"[66]는 것을 잘 알고 있었다.

하지만 나의 행복은 오래 지속되지 않았다. 나는 내 아버지에게 말했다.

"아버지, 그런데 나는 거룩함을 얻기 위한 이 싸움을 지금 즉각 시작할 수가 없어요." 나는 울고 말았다. 평생 한번도 울어보지 않은 아이처럼 그렇게 서럽게 울었다. 나는 덧붙여 말했다.

"아버지, 나는 결코 성인이 될 수 없을 거예요. 축일달력에 성 비르질이 추가되지 못할 거예요. … 나는 원수를 사랑할 수가 없어요."

내 아버지가 물었다.

"아니 왜?" 그는 분명 알고 있었다. 이 일이 인간의 힘만으로는 불가능한 것임을 말이다. 땅 위에서 오직 그리스도만이 진정으로 원수를 사랑할 수 있었다. 하지만 내 아버지가 놀랐던 것은 내가 이 일의 어려움을 이렇게 빨리 알아차렸다는 것 때문이었다. 사실 원수를 사랑하는 것보다 순교의 길을 가는 편이 더 쉽기 때문이다.

---

65) Saint Grégoire de Nysse, P.G. 44, col. 300.
66) Origène, Corpus graecorum scriptorum IV, 34.

그가 물었다.

"왜 원수를 사랑할 수 없다는 거니?"

그래서 내가 울면서 말했다.

"나는 원수가 하나도 없어요. 아버지. … 내게 없는 것을 어떻게 사랑할 수가 있겠어요? …"

나는 울었다. 절망했다. 사랑하려 해도 사랑할 원수가 없다는 게 절망스러웠다. 원수를 가지기에는 내가 너무 어렸던 탓이다. 아무리 사소한 원수도 없었던 것이다. 나는 어떤 원수도 없었던 것이다. 그러므로 성인이 되겠다는 나의 시도는 물거품이 되고 말았던 것이다. 원수가 없어서 말이다. 사랑할 원수가 없어서 말이다. 게다가 더 끔찍한 것은 평생 원수가 없으면 어쩌나 하는 절망감이었다. 밤새도록 나는 하느님께 기도했다. 내게 원수를 달라고, 내게도 원수를 달라고 말이다. 최소한 단 한 명이라도 원수를 달라고 말이다. 그를 사랑할 수 있도록, 그래서 성인이 될 수 있도록 말이다. 하지만 다음 날에도 나는 여전히 원수가 없었다. 여기저기 하루 종일 아무리 찾아도 헛수고였다. 저녁에 나는 절망해서 내 아버지에게 물었다.

"아버지, 아버지 생각엔, 이 땅에서 내가 최소한 한 명이라도 원수를 가질 수 있을까요? 아니면 하느님이 내게는 영영 원수를 안 주실까요? 그렇게 되면 성인의 길은 영원히 막히는 거잖아요. 원수가 없으면, 성인이 될 수 없으니까요."

"세상 창조 이래, 어떤 사람에게도 부족함 없이 존재했던 유일한 것이 있는데, 그게 바로 원수란다. 모든 사람에게, 심지어 성인들에게도 원수는 언제나 존재했고 존재한단다. 성인의 사랑으로도 감당할 수 없을 만큼 많은 원수들이 말이야."

"그렇다면 나도 언젠가 원수들을 갖게 될 것이 확실한가요?"

"의심할 필요도 없지. 너도 분명 원수를 갖게 될 거야! 네가 생각하는 것보다 훨씬 빨리 말이다!"

나는 행복하게 잠들 수 있었다. 정말 맘 편하게 잠을 잤다. 내 인생 최고로 행복한 밤이었다. 그날 밤, 나는 군대처럼 많은 원수들이 내게로 달려오는 꿈을 꾸었다. 내게 그토록 필요했던 원수들 말이다! 원수가 없으면, 거룩함도 성인도 없으니까!

비오스 그리고 뽈리띠아

 내가 매일 매일 드리는 이 기도를 하느님이 들어주시기를 나는 간절히 기다렸다. 나에게 원수를 달라는 이 기도 말이다. 아직도 나는 원수가 없다. 분명 나는 원수를 가질 수 있었다. 그건 세상에서 가장 쉬운 일이다. 아무 것도 하지 않아도 그렇게 될 수 있다. 하지만 하느님은 아직도 내게 그것을 허락하지 않으셨다. 하느님은 항상 어린아이들을 사랑하셨다. 그리스도 자신이 "너희는 이 보잘것없는 사람들 가운데 누구 하나라도 업신여기는 일이 없도록 조심하여라. 하늘에 있는 그들의 천사들이 하늘에 계신 내 아버지를 항상 모시고 있다는 것을 알아두어라."[1]라고 하

---
1) 마태오복음 18장 10절.

지 않으셨는가!

나는 신뢰를 가지고 내 첫 번째 원수가 나타나길 기다렸다. 그의 불의(不義)에 사랑으로 응답해 주기 위해서 말이다. 그렇게 하여 내 이름의 성화를 얻고, 성 비르질이란 이름을 축일달력에 올려놓기 위해서 말이다. 나는 굳게 믿고 있었다. 성인이 되기 위해선 오직 한 가지 일, 원수를 사랑하라는 이 일만 하면 된다고 말이다. 분명, 거룩함에 이르는 방법은 수없이 많다. 이런 까닭에 나는 내 아버지에게 이렇게 물었던 것이다.

"왜 성인들은 하늘에 도달하기 위해 그토록 많은 길을 취한 것이죠? 예를 들어, 높은 기둥 위에서 산 주상 성인들, 메뚜기를 먹으며 광야에서 산 은둔 성인들처럼 말이에요. 그런데도 성인이 되기 위해서 원수를 사랑해야 하는 이유는 뭐죠?"

"나는 너에게 가장 어렵지만 가장 확실하고 가장 바른 길을 보여준 거야. 그건 바로 원수를 사랑하는 것이란다. 하지만 하늘에는 지상 사람들의 운명만큼이나 많은 종류의 거룩함이 있단다. 사람이 하느님과 연합하는 것도 사람 수만큼이나 여러 가지야. 이것은 우리 각자가 신성과 절대적으로 유일한 관계를 가진다는 것을 전제하는 말이란다. 하지만 거룩함을 얻을 수 있게 해주는 최고의 증거는 너 자신의 원수를 사랑하는 것이란다."

그러므로 나는 꿈쩍도 하지 않고 당당하게 이 원수를 기다렸다. 내 이름을 축일달력에 등록시켜 줄 원수, 학교에서 1등을 한 어린이들에게 주는 나뭇잎사귀 화관이 아니라 영원토록 내 머리를 둘러싸 결코 사그라지지 않을 빛의 화관을 나에게 선사할 내 인생 최초의 원수 말이다. 왜냐하면 "하늘도 태양도 달도 별도 다 사라질 것이고, 하늘이 열리고 태초의 시간부터 닫혀있던 하늘의 문들이 접혀 올라가면, 저 하늘 너머의 현실들, 그 빛의 세상이 드러날 것"[2]이기 때문이다. 달과 태양이 촛불처럼 꺼져 버린 후에도 그 빛은 사라지지 않는다. 이 빛의 화관, 거룩함의 후광은 영원토록 지속될 것이다. 아이들은 논리가 부족하다고 사람들은 말한다. 하지만 나는 그 어린 나이에, 다른 것이 되기보다는 성인이 되겠다고 결심한 것이 결코 부끄럽지 않다. 그리고 오늘날도, 탁월하게도 논리적인 이 나라, 내가 25년 동안 유배생활을 해오고 있는 이 데카르트의 조국에서도 그것은 변함없다. 성인이 되겠다는 나의 결정은 논리적이었다. 기하학만큼이나, 수학만큼이나 논리적인 것이었다. 동방과 서방 교회의 모든 교리들과 완전히 부합하는 것이었다. 하지만 내게는 계속해서 하나의 난관이 있었다. 계속해서 내게 원수가 없었다는 사실, 사랑하려 해도

---

2) Eusèbe de Césarée, P.G. 24, col. 596 C 그리고 P.G. 24, col. 188 B.

사랑할 원수가 없었다는 것이 바로 그것이다.

"땅에 사는 모든 사람을 똑같은 사랑으로, 흠잡을 데 없는 사랑으로 사랑한다면, 원수를 사랑하는 것과 똑같은 게 아닌가요? 특별히 원수를 가지지 못한 사람에게는?"

내 아버지가 대답했다.

"그건 악마의 함정이란다. 네가 이 땅에 살았고, 살고 있고, 살아갈 수십 억 명의 사람을 사랑한다 해도, 그건 네가 한 사람을 사랑하는 것, 너에게 악을 행한 한 사람을 사랑하는 것만 못하단다. 다른 사람을 사랑하는 것, 그것은 쉬운 일이야. 하지만 네 살에 못을 박은 사람을 사랑하는 것, 네 혀를 뽑아버린 사람을 사랑하는 것, 네 눈을 파버린 사람을 사랑하는 것! 만약 네가 거룩한 후광을 원한다면 바로 그런 사람들을 사랑해야 해. 너에게 악을 행한 사람, 아니 너에게 가장 큰 악을 행한 사람 말이야. 만약에 네가 사랑하는 사람들과 형제들 중에 너를 죽이고 네 살에 못을 박는 사람이 포함되어 있지 않다면, '필란드로피아(phil-anthropia)'와 '필라델피아(phil-adelphia)', 다시 말해 '사람 사랑'과 '형제 사랑'은 공허한 말에 지나지 않는 것이지. 그게 바로 '아가페(agapé)', 그리스도교의 사랑이란다. 그것은 모든 사람에 대한 차별 없는 사랑일 뿐만 아니라, 특별히 너의 치명적인 원수를, 무상의 사랑, 본능적으로 우러나는 사랑, 너 자신과 너의 친구들을 사랑하는 것과 똑같은 사랑으로 사랑하는 것이란다."

하느님이 나에게 나의 첫 번째 원수를 보내주는 날, 그 출현과 함께, 그 원수가 자동적으로 나에게 가하게 될 고통은 나를 두렵게 했다. 어린 아이들은 모두가 육체적인 고통을 두려워한다. 나는 혀와 오른팔을 잘렸던 고백자 성 막시모스를 생각했다. 테오토코스에 대한 시를 더 이상 쓰지 못하도록 그 오른팔이 잘려야 했던 시인 다마스쿠스의 성 요한도 생각했다. 하지만 나는 용기를 냈다. 이렇게 애써 용기를 가져봤지만, 육체의 고통을 생각하니 흔들렸다. 내 어머니는 그 날 밤 그녀의 어깨를 물어뜯었던 그 미친 개를 사랑할 수 있을까 하고 나는 자문해보았다. 그리고 거룩함을 열망하지만 솔직히 고통이 두렵다고 내 아버지에게 토로했다.

그가 말했다.

"그리스도도 고통을 두려워했단다. 그분이 올리브 산에서 눈물로 기도했던 것을 너는 기억하니?"

고통은 언제나 두렵다. 고통을 겪어낸 사람들에 대한 보상이 엄청나고 영원하며 비교할 수 없는 것인 이유가 바로 이것이다. 하지만 하느님을 사랑하는 사람들에게는 모든

---

3) Saint Maxime le Confesseur, *Centuries sur la charité*, I, 71.

것이 쉬워진다. "만약 우리가 쾌락보다 하느님을 사랑한다면, 우리의 원수들조차 우리를 동경할 것이다."[3]

"아버지, 나는 내 힘을 넘어서는 그런 길을 가고 싶지는 않아요. 아버지 정말 그럴까요? 언젠가는 하느님이 하늘에서 내려오셔서 나 비르질 게오르규가 거룩함을 얻을 수 있도록 도와주실까요?"

"물론이지. 그보다 더한 것도 해주실 거야! 우리가 집에 살듯이 하느님이 네 안에 오셔서 사실 거야. 네가 원하기만 한다면, 분명 그렇게 하실 거야. '우리가 하느님을 우리 안에 모시면, 그분은 실제로 우리 안에 거주하신단다. … 우리가 지상의 모든 근심걱정을 끊어 버린 다음 그분에게로 옮겨가면 우리는 하느님의 거처가 된단다.'[4]"

나는 혈육에 따라 그리고 영에 따라 이렇게 이중으로 아버지인 내 아버지의 말을 전적으로 신뢰했고, 그래서 바로 이 순간부터, 내가 내 원수를 사랑하기만 한다면 거룩함을 얻으리라는 확신을 갖게 되었다. 바로 그 때부터 나는 모든 것이 전적으로 내 의지에 달려 있다는 확신을 갖게 된 것이다. "왜냐하면 구원은 우리 자신의 의지 안에 있기 때문이다."[5]

---

4) Saint Basile le Grand, *Lettres*, II, 4.
5) Saint Maxime le Confesseur, P.G. 90, col. 953 B.

정녕 내게는 명명축일이 없었다. 그래서 너무 안타까웠다. 하지만 내가 내 원수를, 아직 그가 누구일지는 알지 못하지만, 이 원수를 사랑하게 된다면 나는 거룩함을 얻게 될 것이었다. 그리고 하느님은 내 안에 오셔서 머무시게 될 것이었다. 우리 집에만이 아니라, 일 년에 내 명명 축일 단 하루 동안만 아니라, 하느님이 내 몸 안에 내려오셔서 마치 그분 자신의 거처처럼 머무실 것이었다. 그러면 나는 하느님의 거처, 하느님의 성전, 하느님의 집이 될 것이었다. 그것도 계속해서 세세대대 영원토록 말이다. 이 숭고한 꿈은 내 어린 시절을 빛나게 해주었다. 사람은 앞으로 해야 할 일들에 늘 준비되어 있어야 하니까, 나도 스스로를 준비해 나갔던 것이다. 성인이 되어갈 준비 말이다. "어떤 직업이든 그것을 잘 배우려 하지 않는다면, 그 직업에 종사하는 것이 무슨 소용이겠는가?"[6]

그래서 나는 성인들에 대해, 그들의 놀라운 삶, 그들의 기적에 대해서 읽기 시작했다. 항해사가 되고 싶어 하는 아이들이 바다와 배와 항해에 관한 것들을 열심히 읽듯이, 나도 성인들의 생애에 대해, 그들의 이름에 대해, 그들을 기념하는 축일 날짜에 대해 읽는 것이 최고로 좋았다. 나도 그들처럼 되어야겠다고 결심했기 때문이었다. 그런 뜻

---

6) Apophtegmes des Pères, Poemen, 130.

을 갖게 된 이상 그것을 위해 노력하지 않는 것은 정말 비논리적인 것이었다. 심지어 반세기가 지난 지금도, 내가 반백이 다 되어 데카르트적 사유가 지배하는 나라에서 유배생활을 하는 지금도, 천사들과 낙원의 존재를 제외하고는 모든 것을 믿는 시대인 지금도 나는 그것이 부끄럽지 않다. 나는 성인들의 생애보다 더 흥미진진하고 더 경탄스러운 것을 읽어보지 못했다. 오늘날 신문 잡지 방송에 보도되고 있는 그 어떤 일도 그 참신함과 감동에 있어서 내가 성인전에서 읽고 배운 것을 능가하지 못한다. 예를 하나 들어보자. 내가 이 글을 쓰고 있는 지금 세상을 놀라게 하는 가장 감동적인 사건은 남아프리카의 어떤 박사가 한 환자의 심장을 제거하고 이미 사망한 한 혼혈인의 심장을 이식했다는 것이다. 하지만 나는 이미 일곱 살 때 성인전을 통해서 그와 같은 의학적 이식 기술을 알고 있었다. 남아프리카의 이 사건과 유사한 사건을 보자. 교황 펠릭스 (526-530)는 로마에 미란다라고 불리는 아름다운 성당 하나를 건축했다. 그리고 이 성당을 축일달력에서 '아나르기리', 즉 '무상의 치료자들'이라 불리는 의사 성인 코즈마와 다미아노스의 이름으로 봉헌했다. 성인들이 그렇게 불린 것은 결코 치료비를 받지 않았기 때문이다. 이 미란다 성당의 보제의 이름은 현재 루마니아의 총대주교와 똑같이 유스티니아노스였다. 로마인들에게나 루마니아인들에게나 보제, 총대주교, 사제들 중 유스티니아노스라는 이름을 가진 사람이 많았기 때문이다. 보제 유스티니아노스는 한 쪽 다리가 아팠다. 다리의 살이 썩어 들어가고 있었다. 그런데도 마땅한 치료법이 없었다. 어느 날 밤 그가 잠든 사이에 성당의 주보성인인 두 의사 성인이 하늘에서 내려와 그의 집에 왔다. 성인들은 그의 병든 다리를 살펴보았고, 그것을 고칠 수 있는 방법이 없음을 알게 되었다. 그래서 다리를 이식하는 것이 절대적으로 요구되었다. 성인전에 이 광경이 어떻게 묘사되고 있는지 보자.

"보제 유스티니아노스는 한 쪽 다리가 종양으로 썩어 들어가고 있었다. 그러던 어느 날 이 경건한 보제는 꿈속에서 코즈마와 다미아노스 성인이 고약을 들고 그에게 나타나는 것을 보았다. 두 성인 중 하나가 다른 성인에게 말한다. '우리가 잘라낼 이 썩은 살을 대체할 신선한 살을 어디서 찾을 수 있을까요?' 다른 성인이 대답했다. '오늘 사람들이 한 흑인을 쌩-삐에르-오-리앙(Saint-Pierre-aux-Liens) 묘지에 묻었습니다. 그의 다리 하나를 취해서 신실한 종인 이 보제에게 줍시다.' 이 두 박사 성인은 그렇게 했다. 이렇게 해서 그들은 흑인의 다리를 보제에게 주고, 보제의 다리는 무덤에 가져다 놓았다. 잠에서 깨어난 보제는 자신의 다리가 치료된 것을 알았고, 병들었던 다리 대신에 검은 다리가 있는 것을 보고, 그가 본 환상과 경험한 기적을

이야기했다. 그러자 많은 사람들이 흑인의 무덤으로 달려가 무덤을 열어보았는데, 시신에서 다리 하나가 없어졌고 그 대신 미란다 성당의 보제 유스티니아노스의 흰 다리가 있는 것을 발견하였다."[7]

분명, 보제 유스티니아노스 시대에는 이 이식 성공을 전해줄 큰 신문사도 텔레비전도 사진기자도 없었다. 하지만 얼마 후 화가 프라 안젤리코(Fra Angélico)가 사망한 흑인의 다리를 백인 보제의 몸에 이식하는 장면을 아주 아름답게 화폭에 그려냈고, 이 그림은 지금은 성 마르코 박물관이 된 플로렌스의 성 마르코 성당 제단 뒤쪽 벽을 장식하고 있다. 오늘날 사진기자들이나 영화감독들이 하는 일을 옛날에는 화가들이 했던 것이다.

일곱 살 밖에 안 된 내가 이토록 열정적으로 계속해서 성인들의 생애를 읽었던 이유가 바로 이것이다. 거기에는 하늘과 땅, 시간과 영원 안에서 일어나는 모든 것이 다 있다. 그런데 축일달력에서 나를 가장 놀라게 했던 것들 중 하나는 성인들 사이에도 불평등이 있다는 것이었다. 오늘날 내가 인종과 계급간의 불평등을 향해 분노하는 것만큼이나, 그 당시 나는 축일달력에도 성인들 사이에 불평등이 있다는 것을 알고 분노하지 않을 수 없었다. 순전히 내 생

---

7) Jacques de Voragine, *La Légende dorée*, *Saints Cosme et Damien*, 9월 27일.

각이지만 비록 특권 계급과 빈곤에 허덕이는 무산 계급과 같은 계급적 불평등은 아니지만 축일달력에도 카스트처럼 뛰어넘을 수 없는 신분상의 차이가 존재했던 것이다. 그래서 귀족적인 성인들이 있는가 하면 프롤레타리아 성인들이 있고, 심지어 천민 신분의 성인들도 있었다.

내 아버지는 내게 이렇게 설명해주었다.
"그렇지 않아. 모든 성인들은 다 평등하단다. 성인은 다 이 지상의 삶에서부터 하느님의 성전이요 거처된 사람이기 때문이지. 하느님이 그 안에 거하는 사람은 모든 것을 가진단다."
그래서 내가 이렇게 물었다.
"그렇다면 왜 축일달력에 어떤 성인들은 빨간색으로 표시되고, 대다수 다른 성인들은 검은색으로 표시되는 거죠? 그것도 일종의 특권 아닌가요?"
"잉크색은 언제나 하나의 특권을 상징했지. 위엄의 표시였던 거야. 우월한 신분에 속해 있다는 표시였던 거지. 그래서 비잔틴 제국의 황제는 금색의 잉크로 날인했고, 궁정의 몇몇 고위 권력자들은 붉은색 잉크로 날인할 권리가 있었단다. 그리고 평범한 관리들은 보통 색깔의 잉크로 날인했고 말이야."
내 아버지가 설명해주길, 성인들 중에는 성 니콜라스,

성 콘스탄티노스, 성 엘레니처럼 축일달력에 붉은색으로 표시되고, 그 이름 앞에 붉은 십자가 표시가 붙어있는 사람들이 있는데, 이것은 이날의 성인이 주일날처럼 장엄하게 리뚜르기아(감사의 성찬예배)로 경축되어야 한다는 것을 알려주는 것이라고 했다.

"그게 바로 불평등 아닌가요?"

내 아버지가 대답했다.

"그렇지 않아. 한 성인은 다른 성인과 똑같이 위대하단다. 모두가 그들 안에 하느님을 모시고 있기 때문이야. 하지만 성인들에게도 성당과 똑같은 일이 일어난단다. 성당 중에는 왕과 황제의 궁정보다 더 웅장한 대성당들이 있는가 하면 오두막만한 성당들도 있어. 어떤 성당은 대리석과 금으로 장식되고 마치 산처럼 웅대한 반면, 다른 성당은 목동들의 오두막처럼 작다 해도, 성당들은 모두 하늘에 있는 참된 성당의 복사판일 뿐이란다. 지상의 모든 성당들은 저 높은 하늘에 있는 성당의 복사물이기 때문이지. 사람들은 그들만의 방법으로, 또 그 시대의 취향에 따라, 그 나라의 유행과 물질적 부에 따라서 제각기 지상의 성당을 건축하지. 하지만 그리스도는 오두막 성당이나 대성당이나 똑같이 현존하신단다. 거기에는 아무 차이도 없어. 성인들도 마찬가지지. 어떤 도시는 특정한 성인을 다른 성인들보다 더 좋아해서 그 성인을 더 화려하고 장엄하게 기념한단다.

그렇다고 해서 사람들이 그를 다른 성인들보다 더 위대하다거나 다르다고 생각하는 것은 아니야. 그렇지 않지. 그것은 불가능한 것이기 때문이야. 하느님의 빛은 어디서나 그리고 모든 성인들에게 동일한 것이야. 그리스도가 모든 성당들 안에서, 금 제단이건 나무 제단이건, 똑같이 희생제물이고 사제인 것처럼 말이야. 언젠가 성 디미트리오스가 데살로니키를 구해준 일이 있는데, 그래서 사람들은 그를 그 도시의 수호성인으로, 다른 성인들보다 더욱 호화롭게 기념하고 경축한단다. 슬라브 사람들은 성 블라디미르를 더 공경하고, 루마니아 사람들은 성 니콜라스를 좋아하지. … 거룩한 사람들은 모두가 자기 이름의 성인을, 다른 사람 이름의 성인들보다 더 공경한단다. 그것은 결코 불의한 일도 불공평한 일도 아닌 것이지!"

나는 안심이 되었다. 단 하나의 교회가 있듯이, 단 하나의 거룩함이 존재한다. 그럼에도 불구하고, 나는 성 비르질이란 이름이 붉은색으로 표시되고 그 앞에는 십자가 표시가 붙어 있으면 하고 마음속으로 바랐던 것이다. 축일달력에 붉은색으로 표시되는 성인들은 주일처럼 리뚜르기아 예배가 드려질 권리가 있다. 이런 날에는 주일처럼 쉼과 휴식이 존중된다. 학교도 쉬고, 요란한 타종으로 예배를 알린다. 그날은 정말로 축제일이다. 그 다음에 두 번째 범주의 성인들이 있는데, 그들은 축일달력에 검은색 잉크로 표시되지만 그 이름 앞에 십자가 표시가 붙는다. 그들 또한 주일처럼 리뚜르기아 예배가 드려질 권리를 갖는다. 하지만 그것은 의무적이지는 않다. 보통은 수도원에서만 검은색 십자가가 붙어있는 성인들을 기념하여 신성한 리뚜르기아가 거행된다.

세 번째 범주의 성인들은 그 이름 앞에 십자가가 없다. 그들의 축일에는 평상시처럼 일을 하고 성당도 닫혀있다. 그보다 더 낮은 성인들도 있다. 그들에게는 하루가 온전하게 그들만의 축일로 기념되지 않는다. 그들은 다른 성인들과 함께 축일을 공유한다. 그것은 흡사 가난한 환자가 병원에서 일인실을 사용하지 못하고 두 세 명의 다른 환자들과 함께 병실을 공유하는 것과 같다. 어떤 성인들은 대 여섯 명, 심지어 열 명도 더 되는 성인들과 하루를 공유하기도 한다. 마치 군대 막사처럼 말이다.

나는 하느님이 마치 햇빛처럼 붉은색 표시의 성인들이나 검은색 표시의 성인들에게, 또 온전히 하루를 자신만의 축일로 누리는 성인이나 축일달력에서 한 줄로 나란히 묶여 표시되는 성인들에게 다 공평하시기 때문에, 그들의 거룩함이 다른 성인들과 결코 다르지 않다는 것을 잘 알고 있음에도 불구하고, 이런 성인들이 가여웠다.

우리처럼 가난한 사람들은 정말 개인적으로 그 상처를

겪어보지 않고는 그것이 진짜 불평등인지 가짜인지 알 수 없다. 그래서인지 내가 마음 아파하는 것을 안 아직 젊디젊은 내 아버지는 어느 날 내게 가장 위대한 성인들은 축일달력에 표시조차 되지 않은 성인들이라고 설명해주었다.

"가장 위대한 성인들은 이름이 알려지지 않은 성인들이란다. 우리는 그들 모두를 위해 일 년에 한 번 축일로 기념하는데, 그 날이 바로 '모든 성인들의 축일'이야. 하느님 말고 가장 위대한 거룩함은 언제나 알려지지 않는 법이기 때문이야. 거룩함은 늘 숨어있어. 아주 수줍어하고 정숙하단다. 그래서 다른 사람들에게 드러나지 않아. '눈에 보이는 것은 선하지 않다'[8]는 말처럼."

모든 성인들의 열망은 세상에서 눈에 띠지 않게 없는 듯 살다 가는 것이었다. 그들은 사람들이 그들을 알아보길 원치 않았다. "눈에 보이는 것은 영원하지 않고" 또 "보이는 것은 다 지나가며, 보이지 않는 것은 영원하다"고 여겼기 때문이다. 이 날부터 나는 이름 없는 성인들을 가장 공경하게 되었다. 사람들은 알지 못하지만, 축일달력에는 표시되어 있지 않지만, 하늘에서는 그 이름이 찬란하게 빛나고

---

8) Saint Ignace d'Antioche, *Lettre aux Romains*, III, 4.

있는 성인들 말이다.

아버지가 내게 말했다.

"그래. 너는 명명 축일이 없어. 하지만 그리스도교의 1세기, 2세기 그리고 3세기에 루마니아의 광산에 보내졌던 로마의 그리스도인들, 그리스도에 대한 믿음 때문에 사슬에 묶여 깊은 광산에서 강제노동에 시달리다 죽은 그 도형수 성인들 중에, 비르질, 트라이아누스, 오비디우스, 도미티아누스, 케사르라고 불렸던 거룩한 순교자들이 없었다고 너는 확신하니? 아니야. 있었을 거야. 그들은 모두가 로마인들, 그것도 가장 훌륭한 로마인들이었으니까. 다만 그들의 이름과 그들의 거룩함이 오직 하느님에게만 알려졌던 것이지. 사람들은 보통 가장 훌륭한 것은 잘 알지 못하거든. 축일달력은 사람이 만든 거야. 가장 존경스럽고 감탄스러운 성인들은 분명 알려지지 않았어. '보다 나은 것은 현재가 아니라 영원히 유익한 것이거든'[9]"

그러므로 거룩함의 영역에서도 이름 없는 이들의 공동묘지가 있다. 이날부터 내게는, '모든 성인들의 축일'이, 다시 말해 '테오그노스티' 성인들, 즉 사람들에게는 알려지지 않고 오직 '하느님에게만 알려진' 성인들, 하늘에 있지만 이 땅에서는 이름 없는 이들의 공동묘지에 묻힌 성인

---

9) Saint Augustin, *De sancta Virginitate*, 46: Non ad praesens sed in aeternum prodesse meliora.

들의 축일이 축일달력에서 가장 거룩한 날이 되었다. 이름도, 개인 묘지도 없는 이 성인들의 축일 말이다!

일곱 살이었던 내게 두 번째로 충격적이었던 것은 그리스어로 된 성인전에는 항상 아무개 성인의 '비오스 께 뽈리띠아' 라는 글귀가 있었다는 것이었다. 루마니아어로 된 성인전처럼 제목이 아무개 성인의 '생애와 기적들'이 아니었던 것이다. 사실 '뽈리띠아' 는 '기적들' 을 의미하지 않기 때문이다.

아버지는 내게 설명했다.

"그리스말로 '비오스' 는 생명, 삶을 의미한단다. 그래서 생명에 관한 학문을 '비올로지' 라고 하고, 생애의 기록을 '비오그라피' 라고 하는 거야. 성인들의 삶에서 '비오스' 는 그렇게 중요하지는 않아. 이 단어는 생물학적 탄생일과 거의 유사한 의미를 가지고 있지. 성인의 생애에서 우리는 그의 어머니, 그의 아버지, 그리고 그가 태어난 곳의 이름이 뭔지, 또 어느 해, 어느 날에 태어났는지를 읽게 되지. … 성인전에는 그의 지상적이고 사회적이고 역사적인 삶과 관계된 모든 것이 들어있어. 지상에서나 중요한 그런 일들 말이야. 세상 사는 동안 중요한 그런 일들이지. 이런 까닭에, 성인들의 '비오스 께 뽈리띠아' 에서 우리는 생물학적 생일과 관련된 것을 거의 찾아볼 수 없는 거야. 심지어 어떤 성인들은 어느 시대, 어느 나라에서 살았는지조차 알려져 있지 않지. … '비오스'란, 성인들이 동물들과 공통으로 가진 것들에 관한 것이야. 존재들 중 가장 하찮은 원생동물에게도 하나의 '비오스', 하나의 생명, 하나의 삶은 존재하는 것이니까. 그들이 성인이 된 것은 그들의 '비오스', 그들의 동물적 실존 때문이 아니었기 때문이야. 역사적 사건 때문도, 사회적 조건 때문도 아니었지. 우리는 성인전에서 성인의 '비오스'에 관한 것, 그의 외적인 삶, 눈의 색깔, 몸무게, 신장, 그가 살았던 시대, 그 시대 세상을 지배하던 황제의 이름, 그가 태어났던 나라의 이름 등은 그냥 건너뛰곤 하지. 성인을 만드는 것은 그의 '비오스', 그의 외적인 삶, 그의 생물학적인 삶이 아니라, 그의 '뽈리띠아'야."

그래서 내가 물었다.

"성인들이 행한 기적들을 말하는 건가요?"

"전혀 그런 게 아니야. '뽈리띠아'란, 날마다 더욱 더 훌륭해져가고, 하느님과 연합하기 위해, 한 마디로 이 땅에서부터 신화를 이루기 위해, 그리고 그를 통해서 행복을 얻기 위해, 성인들이 사용한 방법, 기술, 도구를 전부 다 합쳐서 말하는 거야. 성인은 지상의 시민이면서 동시에 하늘의 시민이기도 한 사람이지. 살아서도 그들은 두 개의 시민권을 소유하지. 두 번째 시민권, 즉 하늘의 시민권은 일반적으로 사람이 죽은 다음으로 미뤄져 있어. 하지만 성인들은 이미 그들의 지상 생애에서 이 이중 시민권을 소유할 수 있는 특권을 소유한 이들이야. …"

나는 다시 한번 거룩함의 위대성을 생각하게 되었다. 그 무엇과도 그 누구와도 비교할 수 없는 위대성 말이다. 왜냐하면 성인은 어디서나 자기 집에 있는 존재들이기 때문이다.

"성인이 되게 하는 이 '뽈리띠아'는 어떤 것인가요?

"'뽈리띠아'는 내적이고 도덕적이고 덕스러운 삶이고, 그것을 실현하기 위해 사용되는 모든 수단들이란다. … 바로 이 뽈리띠아가 성인을 만드는 거지. 마치 명명 축일이 진짜 생일인 것처럼 말이야."

"그럼 '뽈리띠아'는 계명들을 지키는 것인가요?"

내 아버지는 말했다.

"그것도 아니야. '뽈리띠아'는 각각의 성인이 모든 계명들을 다 성취한 후에 완전에 도달하기 위해서 채택하는 저마다 다르고 개인적인 방법이야. 그러니까 무한하게 많은 뽈리띠아가 있는 거지. 각각의 성인은 그 중 한 가지씩 가지고 있는 거니까. 그리고 그들은 더 훌륭한 뽈리띠아가 있으면 그것을 바꾸기도 하지. 더욱 적당한 것이 있으면 연장을 바꾸듯이 말이야. 광야의 은둔자였던 교부 디오스코로스는 매년 각각 다른 뽈리띠아를 취했단다. 예를 들어, 일 년 동안 과일과 야채만 먹는다든지 말이야.

어느 날 성 에삐파니오스가 아빠스 힐라리온에게 한 사람을 보내서 이렇게 부탁하게 했어. '육신을 떠나기 전에 서로 볼 수 있도록 와 주시게'라고 말이야. 그가 왔을 때, 그들은 매우 기뻐했지. 그리고 식사 중에, 어떤 이가 새 한 마리를 가져왔어. 에삐파니오스는 그것을 집어 아빠스 힐라리온에게 주었지. 그러니까 노수도사 힐리리온이 이렇게 말했지.

'나를 용서하십시오. 나는 수도복을 입은 이래로 제물로 바쳐진 고기는 절대 먹지 않았습니다.'

그러자 주교가 그에게 대답했지.

'나는 수도복을 입은 이래로 누구라도 나에게 불평을 가진 채 잠자는 일이 없게 했습니다. 나 또한 누구에게 불평을 품고 잠든 적이 없습니다.'

그러니까 노수도사 힐리리온이 말했지.

'나를 용서하십시오. 당신의 뽈리띠아는 내 것보다 더욱 훌륭합니다.'[10]

가장 훌륭하고 탁월한 뽈리띠아는 자신에게서 모든 반감을 뿌리 뽑는 일이란다. 친구나 원수나 동일한 사랑으로 사랑하는 것 말이다."

---

10) Apophtegmes des Pères, Saint Epiphane, évêque de Chypre, 4.

나는 뽈리띠아가 성인들 자신의 삶에 도입된 감탄할 만한 행동 방식이라는 것을 이해하게 되었다. 음이 음악을 만들 듯이, 성인을 만드는 것은 내적인 삶의 구체적 방식, 뽈리띠아인 것이다. 일상의 모든 성과, 영의 우선성과 물질에 대한 승리 등이 바로 뽈리띠아인 것이다. 그리고 뽈리띠아의 총체가 바로 '까또르토마'이다. 뽈리띠아는 영혼의 영역, 의지의 영역에 속한다. "우리는 과연 빚을 진 사람입니다. 그러나 육체에 빚을 진 것은 아닙니다. 그러니 우리는 육체를 따라 살 의무는 없습니다."(로마서 8장 12절) 이런 까닭에 진정으로 거룩함을 얻고자 하는 사람은 온갖 종류의 뽈리띠아를 사용해야 한다. 조각가가 대리석 조각상을 창조하기 위해 온갖 종류의 도구를 사용하는 것과 똑같이 말이다. 성인의 일과 조각가의 일은 거의 유사하다. 조각가는 물질 위에 작업을 하지만, 성인은 영혼 위에 작업하는 것이 다를 뿐이다. 후에 나는 자신의 삶을 일구고 자신의 육체와 단절하라고 권면하는 플로티노스의 말들이 정말 정확하게도 대리석을 조각하는 조각가를 연상시킨다는 것을 알게 되었다. 플로티노스는 말한다.

> "너 자신에게로 돌아가라. 다시 말해 너 자신을 바라보아라. 만약 네가 아직 너 자신 안에서 아름다움을 찾지 못하겠다면, 아름다워져야 할 조각상 앞에 선 조각가

처럼 행하라. 그는 조각상이 아름다운 얼굴을 드러낼 때까지 쪼아내고, 긁어내고, 문지른다. 조각가처럼 필요 없는 것은 제거하고, 비뚤어진 것은 바로 세우고, 때가 낀 것은 깨끗이 씻어서 빛나게 하라. 덕의 신성한 광채가 드러날 때까지, 너의 절제가 그 거룩한 보좌에 좌정하는 것을 보게 될 때까지, 이렇게 끊임없이 너 자신의 조각상을 조각하여라."[11]

언제나 새롭고 항상 더욱 정교해지는 이 모든 활동, 이 모든 뽈리띠아가 바로 성인의 삶을 형성한다. 이렇게 해서 그는 하나의 이콘이 된다. 그의 일이 진전을 볼 때, 기적적으로 보호해주는 불처럼 신성한 빛이 그에게 내려올 것이고, 그렇게 되면 그는 달보다 태양보다 더욱 빛날 것이기 때문이다. 그는 무겁고 추하고 물질적이고 세속적인 모든 것을 탈피한다. 그는 '하느님 형상(image de Dieu)'을 드러낼 뿐만 아니라 또한 진정 '하느님 닮음(ressemblance de Dieu)'을 이루어낸다. 태초에 창조된 모습 그대로 말이다. 그리고 하느님은 그에게서 자신을 발견하시고, 그 안에 머무신다.

나는 이러한 관점이 너무 좋았다. 그래서 나는 조각가가 조각상을 창조하듯, 나 자신에 대해 일하기 시작했다. 나

---

11) Plotin, Ennéades, 1, 6, 9, 7.

는 아주 어렸다. 재료는 정말 새것이었다. 나는 그것을 주조해 갈 수 있었다. 지상의 모든 아버지들처럼 내 아버지도 자기 생애에서 이루지 못한 것을 자식이 성취해주길 바랐다. 그는 나에게 이와 같은 영적 창조의 일, 자기 자신을 창조하는 일에서는 누구나 자기 스스로가 자신의 아버지가 된다고 말했다. "영적인 탄생은, 외적인 것으로부터 만들어지는 육체적인 존재의 경우처럼 외적인 개입에서 비롯되는 것이 아니다. 그것은 자유로운 선택의 결과다. 그래서 어떤 의미에서 우리는, 우리가 원하는 대로, 우리 자신의 의지를 통해, 우리가 선택한 모델에 따라 우리 자신을 빚고 우리 자신을 창조해감으로써 우리 자신의 부모가 되는 것이다. 우리는 더욱 탁월한 삶으로 태어날 가능성을 가지고 있다."[12]

다른 존재들은 그 부모의 충동에 의해 태어난다. 하지만 영적인 탄생은 태어나는 자의 의지에 달려있다. "그러므로 그는 자기 자신을 탄생케 하는 자이다. 그래서 이와 같은 방식으로 태어나는 존재는 자유롭게 그 부모를 선택한다고 말하는 것이다."[13]

내가 또 다른 삶으로 다시 태어날 수 있다는 것을 알고, 나는 너무 좋아서 얼굴이 다 붉어졌다. 왜냐하면, 까르파

---

12) Saint Grégoire de Nysse, P.G. 44, col. 328.
13) Saint Grégoire de Nysse, P.G. 45, col. 97 D et 100 A.

티아 산맥 동쪽 기슭에 살고 있는 우리의 삶, 우리의 지상적 실존은 정말 견딜 수 없을 만큼 끔찍했기 때문이다. 그것은 극심한 가난이었고, 박탈이었다. 그런데 이 모든 것을 바꿀 수 있다는 것을 나는 알게 되었던 것이다. 하늘의 시민권을 획득하면 되는 것이었다. 땅에 살면서도 동시에 하늘에 살면 되는 것이었다.

하지만 모든 뽈리띠아 즉 까또르토마, 모든 덕들, 우리가 얻을 수 있는 그 모든 업적들, 그것이 아무리 빛나는 것이어도, 아가페가 없으면 아무 가치도 없다. 사랑이 없이는, 박애가 없이는 무가치하다.[14]

내 아버지가 말했다.

"중요한 것은 오직 한 가지. 원수를 사랑하는 것이란다. 네가 너의 원수를 사랑하게 되는 날, 너는 완전에 도달하게 될 거야. 거룩함에 도달하게 될 거야."

"하지만 왜 하필이면 모든 사람을 사랑하는 것이 아니라 원수를 사랑하라는 건가요?"

"왜냐하면, 사랑, 완전한 자애는 인간의 유일한 본성을 도덕적 태도들의 차이에 따라 나누지 않기 때문이란다. 오직 이 통일성만 보기 때문에, 모든 사람을 똑같이 사랑하

---

14) 고린도전서, 13장 1-3, 13절.

는 거란다. 자기를 좋아하는 사람이나 친구만이 아니라. 비열한 자도 원수도 똑같이 말이다. 싫증내지 않고 그들에게 선을 행하고, 그들이 일으키는 골치 아픈 일들을 나쁜 감정을 품지 않고 다 견뎌내는 것이지. 만약 상황이 요구한다면 그들을 위해 고통 받는 것조차 거부하지 않는 것이지. 가능하다면 그들 모두를 친구로 만들기 위해서 말이다. 완전한 사랑은 그것에 고유한 태도를 절대 포기하지 않아. 그래서 사랑의 열매는 언제나 모든 사람에게 동일하게 나타나는 거야. 우리 주 하느님 예수 그리스도가 우리만이 아니라 모든 인류를 위해 고통 받고 자신을 내어주심으로써 이 사랑을, 또한 부활의 희망을 모두에게 보여주었듯이 말이야."

우리가 거룩한 존재, 천사와 같은 존재가 되길 원한다면, 먼저 천사의 상태가 무엇인지 알아야 한다. 그것은 바로 사랑이다. 아가페다. 자비심이다.[15]

내가 말했다.

"아버지. 나는 그렇게 되고 싶어요. 과연 내가 성공할 수 있을까요?"

"실패할 이유가 없지!"

"하지만 나는 아직 원수가 없어요. 하나도 없어요. 나의

---

15) Saint Maxime le Confesseur, *Centuries sur la charité*, IV, 61.

가장 간절한 소원은 적어도 한 명이라도 원수를 갖는 것이에요. 그것도 하루 빨리 말이에요."

내 첫 번째 원수, 그토록 고대하던 원수를 기다리면서 나는 나의 비오스를 구성해나가기 시작했다. 나의 삶을 말이다. 아직 어린 일곱 살, 몇 줄이면 될 인생을 말이다. 이것은 뽈리띠아와는 아무 상관이 없다. 나의 뽈리띠아는 이미 확고하게 선택되었기 때문이다. 내 원수들을 나 자신처럼 사랑하는 것. 그런데 원수들을 사랑하려면, 먼저 원수를 가져야 한다. 원수를 기다리면서, 나는 나의 비오그라피, 나의 지상적인 생애의 중요치 않은 부분을 만들어갔다. 대부분의 성인전 작가들이 생물학적 생일을 누락시키듯, 그렇게 빼먹고 넘어가도 될 그런 시시한 부분 말이다.

눈처럼 흰 조상들

일곱 살 때 나의 비오스, 내 삶의 역사는 한 편의 소네트도 되지 않을 만큼 아주 짧았다. 그것은 거룩함을 얻고자 하는 나의 계획에 조금도 중요한 것이 아니다. 그것은 단순한 비오스, 뽈리띠아가 없는 순전히 지상적인 삶이었기 때문이다. 그럼에도 내가 이것을 기록하는 것은 순전히 그것의 작고 연약함, 특별히 그 순백의 무구함 때문이다.

나는 빠리에서 동쪽으로 이천 킬로미터나 떨어진, 루마니아의 북쪽, 몰다브 지방, 까르파티아 산맥 동쪽 기슭에 위치한 한 마을에서 태어났다. 그 마을은 '라스보에니' 라고 불린다. 사실 정확히 내가 태어난 곳은 '라스보에니' 라기 보다는 그곳의 수많은 촌락 중 '발레아 알바' 라고 불리는 곳이다. 이 이름은 "흰 계곡"을 뜻한다. 라스보에니 읍

이 속한 군은 '네암츠'라 불린다.

나는 1916년 9월 9일에 태어났다. 1914년에 발발한 제1차 세계대전이 한창일 때였다. 내가 태어났을 때, 전쟁은 이미 2년 동안이나 지속되고 있었고, 세상에 존재하는 큰 민족들이 다 휘말려 싸우고 있었다. 내가 태어난 1916년, 바로 그 해에 나의 조국, 루마니아도 전쟁에 휘말려 들어갔다. 루마니아는 이 지역에서 평화를 누리던 매우 드문, 아니 어쩌면 거의 유일한 민족이었다. 하지만 그 전쟁은 세계 대전 아니었던가. 그래서 세계가 다 참여해야만 했던 것이다. 전쟁 밖에 있는 것은 굴욕이었던 것이다. 특별히 작은 민족에게는 말이다. 작은 아이들이 그렇듯이 작은 나라들은 언제나 큰 나라들을 모방하게 마련이다. 도시 주변에 사는 사람들이 도시 중심부 사람들을 모방하고, 가난한 사람들이 부자들을 모방하고, 작은 아이들이 어른들을 모방하듯 말이다. 작은 나라인 루마니아는 자동적으로 대제국들을 모방해야만 했다. 그들처럼 싸워야 했다. 계속해서 평화 안에 머물러 있을 수만은 없었던 것이다. 하지만 거기에는 하나의 심각한 딜레마가 있었다. 루마니아는 오스트리아든 연합군이든 싸워봤자 얻을 것이 하나도 없었다. 분명 잠자코 있는 것이 더 현명한 처사였을 것이다. 하지만 어떻게 그런 용기를 낼 수 있단 말인가? 우리는 싸워야만 했다. 누구를 대상으로 싸울 것인가는 중요한 문제가 아니었다. 핵심은 누구에게든 전쟁을 선포하는 것이었고, 역사의 거대한 움직임에 참여하지 않음으로써 낙오되는 것만은 피해야 했던 것이다. 모든 여성들이 다 짧은 원피스를 입고 다니는데, 혼자만 긴 치마를 입을 수는 없다. 그 반대도 마찬가지다. 루마니아는 전쟁에 끼어들어야만 했다. 유행을 비껴갈 수는 없는 노릇이니까. 그것은 우스꽝스럽고, 수치스러운 일이니까 말이다. 대부분의 나라들이 심지어는 제 2차 세계대전에서도 전적으로 그런 이유 때문에 싸웠던 것이다.

일설에 의하면 루마니아 정부 안에는 두 진영이 있었다고 한다. 한 진영은 오스트리아 편에 서서 싸우자고 한 반면, 다른 한 진영은 오스트리아에 맞서 싸우자고 했다 한다. 두 진영이 의견일치를 보았던 것은 어쨌든 더 이상 평화롭게 있을 수는 없다는 것이었다. 그리고 어느 편에 서서 전쟁을 할 것인지를 결정지을 만한 논리나 증빙 자료가 없었기 때문에, 결국엔 동전을 던져 결정했다는 것이다. 앞면이 나오면 오스트리아 편에 서서 싸우고, 뒷면이 나오면 그에 맞서 싸우자는 것이었다. 정말 그렇게 해서, 몰도바 지방 절반 이상을 즉각적으로 점령한 연합군의 편이 되었다는 것이다. 내 아버지는 라스보에니의 젊은 시골 신부였다. 그리고 이렇게 해서 나는 제 1차 세계대전보다 두 살 아래 동생이 된 것이다. 그리고 내가 다시 두 살이 되었을 때, 전쟁이 끝났다. 이 땅에서 내가 처음으로 들은 말들은 전쟁에 관한 말들이었다. 비참함, 죽음, 장례, 패배, 점령, 고아들과 과부들 …

전쟁 통에 태어난 사람이 이런 것들에 대해 듣게 되는 것은 지극히 당연하다. 그리고 그게 어떤 전쟁이었는가! 세계 대전 아니었는가! 그것도 첫 번째!

내 간략한 지상 생애와 관련하여 두 번째로 언급할 것은 내가 '라스보에니'의 한 촌락에서 태어났다는 것이다. 그것은 문자적으로 '전사들', '전사들의 마을'을 의미한다. 그리고 내 아버지는 신학교를 막 졸업하고 바로 이 전사들의 마을에서 1914년부터 사제로 일해 왔다. 하지만 내가 태어난 사제관이 있었던 마을의 이름은 '흰 계곡'이라는 뜻을 가진 '발레아 알바'였다. 처음부터, 눈을 뜨고 사물들과 얼굴들을 볼 수 있었을 때부터, 내가 태어난 사제관이 자리 잡은 이 시골 마을을 처음 보았던 때부터, 나는 왜 이 마을이 '흰 계곡'이라고 불리게 되었는지 매우 궁금했다.

이 마을은 계곡의 동쪽 기슭에 위치해 있다. 그건 모두가 아는 사실이었다. 우리 조상들은 모두 동쪽 기슭에 촌락들을 세워 우리에게 물려주었던 것이다. 동쪽을 향해서 말이다. 성당을 지을 때 그렇게 하듯이. 항상 북쪽은 벽처럼 성당을 보호한다. 태양과 빛을 향해 얼굴을 돌릴 때 등과 어깨를 겉옷으로 보호하는 것과 똑같은 이치다. 그러므로 보통은 모든 마을, 모든 촌락, 모든 계곡을 그렇게 부를 수도 있을 것이다. 모두가 똑같이 그런 방식으로 건축되니까 말이다. 하지만 내가 태어난 촌락에 대해 놀랐던 것은, 이 촌락이 '흰 계곡'이라고 불린다는 것이었다. 다른 지역과 마찬가지로 가옥의 석회 벽들이 흰 것을 빼면 아무 것도 희지 않음에도 불구하고 말이다. 흰 계곡은 다른 모든 계곡들처럼 봄에는 꽃들과 나무들로 뒤덮여 푸르렀고, 가을에는 금빛 단풍의 색이었으며, 겨울에는 눈에 덮여 희었고, 늦겨울에는 어둡고 거무튀튀한 회색빛이었다. 다른 모든 나라도 마찬가지겠지만, 눈 내리는 계절이 아니라면 그 계곡을 '흰 계곡'이라고 부르는 것은 조금도 적절치 않았던 것이다.

그래서 내가 물어보았다.
"왜 사람들은 이 마을을 '흰 계곡'이라 부르는 거죠?"
"왜냐하면 한 때 그 계곡이 온통 희게 되었던 적이 있었기 때문이란다. … 북극과 남극이 언제나 흰 것처럼 말이야. 만년설로 덮여있는 산봉우리처럼 말이야. 하지만 우리 마을이 눈 때문에 희었던 건 아니야. 그게 아니라 우리 조상들 때문이었지."
내가 물었다.

"우리가 흰 조상들을 가지고 있나요?"

"그리고 우리의 적들 때문이었지. 그들도 백인들이었으니까. 우리 조상들처럼."

내가 백인 조상들을 가지고 있다는 사실을 알았을 때, 나는 무척이나 놀랐다. 물론, 우리 루마니아 사람들은 루브와 로물루스와 레무스의 후손들이고, 그래서 우리는 백인들이다. 하지만 우리는 알비온이라는 이름이 적절한 영국 사람들, 살갗이나 머리카락이 그 지역의 많은 눈과 같은 흰 보호색을 띠고 있는 스웨덴 사람들보다는 덜 희다. 우리는 백인이지만 라틴족이다. 지중해 사람들이다. 그래서 올리브색의 피부를 가졌다. 내 조상들이 백인이라는 아버지의 말을 듣고 나는 그들이 설탕처럼 눈처럼 혹은 흰 종이처럼 하얀 피부를 가졌다고 생각했던 것이다. 그럴 수도 있는 일이었다. 논리적으로 볼 때 그렇지 않을 이유가 무엇이란 말인가? 그리고 그랬던 그들이 가난한 땅, 늘 짓밟히는 땅에서 살아오는 동안, 세월과 함께 흰 피부색을 조금씩 잃어갔다 한들 이상한 일이 아니지 않는가. 얼음별 같은 순백의 눈송이가 땅에 떨어져 그 찬란한 흰색을 잃어버리고 진창이 되어 버리듯 말이다.

그와 똑같은 일들이 내 조상들에게도 일어났다고 나는 생각하곤 했다. 그들은 하늘에서 떨어졌다. 눈처럼 흰 사람들로. 하지만 그들은 적들에게 짓밟혔고 그러면서 지금처럼 땅의 색깔이 되었던 것이다. 하지만 내 아버지는 적들도 또한 희었다고 강조했다. 그렇지만 나는 적들은 하늘에서 온 것이 아니라 동쪽에서 왔음을 잘 알고 있었다. 그러므로 그들은 결코 백인일 수 없었던 것이다. 게다가 어린이-시인이었던 내 귀에, '적'과 '희다'라는 낱말은 결코 어울리지 않았다. 흰 악마라고 말할 수 없는 것과 똑같은 이치다. 적은 악마이고, 그래서 검다.

흰 계곡은 몇 년, 몇 십 년 동안 사계절 내내 희었다. 여름이나 봄이나 가을이나 똑같이. 그리고 겨울이 오면 흰 눈이 한 번 더 이 흰 계곡을 뒤덮었다. 그것은 바로 그들의 뼈였던 것이다.

내 아버지는 이 이야기의 아름다움을 무척 사랑했다. 왜냐하면 그는 신자였고, 하느님을 사랑하는 사람은 자동적으로 아름다움을 사랑하게 때문이다. '필로테오스(philo-théos)', 즉 '하느님을 사랑하는 사람'은 언제나 '필로깔로스(philo-calos)' 즉 '아름다움을 사랑하는 사람'이다. 그러므로 내 아버지는 '흰 계곡' 즉 발레아 알바가 예외적으로 몇 년 동안 사계절 내내 희었던 이유를 설명해주었다. 몽블랑보다, 만년설로 뒤덮인 산봉우리들보다 더욱 희었던 이유 말이다.

때는 14세기 말엽이었다. 이 시기 비잔틴 제국과 아프리카 그리고 근동 아시아를 정복한 터키인들은 이제 유럽을 정복하기 위해, 에스파니아와 발칸지역을 동시에 정복하기 위해 출정했다. 터키인들은 다누브강을 몇 차례나 넘어가 루마니아 민족의 일부를 정복했다. 무슬림의 군대들, 그 무시무시한 근위보병대가 몰도바에 당도했을 때, 까르파티아 동 사면, 몰도바 북쪽, 네암쯔 지방의 '호산나'에 이르렀을 때, 몰도바는 매우 용맹스러운 군주 '위대한 스테파노스'가 통치하고 있었다. 그는 키는 작았지만, 독실한 신앙과 아름다움에 대한 지극한 사랑을 소유한 사람이었다. 그는 그루지야, 아르메니아, 콘스탄티노플, 이탈리아, 스웨덴 등지에서 이름난 건축가들을 몰다브로 불러와 사십 여개의 성당과 수도원을 짓게 했다. 오늘날에도 이 성당들의 입구에는 금빛 찬란한 벨벳 비단 옷을 입고 머리에는 화관을 쓴 채, 가족들에 둘러싸여 지극히 거룩하신 성모님 혹은 '판토크라토르(만물의 주관자)' 예수 그리스도 앞에 무릎 꿇고 이제 막 건축된 성당의 모형물을 바치는 모습으로 스테파노스를 묘사하고 있는 벽화들이 그려져 있다. 그는 한 인간으로서는 많은 죄를 저질렀다. 예를 들어 그는 지나치게 여자를 좋아했다. 하지만 그리스도인으로서, 몰도바 사람으로서, 또 한 인간으로서 그가 지닌 장점은 그의 죄만큼이나 위대했다. 사람들은 그에게 무슬림들의 진격을 멈추게 하여 몰도바의 그리스도교를 지켜달라고 요청했다. 불멸자들의 백성이 멸절된 후 로마인들의 후예들을 통해 루마니아가 창조된 이래로 계속 이어져온 그리스도교적인 몰도바를 말이다. 하지만 몰도바의 군주 스테파노스의 군대는 너무도 작았던 반면 터키 군대는 들판의 풀처럼 숲속의 나뭇잎처럼 많았다. 군주는 무슬림들의 전진을 막기 위해 별의별 방법과 전략을 다 동원했다. 하지만 호산나 강에서 멀지 않은 라스보에니에서 몰도바인들은 정복된 것이 아니라, 문자 그대로 그 수를 헤아릴 수 없이 엄청난 침략자들의 파도에 수몰되어 버렸던 것이다.

 위대한 스테파노스는 손수 몰도바 군대를 진두지휘했다. 하지만 수없이 많은 병사들이 죽었다. 그러자 그는 나라 안에 있는 모든 가축들을 다 징발했다. 소, 양, 말, 염소 등 가축들로 살아있는 바리케이트를 세웠다. 하지만 터키 군대는 살아있는 생명들로 구축된 이 바리케이트를 마치 돌로 쌓은 둑을 한 순간에 무너뜨리며 휩쓸어가는 격랑처럼 말발굽으로 짓이기며 통과해 버렸다. 그러자 스테파노스는 이번에는 몰도바에 살고 있는 모든 사람들, 노인, 여인, 아이 할 것 없이 모든 사람들을 동원하여 또 한번 살아있는 바리케이트를 쳤다. 여자들은 주먹과 도끼와 쇠스랑으로 맞섰다. 심지어는 그들의 자식마저도 마치 무기처럼 사용했던 것이다. 그런데도 터키 군대는 이 장벽마저도 짓밟고 지나갔다. 다시 한번 살아있는 바리케이트가 시신 더

미로 돌변해 버린 것이다. 그러자 스테파노스는 몇몇 지휘관들을 불러 모아 나라 안에 있는 모든 톱들을 다 모으게 했고, 이것을 가지고 하룻밤 사이에, 라스보에니 북쪽의 모든 전나무와 참나무를 다 잘랐다. 그런 다음 터키 군대가 숲 속 깊숙이 들어왔을 때 잘라놓은 나무들을 다 쓰러뜨렸다. 이렇게 해서 모든 군대가 전나무와 참나무에 깔려 죽었다. 라스보에니에는 승자도 패자도 없었다. 모두 전멸했다. 사방에서 독수리들이 전부 모여들었다. 땅이 존재한 이래로 이렇게 많은 시신들이 뒤엉켜 쌓인 것을 보지 못했기 때문이었다. 몰도바 사람, 터키 사람, 가축들의 주검들이 몇 미터 두께로 층을 이루었다. 겨울이 오자 흰 눈이 온 계곡을 뒤덮었다. 온통 흰 색뿐이었다. 죽은 병사들, 민간인들, 가축들이 똑같이 하늘에서 내려와 2미터나 쌓인 눈으로 수의를 둘렀다. 그 해 겨울은 참으로 길고도 끔찍했다. 그런 겨울은 처음이었다. 북풍은 쉴 새 없이 울부짖으며 불어댔다. 바람만이 이 대량 학살의 유일한 증인이었고, 그래서 라스보에니의 모든 죽은 자들을 위해 통곡하며 겨우내 그토록 서럽게 울부짖었던 것이다. 할 수 있는 한 길게 그 비탄의 애가를 늘어뜨리며, 죽은 자들을 위해 오래도록 울부짖었던 것이다. 그토록 많은 죽음들이 있었던 적이 없었기 때문이었다. 바람은 통곡을 멈출 수가 없었던 것이다. 하지만 하느님이 정하신 대로, 세상사가 다 그렇듯이, 겨울은 또 지나갔다. 그리고 봄이 왔다. 까르파티아의 동쪽 사면 모두가 푸르게 되었고, 꽃은 어김없이 피어났고, 하늘은 파래졌다. 라스보에니, 발레아 알바만 빼고 말이다. 그곳에서는 눈이 녹지 않았다. 여전히 모두가 희었다. 겨울보다 더욱 희었다. 태양이 계곡을 강렬하게 비출수록, 이 눈은 녹기는커녕 더욱 강렬하게 버티었다. 마치 몽블랑의 눈처럼 말이다. 그 밖의 다른 만년설 봉우리들처럼 말이다. 몰도바에는 생존자가 거의 없었다. 그래서 이곳을 지나가는 여행자들은 한여름에도 눈으로 뒤덮인 라스보에니 계곡을 보고는 매우 놀라워했다. 두 번째 여름에도, 멀리서 보면 라스보에니는 여전히 희었다. 그래서 사람들은 그게 눈이 아니란 걸 알게 되었다. 그것은 바로 터키 침략자들을 저지하려다 죽은 루마니아 병사들의 뼈였던 것이다. 그것은 살이 다 썩어 없어지고 남은, 태양보다 더 빛나는 그들의 뼈였던 것이다. 뼈들은 계곡과 언덕을 온통 하얗게 만들었다. 마치 갓 내린 신선한 눈송이들로 뒤덮인 것처럼 말이다. 내가 흰 조상들을 가지게 된 연유가 바로 이러하다. 내 아버지의 이야기를 통해서 말이다. 하지만 더욱 놀라운 것은 침략자 터키인들의 뼈 또한 마찬가지로 태양처럼 빛났다는 사실이다. 침략자나 침략을 당한 자나 차이가 없었다는 것이다. 그들의 뼈도 똑같이 순백의 순결함을 드러냈던 것이다. 어린아이들과 여인들의 뼈도 병사들의 뼈처럼 희었다. 사람들의 주검과 뒤섞인 소와 말과 염소의 뼈들도 똑같이 희었다. 그리스도교도인 조상들의 뼈들과, 침략자들의 뼈들과 어린 나이의 아이들, 여인들, 노인들, 그리고 양, 소, 말 등 모든 가축들의 뼈들이, 정말 모든 것들이 다 똑같이 태양처럼, 은빛 눈처럼 빛났던 것이다.

몇 년 후, 라스보에니 땅의 계곡이 사계절 내내 희다는 사실이 모든 사람들에게 알려졌고, 그래서 사람들이 그곳을 보려고 몰려왔다. 적어도 그리스도인들만이라도 땅에 묻어주기 위해서 말이다. 하지만 그리스도인의 뼈와 무슬림의 뼈를 구분할 방도가 없었다. 무슬림들을 그리스도교 예식으로 매장하는 것은 불경한 일이고, 가축들의 뼈와 사람의 뼈를 함께 섞어 매장하는 것도 신성모독이었다. 그래서 구분할 수도 분리할 수 없이 뒤엉킨 이 모든 뼈들을 그냥 내버려 두기로 했다. 태양 아래서 계곡과 언덕들을 계속 하얀 빛으로 뒤덮게 말이다. 몇 년이 지난 뒤에야, 뼈들은, 그리스도인의 뼈나 이교도들의 뼈나, 침략자들의 뼈나 침략당한 자들의 뼈나, 짐승의 뼈나 사람의 뼈나 할 것 없이 더 이상 흰 색을 띠지 않게 되었다. 땅의 색깔이 된 것이다. 먼지의 색깔을 띠게 된 것이다. 그 모든 뼈들이 진흙 먼지가 된 것이다. 땅 위에 있는 모든 먼지 흙처럼 말이다. 무엇이 사람 혹은 짐승의 것인지, 그리스도교도 혹은 이교도의 것인지, 침략자 혹은 침략 당한 자의 것인지 분간할 수 없이 똑같이 먼지가 된 것이다. 지구상의 다른 모든 땅과 똑같은 땅이 된 것이다. 그 후 사람들은 뼈들로 만들어진 이곳의 땅이 몰도바 전체에서 가장 비옥하다는 사실을 알게 되었다. 위대한 군주 스테파노스는 가장 훌륭했던 전사들에게 이렇게 선물을 준 것이었다. 4세기가 지난 후 신학교를 졸업한 내 아버지는 라스보에니의 발레아 알바 주임 사제로 임명되었다. 그의 첫 번째 사목구, 그의 첫 번째 성당이 된 것이다. 물론 그것은 일시적인 것이었다. 몇 년 후 그는 호산나 계곡의 가난한 사목구로 전출되었고, 그곳에 계속 머물게 되었기 때문이다. 그곳은 어느 사제도 가려하지 않았던 가난한 사목구였다.

라스보에니 발레아 알바에 사는 동안, 나는 내 아버지의 성당과 우리 사제관의 벽이 예전에는 뼈였던 이 땅의 흙으로 건축되었다는 것을 알게 되었다. 그러므로 한동안 나는 내가 태어났던 방의 벽이 되어버린 내 조상들과 내 원수들의 보호 속에 살았다고 말할 수 있다. 땅이 되고 이어서 벽돌이 된 다음 다시 내 방벽이 된 내 조상들과 그들의 적들 가운데서 살았던 것이다. 땅에서 흙장난을 하고 놀 때, 나는 조상들과 함께 놀았던 것이다. 심지어는 산딸기 맛에서도 나는 그들을 느꼈다. 비록 무엇이 내 조상이고 무엇이 그들의 원수였는지, 또 가축이었는지는 알 수 없었지만 말이다. 내 어린 시절, 나는 조상들을 먹으며 자랐고, 그들을 마셨다. 교회에서 그리스도의 살과 피를 먹고 마시듯 말이다. 왜냐하면 그들은 샘이었고, 들판이었고, 길이었기 때문이다. 라스보에니, 발레아 알바, 내가 태어난 마을에서 나는 내 조상들을 먹고 마셨다. 나보다 앞서 살았던 모든 조상들 말이다. 그들은 장난감이었고, 꽃이었고, 풀잎이었고, 벽이었고, 열매였다. 조국, 나의 조국은 바로 그곳이다. 사과를 먹으면서도 나보다 앞서 살아간 조상들을 먹는 곳 말이다. 친구든 원수든 모두가 연합되는 곳 말이다. 똑같은 색으로, 똑같은 꽃으로, 똑같은 열매로 말이다.

그래서 더더욱 유배생활은 내게 참으로 견디기 어려운 것이다. 나는 내 조상들과 내 조상의 적들을 먹고 마시는 데 익숙해졌다. 그런데 이 낯선 땅에서는 이것이 부족하다. 사실 이 모든 것이 지상의 조국을 만드는 것이기 때문이다. 라스보에니, 발레아 알바, 내가 태어난 고향 마을에서는 모든 것이, 친구와 적이, 낙원에서의 하루처럼, 떨어질 수 없이 온전히 하나였던 것이다.

헤지카스트의 땅, 네암쯔
내가 태어난 지방은 왜 네암쯔라 불리는가?

비오스 즉 지상 생애에서는 태어난 지방을 반드시 언급해야만 한다. 내가 태어난 지방의 명칭은 네암쯔다. 이 명칭은 슬라브어에 기원을 두고 있다. 2천 년 동안 우리 라틴족의 땅을 침략해 짓밟은 야만적인 유목민들은 그들 언어의 많은 어휘들을 남겨 놓았다. 어휘들이란 모든 정복자들이 피정복지에 남겨놓는 아주 전형적인 기억들이다. 그들이 흘리게 한 눈물들은 보이지 않기 때문이다. 그들이 죽인 사람들은 다 먼지가 되기 때문이다. 하지만 정복자들의 어휘들은 남는다. 영구적으로 말이다. 어떤 슬라브인들에게 네암쯔라는 낱말은 독일을 의미한다. 하지만 그것은 또한 이방인을 의미하기도 한다. 아마도 서쪽으로 쇄도해 온 슬라브 유목민들이 처음으로 만난 이방인이 게르만족이었기 때문일 것이다. 하지만 또한 그들이 독일이야말로 가장 탁월한 의미에서의 이방인, 정말 완벽하게 다른 이방인이라고 생각하기 때문일 수도 있다. 슬라브인들에게, 이방인이란 무엇보다도 말이 없는 자를 의미한다. 이방인, 그것은 언어의 재능을 박탈 당한 인간이다. 이방인이 내뱉는 모든 말들은 그 언어를 알지 못하는 사람들에게 절대 아무런 의미도 없는 것이기 때문이다. 슬라브인들의 눈에, 이방인들이란 어떤 의미에서는 새나 가축들과 마찬가지다. 가축과 새는 이방인들처럼 소리를 내긴 하나 그 소리는 인간의 귀에 아무런 의미도 가지지 못하는 것이기 때문이다.

 나의 고향인 지방은 네암쯔라 불린다. 언어의 재능을 갖지 못한 사람들의 지방이란 말이다. 그 이름의 기원은 정말로 분명한 것 같다. 까르파티아 산맥 동쪽 사면에 당도한 침략자 슬라브인들은 그곳에서 모두가 라틴어로 말하는 나의 조상들을 만났다. 슬라브인들은 라틴어가 인간의 언어가 아니라고 생각했다. 왜냐하면 모스크바인들은 그 언어를 이해하지 못했기 때문이다. 그러므로 라틴어를 말하는 모든 이들은 인간의 언어라는 신적인 재능을 박탈당한 존재들로서 새들과 가축들이나 마찬가지였던 것이다. 그리고 인간의 언어는 유일한 것, 대체할 수 없는 것이며, 그것은 바로 러시아어였다. 하지만 이렇게 대단하고 위대해 보이는 논리에도 불구하고, 아니 오히려 그런 논리 때문에, 이 설명은 완전히 잘못됐다. 나의 고향 이름은 또 다른 기원을 가진다. 터키가 콘스탄티노플을 정복했을 때, 비잔틴 제국의 그리스도인들은 사방에서 도피처를 구했다. 그들의 생명과 신앙을 구하기 위해서 말이다. 귀족들로부터 천민에 이르기까지, 황제들로부터 일개 병사들에 이르기까지, 비잔틴인들은 삭발례를 받아 수도복을 입고 수도자의 이름을 받은 뒤에 그들의 생애를 바치길 원했다. 하지만 무슬림들이 지배하고 있었다. 성당들은 모스크로 변했다. 비잔틴인들은 다른 곳에 새로운 수도를 세우려고 시도했다. 먼저는 살로니키가 대상이었다. 하지만 그들은 터키인들에 의해 그곳에서도 쫓겨났다. 그들은 '오크리다', '아르타', '모스크바', '따르노보', '끼에프' 등을 차례로 수도로 모색해가면서 동방의 그리스도교 제국의 부흥을 시도했다. … 열 개도 넘는 도시들이 불행과 방랑의 운명을 따라가며 제 3의 로마, 비잔틴 제국의 수도로 선택되었지만, 그 어떤 시도도 결국 성공하지 못했다. 왜냐하면, 동로마제국, 비잔틴제국은 이미 죽었기 때문이다. 반대로, 비잔틴인들은 역사적 불행 덕분에 이 지상에서는 더 이상 그 어떤 것도 할 수 없게 된 상황 덕분에 결국 수도자가 되는 데는 성공했다. 이렇게 해서 콘스탄티노플 근처에, 올림프스 산에, 아토스 산에, 에삐르에, 뻰드에, 끼에

프에, 라브라, 스키트, 빠라클리스, 꼴리브, 깰리 등의 다양한 형태로 헤아릴 수 없이 많은 수도원과 수도처들이 세워졌다. 피난민들 중에서, 실제적으로 완벽하게 세상과 단절하여 수도자가 된 사람들 중에서 가장 행복한 사람들은 내가 태어난 지방 네암쯔의 끝없이 거대하고도 경이로운 숲 속에 당도한 이들이었다. 그곳에서는 세상으로부터 완전하게 고립되는 것이 가능했다. 사람들은 그곳에서 은둔자로 살았다. 독수도자(獨修道者)로, 혹은 회수도자(會修道者)로서, 몇 세기 동안 말이다. 그곳, 네암쯔의 숲속에서, 반 세기 동안 스타레츠[1] 빠이시가 살았다. 슬라브인이었던 그는 아토스 산에서 왔고, 정교회 세계에 '마음의 기도', 『필로깔리아』, 수도원의 부흥, 스타레츠 제도의 확립 등을 가져왔다. 네암쯔의 빠이시는 첫 번째의 진정한 스타레츠였다. 은둔 수도자들은 네암쯔에 엄청 많았다. 이 지역의 숲에는 멧돼지, 늑대, 곰 그리고 은둔 수도자들만 살았다. 이 수도자들은 말을 거부하거나 피하면서 철저한 고독과 끊임없는 기도를 실천하며 살았다. 본성만큼이나 역사적 상황의 강요로 인해, 그들은 사람들과 함께 있기보다는 천사들과 함께 있는 것, 하느님과 함께 사는 것을 더욱 선호했다. 말하는 것을 극도로 피했기 때문에, 사람들은 그들을

---

[1] 슬라브 민족에게 지혜롭고 덕이 높은 '영적 아버지'를 의미하는 호칭.

벙어리, 헤지카스트, 말 없는 자, 침묵자, 네암쯔 등으로 불렸던 것이다.

하지만 그들이 벙어리요 말이 없는 자들이었던 것은 다 그들이 원했기 때문이었다. 그들이 이방인들과 의사소통할 능력이 없었거나, 또 이방인들의 말을 이해하지 못했기 때문이 아니었던 것이다. 반대로 오늘날까지도 네암쯔의 모든 대수도원들과 수도공동체들의 수도원장은 적어도 두 가지 언어 정도는 능숙하게 구사할 수 있고, 슬라브어, 그리스어, 루마니아어로 신성한 리뚜르기아를 거행하는 것은 흔한 일이다. 물론 정교 세계의 그 외 다른 언어들로도 가능하다. 비잔틴 제국의 멸망 이후 바로 그곳에서, 네암쯔, 내가 태어난 고향지방의 산악지대에서 그리스도교 영성이 찬란하게 꽃을 피웠고, 이러한 사태는 네암쯔의 지명 자체를 바꿔놓았다. 헤지카스트, 침묵자, 은둔자들의 지역 한 가운데는 '호산나'[2], 루마니아 발음으로는 '오자나'라고 불리는 강이 관통하여 흐른다. 호산나는 그 자체로 탁월한 기도이고, 하느님께 "주여, 이제 우리를 구하소서"라고 간청하는 부르짖음이다. 네암쯔에는 '아가뻬아'라고 불리는 곳이 있는데, 그것 또한 그리스도교의 사랑, 아가페를 의미하는 명칭이다.[3] 다른 곳은 '끼랄레사'라 불리는

---

2) 마태오복음 21장 19절 ; 시편 118편 25절.
3) Virgil Gheorghiu, *Les Immortels d'Agapia*, roman, Paris, 1964.

데, 이것은 '끼리에 엘레이손(주여 불쌍히 여기소서)'의 준말이다.[4] 또 마을과 공동체는 '아까티스트'라고 불리는데, 이것은 정교회에서 가장 아름다운 성가의 이름이기도 하다.[5] 그러나 사람들, 강, 숲, 장소의 이름을 전례나 복음서나 기도서의 이름으로 대체하는 이것보다 더욱 감동적인 것은 이 비잔틴 수도자들이 그들의 신학지식, 그들의 영성, 그들의 신앙뿐만 아니라 잃어버린 그들의 제국에 대한 향수도 가져왔다는 사실이다. 그래서 네암쯔와 몰도바에 존재하는 성당들에는 성경의 사건들뿐만 아니라 예루살렘의 멸망과 나란히 터키에 함락당하는 콘스탄티노플을 묘사한 벽화들이 그려졌다. 숲속으로 피난한 수도자들은 예루살렘과 그 밖의 성지들의 수도원과 스키티 그리고 그 밖의 수도처에서 이교도의 지배를 받으며 힘겹게 살아가고 있는 형제들을 잊지 않았던 것이다. 몰도바의 한 전설에 의하면, 가을이 되면 제비들이 몰도바를 떠나면서 부리에 밀알 하나씩을 물고 날아가 아토스 산에, 혹은 예루살렘에 떨어뜨린다고 한다. 고난 중에 있는 이곳의 수도사제들이 성체빵을 만드는 데 쓰일 밀가루를 얻을 수 있도록 말이다. 내 생각에 이것은 절대적으로 사실이다. 아토스 산, 콘

---

4) Virgil Gheorghiu, *Le meurtre de Kyralessa*, Paris, 1966.
5) Virgil Gheorghiu, *La Condottiera*, Paris, 1967. 역자주) '아까티스트'는 '일어서서 부르는 찬양'이라는 의미로 기립찬양이라 번역된다. 성모기립찬양, 그리스도기립찬양, 십자가기립찬양 등 여러 기립찬양이 있다.

스탄티노플, 예루살렘의 수도원 성당 제단과 지성소에서 사용되는 모든 '프로스포로스(봉헌된 빵)', 리뚜르기아 안에서 그리스도의 몸으로 변화되는 이 모든 빵은 루마니아에서 온 것이었다. 모든 봉헌빵은 제비들이 겨울을 맞아 따뜻한 나라들로 떠나면서 몰도바에서 입에 물어 가져온 밀로 제조되었던 것이다. 우리는 거의 천 년 이상을 동방의 모든 그리스도교의 프로스포로스, 봉헌빵의 공급자였던 것이다. 붉은 모자를 쓴 터키 지배자들의 머리 위를 지나 우리의 거룩한 교회들의 제단 위에 우리의 곡식을 물어 나른 제비들 덕분에 말이다. 하지만 제비들의 운반 활동만으로는 충분치 않았다. 수도자들도 그들을 돕기 시작했다. 불행에 처한 그리스도인들이 영성체에 사용할 수 있도록 매년 가을 제비들이 루마니아의 들판에서 밀알을 하나씩 물고 날아가 그들에게 운반해 주기 시작할 때면, 수도자들 또한 제비들을 따라서 노새에 밀 부대를 싣고 매일 밤을 걸어서 산 넘고 물 건너고 숲을 지나서 아토스 산에, 예루살렘에, 이어서 시나이 산에, 그리고 봉헌빵을 만들 밀이 부족한 모든 곳에 밀을 운반해 주었던 것이다. 빵이 부족한 그리스도인들을 위해서 말이다. 루마니아가 동방의, 팔레스타인과 발칸과 소아시아의 모든 그리스도교의 봉헌빵 공급자가 되었던 것은 바로 제비들과 수도자들 덕분이었다. … 우리도 우리의 수확을 모두 보냈다. 우리 것을 다

내어주었던 것이다. 예루살렘과 아토스 산과 그리스의 성당 제단에 프로스포로스, 봉헌빵이 결코 부족하지 않도록 말이다. 시간이 지나면서, 이 거룩한 제비들의 숭고한 모범을 따라서, 비잔틴 수도자들도 조직화되었다. 제비들처럼 그들도 정해진 날짜에 성지들과 아토스 산의 프로스포로스를 위해 밀을 건네주었던 것이다. 매년 아주 규칙적으로 밀 운반 활동을 했던 제비들처럼 말이다. 수도자들도 그렇게 할 수 있는 방법을 고안했다. 새들보다 더욱 훌륭한 방법을 말이다. 술탄을 보좌하는 고위 관리가 된 그리스도인들의 협조로, 그들은 마치 몸에서 신체 일부를 잘라내듯이, 루마니아의 몇몇 지방의 자치권을 얻는 데 성공했다. 치외법권 지대로 선포된 그 지역들은 가장 비옥한 땅이기도 했다. 그리고 그 땅을 예루살렘, 시나이, 팔레스타인, 아토스 산, 올림프스 산 등지의 수도원들에 제공하였다. 그러므로 그 땅은 비록 루마니아에 있지만 사실상 여러 성지들의 소유지, 영지였던 것이다. 그러니 치외법권을 이용하여, 당연하게도 이 영지들의 수확물들은 그 주인들에게로 보내졌다. 얼마 안 되어서, 까르파티아 산맥 동쪽 사면의 모든 땅이 아토스 산과 예루살렘에 있는 수도원들에 속하게 되었다. 아메리카의 흑인 노예들은 언제나 그들의 주인 이름을 지녔다. 그들의 소유주 이름 말이다. 그들은 자신의 고유한 이름이 없었던 것이다. 이처럼 우리 고향에서도 마을, 촌락, 숲, 포도밭, 과수원의 이름이 바뀌었다. 그들의 주인 이름을 따라서, 예루살렘, 시나이, '판토크라토르(만물의 주관자 예수 그리스도)', '빠나기아(성모님의 별칭)' 등으로 말이다. 수도원의 이름들도 마찬가지였다. 그래서 우리 고향에는 '테오토코스', '니꼬뻬아', '메도키아', '트리자기온' 등의 이름을 가진 마을들이 있고, 라틴어로 낮은 신분, 일종의 종의 신분을 지칭하는 단어인 '플레베아'라고 불리는 작은 마을이 있다. 그런데 이 '플레브스(Plebs)', 이 종들은 얼마 전부터 예루살렘 교회에 속하게 되었고, 그래서 그들의 새로운 주인의 이름을 채택하게 되었다. 그리하여 내 어머니는 호산나 강가에 위치한 예루살렘에서 태어나게 된 것이다. 출생지로 이보다 더 아름다운 이름이 있을까! 그리스도인으로서 나는 내 어머니가 예루살렘에서 태어난 것을 매우 자랑스럽게 여겼다. 비록 이 예루살렘이란 지명은 그 거주자들이 더 큰 예루살렘의 농노들이었다는 사실로 인해 붙여진 이름이지만 말이다. 어린이-시인이었던 나는 눈을 들고 지극히 거룩한 동정녀 마리아의 별칭, 즉 '빠나기아'라는 이름을 가진 두 번째로 높은 산봉우리를 볼 때마다 행복에 겨웠다. 우리 집 아주 가까운 곳에 있는, '승리하시는 동정녀'를 의미하는 '니꼬뻬아'란 이름의 숲을 가로지를 때도 마찬가지다. 사람들은 '하느님, 이제 우리를 구원하소서.'를 의미하는 '호산나'

에서 말들에게 물을 먹였다. 또 '거룩하시고, 거룩하시고, 거룩하신'을 의미하는 '트리자기온'과 '알렐루안'과 '끼랄레싸'에는 내 사촌들이 살고 있다. 이 거룩한 지명들은 어린이-시인이요 그리스도인이었던 나를 매혹시켰다. 분명 거기에는 어두운 이면도 있을 것이다. 하지만 우리는 눈을 감았다. 우리 고향으로 피난 온 헤지카스트 수도자들, 비잔틴 은둔 수도자들은 거룩한 책들, 교회 교부들의 저작들, 복음의 영적 전통 전부를 우리에게 가져다 주었다. 몇 세기 동안 그리스도교 서적들을 인쇄하고 출판할 수 있었던 곳은 네암쯔와 몰도바의 인쇄소들뿐이었다. 아르메니아, 그루지야, 그리스의 대다수 전례 서적들이 우리 고향, 네암쯔에서 인쇄되었던 것이다. 그리스어 책들 중에서 가장 유명했던 것은 테살로니키의 성 시메온의 책들이다. 그는 테살로니키가 터키에 함락되기 직전인 1418년에 안식했고, 그래서 그의 저작들은 몰도바의 수도였던 '자씨'에서 인쇄되었다.[6] 원칙적으로는 콘스탄티노플의 세계 총대주교만이 제국의 경계 밖에 수도원들을 둘 수 있는 권리, '스타브로뻬기온'의 권리를 소유했다. 이 말은 '세우다, 고정하다'라는 뜻을 가진 '뻬그니미'와 십자가를 의미하는 '스타브로스'의 합성어다. 다시 말해 이 권리는 외국

---

6) Saint Siméon de Thessalonique, *De Fide, ritibus et mysteriis ecclesiasticis graece*, Edité à Jassy en 1683, reproduit dans P.G. 155.

땅에 십자가를 세울 권리, 그곳에 자신의 지도권과 소유권 아래 있는 성당이나 수도원을 건축할 권리를 말한다. 하지만 시간이 지나면서 팔레스타인의 모든 수도원들, 거룩한 성지들의 모든 수도원들도 몰도바의 네암쯔에 영지와 '분원'을 의미하는 '메토키아', 스키티들을 가지게 되었다.

내 조국 전체가 비록 교회 재산이라는 명목이었지만 외국의 소유가 되었던 것이다. 그럼에도 불구하고 영적인 삶은 활짝 꽃피었다. 헤지카스트 영성은 까르파티아 산맥 동쪽 사면, 우리 이웃에 살고 있는 유대인들에게 매우 강렬한 인상을 주었다. 그래서 그들 또한 그와 유사한 유대교 신비주의 운동과 영성인 '하씨디즘'을, 같은 곳, 우리 고향, 까르파티아 산맥 동쪽 사면의 네암쯔에서 일으켰던 것이다. 네암쯔에서 빠이시에 의해 주창된, 영성에 있어서 인격의 거룩함과 카리스마에 강조점을 두었던 스타레츠 운동처럼, 유대인들의 하씨디즘 또한 스타레츠나 성인과 유사한 '짜디크'를 창조했던 것이다.

나는 이 모든 것을 깊이 이해하지는 못했다. 하지만 내가 네암쯔라고 불렸던, 거룩함으로 충만했던 산에서 살았다는 것, 그리고 그렇게 불린 것은 네암쯔가 독일어여서도 아니고 거기 사는 사람들이 외국에서 온 사람들이어서도 아니라는 것, 오히려 그것은 우리 고향 사람들이 말보다는 침묵을 더 좋아했기 때문에 붙여진 이름이라는 것을 알게 되었다. 사람들이 어울려 사는 사회보다는 하느님과의 동행, 고독을 사랑했던 사람들 말이다. 그러므로 나는 말이 없는 사람들, 침묵하는 이들, 정적을 추구하는 자들, 헤지카스트들, 은수자들의 지역에서 태어난 것이다. 하지만 동시에 이 수도자들과 제비들 덕분에, 성지의 모든 제단들과 지성소에서 신성한 리뚜르기아를 드릴 때 필요한 거룩한 희생의 빵을 만들 밀, 봉헌빵을 만들 밀가루를 천 년 이상 동안이나 우리가 제공해왔다는 것을 나는 알게 되었다. 예루살렘, 아나스타시아, 시나이, 아토스 산, 빠나기아, 판토크라또르의 봉헌빵을 만들 밀을 제공하는 것이 우리의 역할이었기 때문에, 결국 우리 마을, 우리 촌락, 우리의 경작지와 숲에서는 이 일만 하게 되었다. 그리고 봉헌빵과 식량으로 밀을 공급하던 이 거룩한 성지들의 이름을 우리도 지니게 된 것이다. 무슬림들의 지배하에 있던 그곳의 사람들에게는 늘 식량이 부족했기 때문이었다. 이 모든 일, 터키와 무슬림들의 끔찍한 악행들에 대해 듣고 나니, 언젠가 하느님이 나를 시험해 보기 위해, 내가 원수를 사랑할 수 있는지 그래서 축일달력에 성 비르질이라는 이름으로 한 자리를 얻을 수 있는지를 알아보기 위해 내게 보내주실 원수는 분명 터키 사람일 거라는 확신을 나는 갖게 되었다. 그들은 우리를 5세기 동안이나 지배해왔다. 그들은 성지에 불을 지르고 피로 물들여 훼손했다. 내가 일곱 살 때까지 배운

바에 의하면 내 미래의 원수는 터키 사람일 수밖에, 무슬림일 수밖에 없었다. 그들이야말로 그리스도인들에게 최고의 원수였던 것이다.

그런데 내 아버지는 다시 이렇게 반복하여 말했다.
"터키 사람들, 수 세기 동안 우리를 침략하고 지배했던 그들은 우리의 원수가 아니라, 우리의 형제들이야. 특히 터키 사람들은 말이야. 5세기 동안이나 지속되었고 또 매우 혹독했던 그들의 지배 아래서도, 그리스도인이라는 이름에 합당한 사람은 그 누구도 터키 사람을 죽이려 하지 않았어. 결코. 왜냐하면 그것은 형제를 죽이는 것일 수도 있다는 것을 알았기 때문이지."
"그들은 우리를 지배하고 있으니까, 원수, 우리의 원수가 아닌가요?"
"그래, 그들은 우리를 지배하고 우리를 침략했지만, 그들 또한 우리의 자식들이고 우리의 형제들이란다. … 그래서 결코 그들을 죽이지 않았어. 오히려 그들에게 선을 베풀었지. 몰래 말이야. 할 수 있는 한 최선을 다해서. 그들의 잔인성에도 불구하고 말이야. 왜냐하면 우리는 자기 형제 아벨을 죽인 카인처럼 행동하길 원치 않았기 때문이야."
"아벨은 카인의 친 형제였지만, 터키 사람들은 우리와

피를 나눈 형제들이 아니잖아요. … 우리는 로물루스와 레무스의 후예들이고, 우리의 조상인 두 아기에게 젖을 내어 준 우리의 유모는 로마의 루브지만, 터키 사람들은 모든 야만인들처럼, 아시아의 평원에서 몰려 온 사람들이잖아요."

내 아버지가 말했다.

"터키 사람들은 우리와 피를 나눈 형제들이란다. 나는 터키 사람들도 혹시 우리처럼 로마의 루브의 똑같은 젖을 먹었던 것은 아닐까 두렵단다. 더 나아가 그들은 우리 어머니의 젖을 먹었단다. 너는 터키 사람들이 '데브히르메'라고 불렀던 '뻬도마조마'가 무슨 말인지 아니? 뻬도마조마는 '조공으로 바쳐진 어린아이들'이라는 뜻이야."

"아니요." 나는 이렇게 대답했다.

내가 그것을 알지 못했던 것은 당연했다. 나는 일곱 살도 안됐으니까 말이다. 나중에 나는 내 진짜 생일(1916년 9월 9일)과 내 출생 신고 서류에 기록된 가짜 생일(9월 15일)에 대해 말하면서 '뻬도마조마'에 대해 글을 썼다.

내 아버지는 시청에 나의 출생신고를 하지 않았다. 그래서 공안원들이 아버지를 붙잡아 감옥에 처넣으려고 찾아왔던 것이다. 그러자 아버지는 내 출생일을 가짜로 신고했다. 이 모든 사실은 한 치도 거짓 없는 사실이다. 하지만 내 나라에서 태어나는 것, 그것 또한 매우 위험한 일이었다는 것도 사실이었다. 아이의 생사를 다투는 위험. 나는 이것을 나중에야 알게 되었던 것이다.

5세기 동안 우리 민족은 무슬림의 지배를 받았다. 터키인들은 내 나라를 정복한 뒤 수많은 사람들을 칼로 쳐 죽였다. 모든 정복자들이 그렇게 하듯 말이다. 그런 다음 그들은 내 나라를 약탈했고, 도시와 마을들을 불태웠으며, 끔찍한 파괴를 자행했다. 모든 정복자들이 그렇듯 말이다.

얼마간 세월이 지난 뒤, 그들은 그 모든 학살을 피해 숨어 있다가 이제 그 은신처에서 나온 주민들이 여전히 남아있다는 것을 알게 되었다.

터키인들은 그 생존자들을 다 불러 모아놓고, 개종하여 무슬림이 될 의사가 있는지 일일이 물었다. 배교자는 많은 것을 얻을 수 있었다. 많은 이익 이상으로, 그들은 오토만 제국의 시민이 될 것이고, '수블림 뽀르뜨(숭고한 문)'[7]의 신민들에게 주어지는 모든 특권들을 누리게 될 것이었다.

---

7) 밥-이 알리(Bāb-i 'Alī), '높은 대문'을 프랑스어로 번역한 어구. 오스만 터키 정부의 대재상 집무실(Grand Vizierate)을 지칭한 것인데 이후에는 일반적으로 그 정부를 일컬었음.

그런 다음 그들은 피정복민인 루마니아인들에게 다음과 같은 설명을 덧붙였다. 루마니아 사람들은 과거와 똑같이 그리스도인으로 살아갈 수 있다는 것이었다. 선택은 그들의 몫이었다. 하지만 만약 그리스도인으로 남게 된다면 그들은 엄청나게 무거운 세금을 바치게 될 것이었다. 네 배, 다섯 배, 심지어 열 배나 더 무거운 세금을 내게 될지도 모르는 일이었다.

전쟁과 계속되는 약탈로 인해 엄청나게 가난했고 소득이라곤 거의 없었지만, 모든 루마니아 사람들은 어떤 예외도 없이 땅 위에서 살아가는 한 그리스도인으로 남겠노라고 대답했다. 그리스도인으로 남기 위해서라면 그 어떤 세금이라도 내겠노라고 대답했다. 필요하다면 살이라도 잘라내어 세금을 지불하겠노라고 말이다.

그리고 그들은 실제로 두 배, 세 배, 열 배의 세금을 꿀, 곡식, 말, 염소, 과일, 금, 동, 은으로 지불했다. 하지만 특별히 그들은, 터키 지배자들의 강요로 가장 가혹하고도 무서운 피의 세금을 바쳐야만 했다. 그것은 바로 어린 나이의 아이들을 세금으로 바치는 것이었다. 그렇게 바쳐진 아이들 중 남자 아이들은 터키의 근위보병이나 환관으로 만들어졌고, 여자 아이들은 할렘의 여인들이나 여군으로 만들어졌다. 1330년에 창설되어 1825년에 해체된 무적의 최정예 군대인 터키 근위보병대는 그리스도교 국가에 의해 조공으로 바쳐진 그리스도인들의 어린 자식들로만 구성되었었다.

우리나라의 모든 어머니는 어느 때든 그 끔찍한 피의 세금으로 자기 아이를 정복자들에게 내놓아야만 했다.

5세기가 넘도록 나의 백성은 정기적으로 이렇게 해 왔다. 어김없이 말이다. 그렇게 해서 그리스도인으로 남고자 했던 것이다.[8]

이것이 바로 뻬도마조마, 데브히르메, 지배자들에게 세금으로 바쳐진 갓난아이들이었던 것이다.

"이제, 왜 터키 사람이 우리의 원수가 될 수 없는지 이제 알겠니? 비록 그들이 우리를 죽이고, 도끼로 우리의 목을 자른다 해도 말이다."

나는 대답했다.

"아니요."

"경건한 사람은 남자건 여자건, 특별히 이 까르파티아 산의 여인들은 오백년 지배를 받아오는 동안에도 결코 정복자들의 병사를 자신들의 손으로 죽일 엄두도 내지 않았

---

[8] Virgil Gheorghiu, *La vingt-cinquième heure*, 그리고 *De la vingt-cinquième heure à l'heure éternelle*, Paris, 1967(한국어 번역. 『25시에서 영원으로』, 정교회출판사, 2015).

단다. 왜냐하면 모든 정복 군대의 병사들, 모든 근위 보병들은 터키식으로 양육되고, 훈련받고, 터키식 복장을 한 그리스도인들의 아이들이었기 때문이란다. 비록 우리를 죽이려고 무기를 들고 날뛰지만 말이다. 만약 죽음과 공포를 불러오는 이 터키인들 중 하나라도 죽였다면, 그것은 누군가가 세금 징수자들에게 세금 명목으로 바친 루마니아의 아들을 죽이는 것이 될 게 거의 분명했던 거야. 터키 병사는 모두가 우리의 혈육, 우리의 자식, 우리의 형제, 우리의 사촌이라는 말이란다. 우리는 카인의 살인을 반복할 용기가 없었어. 우리 형제, 우리 자식을 죽일 용기 말이다. 그래서 그렇게 인간의 장벽을 쌓았던 거야. 라스보에니에서처럼. 그들을 막기 위해 할 수 있는 모든 것을 했던 거지. 하지만 결코 그들을 죽이려 했던 것은 아니란다."

우리는 차라리 죽임을 당하는 편을 택했던 것이다. 원수도 우리의 형제라고 가르쳐준 것은 비단 복음경과 주님만이 아니었다. 역사 또한 루마니아 사람들에게 그것을 가르쳐 주었던 것이다. 바로 이런 이유 때문에 그리스도인은 루마니아인과 동의어인 것이다. 그래서 '루마니아 그리스도인' 이라고 말하는 것은 동어반복이다. 만약 루마니아 여인들이 근위보병대 앞에 서 있는 것을 본다면 … 아마도 터키 병사들은 그들을 잔인하게 죽이겠지만, 그 여인들은 혹시 그들 중에 자기의 아들, 태어나자마자 그 여인들의 품에서 빼앗아갔을 그들의 아기가 있지 않을까 하며, 그 학살자들에게 시선을 고정한 채 죽어가는 모습을 보게 될 것이다. …

뻬도마조마의 이야기를 들으면서 나는 마구 울었다. 이것은 내 인생의 초기부터 '원수'와 '친구'라는 관념을 완전히 바꿔 놓았다. 치명적인 원수도 용서해야 한다고, 우리의 형제 우리의 자식을 죽이느니 차라리 그들에게 용서를 베풀어야 한다고 우리에게 가르쳐준 것은 복음서만이 아니었던 것이다. 바로 역사가 우리에게 그것을 가르쳐주었던 것이다. 가장 잔인하고 가장 잔혹한 원수의 복장으로 우리의 형제가 우리를 죽이려고 우리 집에 나타난다는 것이다. 그렇다면 그 순간에 우리는 그를 미워하지 않고, 그를 죽이지도 않고, 오히려 그를 자식처럼 형제처럼 사랑할 용기를 가져야 한다는 것이다. 사실이 그렇기 때문이다. 거의 언제나. 동시에 말이다.

그래서 나는 내 첫 번째 원수가 터키가 아닌 다른 곳에서 오길 기다리기로 결심했다. 터키인들은 깊이 파고들어가 보면 다 나의 혈육이기 때문이다. 그들 또한 루브의 젖먹이들, 내 형제들이었던 것이다. 단지 내 형제들이었을 뿐만 아니라 로물루스와 레무스의 형제들이었던 것이다. 그러므로 아무리 치명적인 원수라 해도 터키 사람을 사랑하는 것은, 실상 자기 자신의 형제를 사랑하는 것이다. 그러므로 그것은 거룩함을 얻는 데 충분치 않다. 하지만 나는 절대적으로 그것을 얻고 싶었다. 비르질의 이름으로 말이다. 그러므로 내게는 여전히 원수, 진짜 원수가 필요했다. 터키 사람을 가장한 형제가 아니라, 내가 사랑할 수밖에 없는 형제가 아니라 다른 원수 말이다. 나는 거룩함의 후광을 갖고 싶었다. 그런데 자신의 형제는 누구든지 다 사랑하지 않는가? 오직 그리스도인들만 원수들을 참된 사랑, 거룩한 사랑으로 사랑할 수 있다.

"그러면, 터키 사람이 아니라면, 내 인생의 첫 번째 원수는 누구일까요? 어디서 나타날까요? 어떤 얼굴을 하고 있을까요?"

나는 조바심으로 이 원수를 기다렸다. 내 인생의 첫 번째 원수, 내가 성 비르질이 되게 해줄 원수를 말이다!

하늘 여왕의 시동

어떻게 해서 나는 일곱 살에 실제로
하늘 여왕의 말 탄 시동(侍童)이 되었는가?

내가 태어난 고향 주변에는, 초원 깊숙한 곳에, 숲속에, 깊은 계곡에, 바위 봉우리 뒤편에 지극히 거룩한 이름들을 지닌 수많은 수도원들이 숨어 있었다. 네암쯔, 아가뻬아, 바라텍과 같은 대수도원들이 있었다. 라브라, 스키트, 꼴리브도 있었고, 은둔 수도자들, 성인들이 숨어사는 동굴도 있었다.

확실히 이 모든 수도 생활은 우리네 일상으로부터, 마을과 촌락에 거주하는 우리들로부터 완전히 단절되어 있었다. 수도자들과 수녀들에게 우리는 세상이었다. 부정적인 뉘앙스의 세상 말이다. 그것은 일리가 있다. 수도자들, 수녀들, 은수자들, 은둔자들은 하늘에서 산다. 그래서 우리는 수도자들과 수녀들이 입는 수도복을 '천사의 옷'이라

하지 않는가!

성 베르나르두스는 이렇게 말한다.

나는 수도생활이 요구하는 세상과의 완전한 단절로 인해, 또 그것이 조성하는 특별히 고귀한 영적인 삶, 그리고 그것을 그 어떤 삶의 방식보다 더욱 고귀하게 고양시켜주는 그 영적인 삶으로 인해, 수도생활은 그것을 서원하고 사랑하는 이들을 천사들과 유사한 존재, 사람들과는 다른 존재로 만들어준다고 생각한다. 그것은 사람 안에 하느님의 형상을 회복한다. 그것은 세례처럼 우리를 그리스도와 같아지게 한다.[1]

수도자들과 수녀들은 천사들이 하늘에서 하는 일과 활동을 이 땅 위에서 행한다.[2]

분명 우리들, 마을과 촌락에서 살아가는 주민들은 이 지상의 천사들과 함께, 수도자들과 은수자들과 함께, 동일한 지리적 장소에서, 까르파티아 산맥의 똑같은 동쪽 사면에서, 서로 몇 킬로미터의 거리를 두고 살아간다. 하지만 지상의 천사들인 수도자들은 두꺼운 벽으로 둘러쳐져 결코 넘을 수 없는 수도원 안에서 살았다. 요새와 같은 성 안에서 사는 사람들처럼. 그들은 이렇게 숨어 살았다. 그래서 우리는 그들을 결코 볼 수 없었다. 세상 주민인 우리와 수

---

1) Saint Bernard, P.L. 182, col. 889.
2) Saint Hildegarde, P.L. 197, col. 486.

도원의 주민 사이에는 진짜로 하늘과 땅을 갈라놓는 것보다 더 큰 거리가 있었다.

땅에 사는 이 천사들은 우리와는 아주 달랐다. 그들은 우리보다 훨씬 고귀했다. 우리는 수도원 안에서 영위하는 그들의 거룩한 삶에 대해 결코 질문을 하지 않았다. 어떤 신심 때문에, 어떤 거룩한 두려움 때문에 말이다. 우리는 하느님의 본성에 대해 함부로 생각하거나 말하지 않는다. 종교는 그저 하느님이 존재한다는 것만 알면 그뿐이다.

하지만 우리와 수도자들 사이에는 또 다른 거리가 존재했다. 내 아버지는 몇 년 전에 라스보에니를 떠나 수도원의 종들이 사는 촌락 마을의 주임사제가 되어야만 했다. 그것은 내 아버지의 역량에 꼭 맞는 사목구였다. 그래서 그는 그곳을 결코 떠나지 못했다. 내 아버지, 내 할아버지, 아니 나의 조상들 모두 수도원의 사제이거나 종이거나 농노들이었다. 원래 사제인 내 아버지와 종들의 주인인 수도원은 하늘과 땅처럼 그렇게 뛰어넘을 수 없는 그런 사이는 아니었다. 왜냐하면 그리스도인들에게는 매 주일에, 매년 돌아오는 큰 축일에 거행되는 리뚜르기아를 통해서, 하늘과 땅이 서로 뒤섞이기 때문이다. 하지만 사회적인 차원에서 보자면, 천사와 같은 수도원 세계와 그들에게 속한 우리 사이에 있는 그 거리는 절대 뛰어넘을 수 없는 것이었다. 사회적인 차원에서는 하늘과 땅이 결코 뒤섞이는 법이 없었던 것이다. 그것은 사회적이고 역사적인 거리였다. 엄청난 거리. 하늘과 땅을 갈라놓는 거리, 하느님과 피조세계를 갈라놓는 거리와도 비교할 수 없는 거리. 그것은 주인과 농노들 사이에 존재하는 넘을 수 없는 거리였다. 주인과 소유물 사이의 거리. 내가 태어나기 몇 년 전, 우리는 수도원의 소유물들이었다. 그래서 도처에 그 상처들, 그 흔적들이 존재했다.

수세기 전부터, 나의 가족은 수도원 농노들을 위한 사제를 배출해왔다. 수도자들은 그 서원을 통해서 하늘의 거주자들이 된다. 그들은 땅과 농노들에 대한 소유행위를 통해서 이중으로 하늘에 있었고, 우리는 이중으로 땅에 있었다. 땅에 매여 있었던 것이다. 우리는 수도자도 소유주도 아니었다. 그럼에도 불구하고 우리와 수도자들 사이에는 공통점들이 있었다. 비록 실제로는 우리가 결코 만나는 법이 없었지만 말이다. 우리는 서로 바라보지도 않았다. 이웃임에도 불구하고 말이다. 하지만 우리가 같은 지역에 사는 한, 우리는 결국 같은 샘물을 마시고 같은 숲에서 나오는 같은 신선한 공기를 마신다고 자신할 수 있다. 우리는 함께 같은 밤의 어둠을 맞이하고, 같은 햇빛을 누린다. 우리의 몸과 재산이 속해있고, 또 우리가 그를 위해 태어나고 일하고 죽는 모든 거룩한 성지들의 이름을 지닌 우리의 가난한 마을에서, 우리는 수도원의 종소리를 들으며 살았다. 그 종소리는 숲을 거쳐 우리의 귀에까지 도달했던 것이다. 수도원의 이 종소리는 그래서 또한 우리를 위한 것이기도 했다. 수도원에서 드려지는 기도들도 마찬가지다. 왜냐하면 우리는 일주일 내내 일했고, 우리 마을 성당에서는 오직 주일에만 거룩하고 신성한 리뚜르기아를 거행했기 때문이다. 하지만 수도자들은 매일 리뚜르기아를 거행했다. 또 그들은 매일 낮과 밤으로 일곱 번의 전례 기도를 드렸다. 그리고 우리는 멀리서나마 그 기도의 혜택을 누린 것이다. 수도자가 되지 않고도 말이다. 이것은 우리의 삶을 바꿔놓았다. 왜냐하면 우리는 단지 전나무 숲과 산 정상의 신선한 공기, 알코올보다 더욱 강렬한 그 공기만 마신 것이 아니라 기도의 공기와 환경 또한 호흡했기 때문이다. 경험한 사람들에 따르면, 분위기는 영적인 삶의 진보에서 매우 중요한 역할을 한다고 한다. "몸의 상태를 변화시키고, 정념에 찬 혹은 정념이 제거된 생각들을 영혼에 공급하는 네 가지 힘이 있다. 그것은 천사들, 악마들, 환경 그리고 음식이다."[3]

음식과 환경에 관한 한, 우리는 모든 재앙 밖에 있었다. 아주 커다란 특권이었던 것이다. 환경은 순결했고, 음식은 한 번도 질리도록 주어져 본 적이 없다! 그리고 우리는 또

---

3) Saint Maxime le Confesseur, *Centuries sur la charité*, II, 92.

한 천사들을 믿었으니, 우리가 확신을 가지고 낙원을 소망할 만한 이유가 충분했다.

 일곱 살, 내 이름을 거룩하게 하겠다고 결심했던 그 나이에, 나는 나의 첫 번째 '뽈리띠아', 나의 첫 번째 '까또르토마'를 실현했다. 단지 나의 동물적이고 세속적인 삶, 즉 나의 비오스만이 아니라, 나의 뽈리띠아가 관계된 내 어린 시절의 한 사건이 벌어진 것이었다! 우주에서 오직 하느님과 천사들과 사람들만이 자유로우므로, 사람이 자기 자신의 주인이요 임금이 되는 삶, 인간이 자기 자신의 아버지가 될 수 있는 삶, 그런 영적인 삶 말이다. 이 뽈리띠아는 내가 일곱 살에 실제로 '쁠라띠떼라(하늘보다 더 넓으신 분)', '니꼬삐아(승리하시는 분)', '빠르테니아(순결하신 동정녀)', '빠나기아(지극히 거룩하신 분)', '테오토코스(하느님을 낳으신 분)'이신 우리의 어머니, '지극히 영광스러운 하늘의 여왕'의 시동이 된 것이었다. … 나는 하늘의 여왕의 시동이자 기수(騎手), 리뚜르기아에서 "쁠라띠떼라 돈 우라논" 즉 "하늘보다 더 넓으신 분"이라고 노래하는 동정녀 마리아의 시동이자 기수가 되었다는 말이다.

 내가 아직 어린이였던 이 시절에, 사람들은 지극히 거룩하신 하늘의 여왕, 성모님을 우리 마을에 초대하곤 했다. 여름에 말이다. 사람들은 매년 하늘의 여왕을 초대하고 싶어 했을 것이다. 분명 그랬을 것이다. 7월이나 8월경에 말이다. 하지만 그것은 우리에게 너무도 많은 비용이 들었다. 그래서 이 빈궁한 살림살이로 인해, 우리는 하늘의 여왕을 2년 혹은 3년에 한 번씩 밖에 초대할 수 없었다. 그러면 하늘의 여왕은 하루 낮 밤 꼬박 우리 마을에 머무셨던 것이다.

하느님의 어머니는 여자였다. 왜냐하면 한 여자, 이브 때문에 사람이 낙원에서 추방되었다면, 이번에는 또 다른 여자, 지극히 거룩하신 동정녀로 인해 하느님이 이 땅에 내려오셨고, '사르코포로스' 즉 '인간의 몸을 지니신 분'이 되셨기 때문이다. 우리 인간을 위해 육화하심 덕분에, 이 지상에도 하늘의 문, 신화(神化)의 문이 활짝 열린다. 육화 덕분에, 하늘 여왕의 동의 덕분에, 하느님이 사람이 되신 것처럼 다시 우리도 신이 될 수 있는 가능성을 가지게 된다. 언제나 하늘에서 우리를 중보하시는 가장 탁월한 중보자이신 마리아, 테오토코스 덕분에 말이다. 하지만 우리에게 더욱 놀라운 것은, 우리 사람들이 변모되어 하늘로 오를 수 있다는 것을 테오토코스, 성모님이 처음으로 우리에게 보여주셨다는 것이다. 이런 까닭에 우리는 성모님이 "헤루빔보다 더 고귀하시고 세라핌보다 비할 수 없이 영화로우시다."고 말하는 것이다. 성모님은 시간을 뛰어넘으시고, 그 몸으로 영원 안에 들어가셨다. 분명 우리 모두는 하느님의 어머니가 그 지상의 몸을 가지고 하늘로 들려졌다는 것을 안다. 그리스도처럼 말이다. 그렇다면 그런 성모님이 우리 마을에는 어떻게 오시곤 했는가? 성모님은 다른 성인들처럼 우리의 명명 축일이나 신성한 리뚜르기아가 거행되는 동안 보이지 않게 오신 것이 아니었다. 결코 그렇지 않다. 성모님은 실제로 한 인격으로서 우리 마을에 오시곤 했다. 성모님은 살과 뼈를 갖춘 존재인 것처럼 우리 마을에 오셨다. 그리고 우리도 성모님을 그렇게 영접했다. 그리고 나는 그분의 시동이었던 것이다.

성모 마리아는 하늘에 계시고, 하늘의 여왕이시다. 하지만 그분은 물질적으로 또한 지상에도 계신다. 내 고향 마을 가까운 곳, 네암쯔 수도원에 말이다. 성모님은 이 수도원 안에 있는 그분의 이콘 안에 실제로 현존하신다. 감사의 성만찬 예배 때 그리스도의 몸과 피가 실제로 성반과 성작 안에 현존하는 것과 마찬가지로 말이다.

우리는 자신의 이름이 붙은 복음경을 저술한 저자일 뿐만 아니라 또한 위대한 의사요 위대한 화가였던 거룩한 복음 사도 루가가, 성모님이 살아계실 동안, 그분의 초상화를 제작했다는 사실을 알고 있다. 그는 지극히 거룩하신 동정녀께 그 초상화를 보여드렸고, 성모님은 매우 기뻐하셨다. 교회에서 우리는 이렇게 노래한다.

"복음 선포자 성 루가가 처음으로 당신의 이콘을 그린 후, 당신께 가져와 그것을 인정해주시길, 또 당신을 공경하는 모든 이들을 구원하는 능력을 그 이콘에 불어넣어 주시길 요청했을 때, 당신은 크게 기뻐하셨나이다. 우리의 구원을 낳아주신 자비로우신 당신은 이콘의 입과 음성이셨나이다. 하느님을 잉태하셨을 때, '이제 모든 세대가 나를 복되다 하리라' 말씀하신 당신은, 그 이콘을 보시면서 '나의 은총과 나의 힘이 이 형상과 함께 한다'고 힘차게 말씀하셨나이다."

이어서 우리는 성가 마지막에 또 이렇게 노래한다.

"그리하여 우리는 여왕이신 당신께서 이렇게 말씀하셨음을, 그리고 이 형상을 통해 우리와 함께 계심을 믿나이다."[4]

이것이 바로 우리가 확신을 가지고 있는 이유이다. 우리는 지극히 거룩하신 동정녀, 하늘의 여왕이 성 루가에 의해 그려진 그의 이콘 안에 계신다는 것을 알고 있다. 그분은 실제로 그 안에 계신다. 그분의 은총도 그 안에 있다. 그분의 힘도 그 안에 있다. 이콘은 그분의 입이고, 그분의

---

4) 블라디미르의 성모 이콘 축일(8월 26일) 저녁기도예식(만과) 리타니아 성가.

음성이다.

우리는 성당에 종교적인 그림이나 종교적인 회화를 가지고 있지 않다. 예술 작품도 없다. 천상의 여왕이신 지극히 거룩하신 동정녀의 이콘은 그림이 아니다. 그것은 성 루가가 그린 이콘을 원본으로 삼아 그린 거룩한 이콘이다. 그리고 하늘의 여왕은 실제로 이 이콘 안에 계신다.

성 루가가 실제로 이 이콘을 그렸다는 것, 동정녀가 그것을 보고 그와 같은 말을 했다는 사실에 대해서, 우리에게 역사적이고, 고고학적이고, 과학적인 증거를 요구한다면, 분명 우리는 아무런 고고학적인 혹은 과학적인 증거도 필요치 않다고 대답할 것이다. 그런 것은 필요 없다. 다만 우리는 이 사실들에 대해 확신을 가지고 있기 때문에 역사적인, 고고학적인 증거는 하등 필요치 않다고 대답할 것이다. 증거는 의심하는 것들에나 유용하다. 하지만 우리는 그리스도가 성작 안에 피와 살로 현존한다는 사실, 하늘 여왕의 음성과 은총과 권능이 성 루가가 그린 그분의 이콘 안에 현존한다는 것, 그리고 우리 성당에 있는 그 이콘의 복사 이콘 안에도 현존한다는 것을 추호도 의심하지 않는다.

이곳, 까르파티아 산맥 동쪽 사면, 네암쯔에 어떻게 하늘 여왕이 있게 되었는가? 터키에 의해 비잔틴 제국이 정복되기 직전에 그녀는 비잔틴 사람들과 함께 왔다. 비잔틴 제국의 팔레올로고스 왕조에 속한 황제 요한 8세가 1424년 네암쯔의 수도원에 왔을 때, 그는 이곳이야말로 이교도들의 공격으로부터 하늘 여왕의 이콘을 안전하게 지킬 수 있는 피난처라는 것을 알고, 은으로 덮인 하늘 여왕 이콘을 가져왔다. 이때부터 성모님은 까르파티아 산맥 동쪽 사면, 네암쯔에, 호산나 강가, 우리 마을에서 몇 킬로미터 떨어진 전나무 숲속에 있게 되었다.

매해 여름, 축제에 필요한 경비들이 충분하게 모아졌을 때, 우리는 성모님을 초대한다. 거의 모든 마을들이, 제 아무리 가난해도, 가끔씩 그분을 초대한다. 왜냐하면 하늘 여왕은 가난한 이들, 농노들 가운데로, 농노들의 촌락 작은 성당으로 내려오는 것을 거절하는 법이 없기 때문이다. 그녀는 결코 세상의 위대한 사람들, 임금들, 부자들과 같지 않다. 하늘 여왕은 천사들 같다. 마치 아무런 요구 없이 우리에게 다가오는 하늘처럼, 모든 가난한 사람들이 그렇듯이, 못 먹고 누추한 우리, 모든 비참과 불행에 노출되어 힘겹게 살아가는 우리를 개의치 않고 다가오는 하늘처럼 말이다. 그렇다. 하늘 여왕과 천사들은 우리에게 내려올 때, 우리 모두를 똑같이 대하신다. 친구로 대하신다. 하느님이 우리에게 그렇게 하라 하시듯이, 그들도 우리에게 자신들을 '너'라고 대담하고 솔직하고 자유롭게 부르라고 한다. 하느님이 우리를 부르셔서 그와 친밀하게 하시듯이, 그분을 '당신', '아버지'라고 부르게 하시듯이, 이렇게 하늘 여왕도 우리 마을에 내려오셔서 우리로 하여금 그녀를 '당신', '우리의 어머니'라고 부르게 하신다.

하늘 여왕이 우리 마을에 내려오시는 것은 내가 겪은 일들 중에 가장 중요한 사건으로 남아있다. 나는 일곱 살이었다. 호산나, 혹은 오자나 강가에 위치한 우리 마을은 궁촌이었다. 그곳에는 오래 전부터 수도원의 농노들만 살았다. 그리고 내 조상들은 바로 그 농노들의 사제였다. 하지만 이 마을은 매우 오랜 역사를 가졌다. 오래 전, 아주 오래 전 과거에는, '불멸자들', 결코 죽지 않는다고, 육체의 죽음은 사람이 땅에서 하늘로 이주하는 것에 불과한 것이라고 생각했던, 다키아 사람들이 이곳에 살았다.[5]

로마 사람들이 오기 전에는 불멸자들이 이곳에 살았고, 로마 사람들 다음에는 거룩한 수도자들, 은둔 수도자들, 독수도자들이 도착했다. 이들은 곧 산속으로 들어가 버렸고, 이곳에는 농노들과 노예들만 남게 되었다. 그러므로 마을에는 네 개의 계층이 있다. 불멸자들, 로마 사람들, 거룩한 헤지카스트 혹은 침묵 수도자들, 그리고 마지막으로 수도자들의 농노들. 내가 일곱 살이었을 때는 이미 얼마

---

5) Virgil Gheorghiu, *Le Peuple des Immortels*, traduit du roumain par Livia Lamoure, Paris, 1955.

전에 농노제가 폐지된 상태였다. 땅은 더 이상 수도자들이 아니라 우리의 뼈 속까지 피를 빨아먹던 낯선 상인들의 것이었다. 마을은 매우 작았다. 모든 사람들이 다른 곳에서 살기를 원했기 때문이었다. 그럼에도 불구하고 마을 주민은 몇 백 명을 헤아렸고, 이들은 하늘 여왕을 우리 가운데에 초대하여 모셨던 것이다.

이에 대한 준비는 이미 일 년 전부터 시작되었다. 먼저 돈을 모아야 했다. 여기서 특기해야 할 것은 여왕의 영접에 매우 값비싼 비용이 들었다는 것이다. 특별히 우리의 살림살이를 고려해 볼 때 말이다. 하릴없는 통계학자들은 단순한 호기심으로 우리 마을 전체가 대략 오 년에 한 번씩 성냥 한 갑을 샀다고 기록하고 있다. 성냥을 낭비하지 않기 위해서, 사람들은 잠자는 동안에는 재로 불씨를 덮어 놓았다. 그렇게 해서 아침까지 불씨를 보존하려 했던 것이다. 또 우리는 몇 세대 전부터 소금을 사본 적이 없다. 그것은 너무 비쌌다. 우리는 몇 십 킬로미터 떨어진 산 속에 소금기가 있는 물이 나오는 샘을 발견했다. 겨울에 사람들은 그 물을 썰매로 옮겨와 통에 담아 보관했다. 이 물로 가축을 먹이거나 우리 스스로가 나무 숟가락으로 떠서 음식에 넣곤 했던 것이다. 나는 한참 나중에야 알갱이로 된 소금을 처음으로 보았다. 그전에는 나는 소금이 액체인 줄로

만 알고 있었던 것이다.

그러므로 하늘 여왕이 24시간 내려와 계셨던 곳은 매우 부유한 마을이 아니었다. 그것은 가난한 마을 중에서도 가장 가난한 마을이었던 것이다. 그래서 우리는 일 년 전 혹은 이 년 전부터 비용을 미리 모으기 시작해야 했던 것이다. 하늘 여왕이 도착하기 며칠 전, 우리는 석회 칠을 하여 모든 가옥들을 하얗게 만들었고, 나무의 가시들과 가지들을 잘라 다듬고, 잡초들을 뽑고, 길들을 평탄하게 골랐다. 내 아버지는 동네 처녀들과 노인들의 도움을 받아 교회 주변 성당 묘지의 무덤들 위에 등잔불을 내왔고, 모든 금속들을 닦아 광을 냈다. 여왕의 행차에 모든 것이 빛나도록 하기 위해서였다. 모든 것은 꽃으로 뒤덮였다. 그 어디서도 곤궁함을 발견할 수 없도록 말이다. 왜냐하면 하늘 여왕이 행차하실 것이기 때문이었다. 그분은 단지 하나의 형상이 아니었던 것이다.

여왕을 영접하기 위해, 우리는 기마 호위대를 보냈다. 마을의 멋진 말들을 다 모아, 호산나 강의 얼음같이 차가운 물로 씻었다. 그리고 말의 털을 잘 다듬고 빗질하여 광이 나게 하였다. 침략자들이 정기적으로 징발해갔기 때문에 우리는 안장이 없었다. 그래서 안장 대신에 아주 아름다운 융단을 말 등에 덮었다. 그런 다음 마을의 가장 젊고 아름다운 청년들이 민속 의상인 잘 세탁된 흰 옷으로 단장

하고 나선다. 하늘 여왕의 호위 기수가 되기 위해서는 멋지고 젊고 순결해야 했다. 그들은 또한 하루 종일 금식했다. 그런 다음 꽃으로 치장한 모자를 쓰고, 청명한 백색의 의상으로 빛나는 청년들은 몇 십 기나 되는 말에 올라탄 다음 하늘 여왕이 계신 마을로 그분을 모시기 위해 갔다. 하지만 이번에는 마을이 형성된 이래 처음으로 기적처럼, 하늘 여왕을 모시러 가기 위해 그리고 그분을 호위하기 위해, 기수들뿐만 아니라 시동도 선택하게 된 것이었다. 그 시동이 바로 나였다. 사람들은 내가 나중에 마을의 사제가 될 것이라고들 알고 있었다. 또 성인이 되겠다는 나의 열망도 다들 알고 있었다. 그래서 성모님, 하늘 여왕과의 이 만남은 그 누구보다도 내게 더욱 유익했던 것이다. 성 비르질이 되길 원했던 사람인 내게 말이다. 게다가 나는 말들을 지나치다 할 정도로 사랑했다. 나는 일곱 살에 이미 말을 타고 구보를 했고, 질주까지 했던 것이다. 나는 서서 말을 타기도 했고 그 밖에도 온갖 방법으로 말을 탈 수 있었다. 나는 나중에 사제가 되면 더 이상 말을 탈 수 없으리라는 것을 알고 있었다. 그래서 할 수 있는 한 최대한 기회를 이용했던 것이다. 마을의 모든 말들이 다 나를 알아보았다. 나는 그들의 친구였다. 나는 호산나 강에서 발가벗고 말에 올라타 수영하기도 했다. 어떤 집을 지나갈 때마다 또 멋지고 젊은 말이 있을 때마다 사람들은 내게 말하곤 했다.

"비르질, 내 말을 호산나 강가에 데리고 가서 물을 먹이고 싶지 않니? 말이 목이 마른가봐."

그것은 나를 기쁘게 해주기 위한 것이었다. 하지만 그것은 또한 말에게도 마찬가지였다. 왜냐하면 말에게는 어린아이가 등에 올라타는 것보다 더 행복한 것이 없기 때문이다.

이 모든 이유로 인해, 사람들은 나를 기수는 아니지만, 말 탄 시동으로 선택했던 것이다. 하늘 여왕의 기수는 젊은이여야 했기 때문이다. 나는 이웃이 빌려준 흰 말, 정말로 멋진 백마가 있었고, 또 내가 가장 어린 나이였기 때문에, 사람들은 나를 행렬의 선두에 두었다. 나는 내 평생 그런 일이 다시는 없을 것처럼 너무나도 행복했다. 내가 진정으로 하늘 여왕의 시동임을 알고 있었기 때문이다. 또 마을의 기수들이 그분을 만나러 갈 때 나 또한 그분을 만나게 될 것임을 알고 있었기 때문이다. 여왕은 나를 바라볼 것이다. 나는 말에서 뛰어 내려 그분 앞에 무릎을 꿇을 것이다. 그러면 그분은 내게 어떤 말을 해 주실 것이다. 무슨 이야기일지 모르지만 말이다. 하지만 하늘 여왕의 말씀이라면 낱말 하나하나가 모두 내게는 고귀하고도 불변하는 보석일 것이다.

그날 태양은 쨍쨍했다. 아주 이른 아침부터 우리는 채비를 마쳤다. 들꽃과 장미로 엮어 만든 목걸이를 두른 말들이 기수들과 함께 성당 앞에 대열을 이루고 대기했다. 출발 신호가 울렸다. 우리는 호산나 강을 따라 서쪽으로 향했다. 강의 물결은 마치 거울처럼 빛났다. 태양은 우리 뒤에 있었고, 말들이 일으키는 먼지 구름은 마치 썰매처럼 우리를 따라왔다. 햇빛 때문에 먼지 구름은 더욱 희었고, 마치 우리 뒤에서 금빛 구름처럼 뭉게뭉게 피어올랐다. 모든 말들은 새로 편자를 박았다. 길에 박힌 돌들을 밟고 지나갈 때마다 말발굽 소리가 마치 시만드론 소리처럼 나팔 소리처럼 들렸다. 우리는 마음이 급했다. 우리는 빠른 말 걸음으로 전진했다. 비록 시간은 충분했지만 말이다. 우리의 심장은 두근거렸고, 길거리에 데이지꽃잎과 장미꽃잎을 흩뿌리며 울려대는 말발굽 소리처럼 우리 가슴도 설렘으로 쿵쾅거렸다. 우리 모두는 크게 감동되었다. 모두가 흥분되었다. 특별히 나는 더 그랬다. 여왕의 기수 행렬 맨 앞에서 말을 타고 가는 하늘 여왕의 유일한 시동인 내게는 더욱 감동적이었다. 나는 내가 탄 말의 심장 소리를 들었다. 성모님의 호위대를 구성하는 50여기의 말들이 말발굽 소리에 리듬을 맞춰가며 울려대던 그 심장 박동 소리를 들었다. 우리 뒤에 있던 이들은 말발굽이 도로에 박힌 돌이나 화강암에 부딪힐 때마다 별처럼 큰 불꽃들을 마구 튕겨

내는 것을 보았다. 우리는 심장에서 울리는 북소리, 금빛 구름, 말편자들이 만들어내는 불꽃들이 서로 어우러진 멋진 호위대를 구성했다. 우리는 서쪽으로 나아갔다. 우리 앞에는 까르파티아 산맥이 버티고 있었다. 산은 하늘까지 높이 솟아올라 푸른빛을 띠고 있었다. 거룩한 정교회 성당의 이코노스타시스(성상벽) 같았다. 이코노스타시스를 닮은 까르파티아 산맥을 향해 나아가다가, 마치 신성한 리뚜르기아를 거행하는 동안 임금 중의 임금이신 그리스도께서 나오셔서 우리에게 다가오실 수 있도록 성당 이코노스타시스의 거룩한 문들이 열리는 것처럼, 까르파티아의 푸른 벽이 갑자기 열리는 것을 보았을 때도, 우리는 놀라지 않았다. 하지만 전나무들이 헝가리 기병처럼 꼿꼿이 서서 호위하고 있는 숲속을 지나, 테오토코스, 시나이, 판토크라토르라 불리는 마을들과 계곡들과 너른 빈 터들을 말을 타고 몇 시간이나 달려가자, 우리 앞에 갑자기 또 다른 금빛 구름이 나타났다. 하늘 여왕을 모시고 오는 아까티스트 마을의 기수들이었다. 우리는 중간에서 만났다. 동정녀에 앞서 가던 아까티스트 마을의 기수들은 일사분란하게 도로 양쪽으로 벌려 섰다. 우리는 말을 타고 움직임 없이 대기했다. 그렇게 오래는 아니었다. 아까티스트 마을의 기수들이 양쪽으로 벌려 서자마자, 네 필의 검은 말이 이끄는 검고 빛나는 마차가 하늘 여왕을 모시고 우리 앞에 나타났다. 우리는 뒤돌아서서 전위대의 자리를 잡았다. 이제 대열의 선두는 우리였다. 그 순간, 도로의 양쪽에, 그리고 모든 마을에는 축제의상을 갖춘 남자와 여자들, 어린아이들이 몰려나와서 무릎을 꿇었다. 우리 뒤로 십여 미터 되는 곳에는 네 필의 말이 이끄는 하늘 여왕의 마차가 구보 속도로 우리를 따라오고 있다는 것을 우리는 알고 있었다. 그리고 기수들의 선두에는 성모님의 시동이 있었다. 일곱 살 먹은 시동 말이다. 그분을 우리 마을까지 인도했던 사람은 바로 나였다. 산 속 마을들의 모든 성당들은 최대치로 종을 울려댔다. 시만드론 소리도 종소리와 경쟁이나 하듯 울려댔고, 말발굽 소리, 말의 심장 박동 소리, 기수들과 시동의 심장 울리는 소리가 함께 어우러졌다. 태양은 우리 앞에서 우리와 여왕을 찬란하게 비추고 있었다. 마을에 들어서기 전 우리는 모든 사람들을 보았다. 주민들 모두가 나와서 도로 양쪽으로 무릎 꿇은 채 찬양을 부르며 하늘 여왕을 맞이하였다. 우리는 지붕과 벽을 온통 나무판자로 덮은 성당 앞에 멈추었다. 주위에는 교회 묘지의 십자가들이 둘러섰다. 짧게 깎인 무덤 잔디. 군데군데 꽃 장식. 우리는 말에서 내려 성당으로 이어지는 도로 양쪽에 무릎 꿇고 정렬했다. 그 동안 모든 주민들, 모든 신자들은 아까티스트(성모기립찬양) 성가를 불렀다. 나는 가까이서 하늘 여왕의 마차를 보았다. 순종 종마들인 네 필의 검은 말이 마치 비단처럼 빛을 내며 멈춰 섰다. 빛나는 구리와 은으로 만들어진 마구를 갖추고 말이다. 성모님의 마부들은 두 명의 수도자였다. 동방 정교회의 모든 수도자들처럼 깔리마크바를 쓰고 가죽 허리띠를 두른, 긴 갈색 수염의 젊은 수도자들이었다. 동정녀의 마차 뒤에는 조금 덜 빛나지만 역시 검은 두 필의 말이 이끌고, 한 명의 수도자 마부가 모는 두 번째 마차가 있었다. 이 마차에서 매우 멋진 두 명의 수도자가 내렸다. 그들은 마치 황제의 신하들처럼 매우 경건한 몸짓으로 성모님이 타고 계신 마차의 문을 열었다. 마차 내부는 붉은 벨벳 융단으로 덮였다. 마차에는 역시 벨벳으로 덮인 좌대가 있었고, 그 위에 진주와 금은 보화로 장식된, 보석같은 눈을 가진 은으로 된 하늘 여왕이 좌정하셨다. 두 번째 마차에서 내린 두 수도자는 각각 수도사제와 수도보제였다. 그들은 마을의 두 소녀와 여러 소년들의 도움을 받아 은으로 된 하늘 여왕의 이콘을 내렸다. 나는 무릎을 꿇고 있었다. 나는 그분의 빛나는 눈을 보았다. 너무 감동한 나머지, 내 귀에는 종소리와 성가 밖에는 안 들렸다. 그리고 흘러내리는 눈물 사이로 제의를 입은 내 아버지와 하늘 여왕을 우리 마을에 영접하기 위해 이웃 마을에서 온 일곱 명의 사제들이 보였다.

밤새도록, 하늘 여왕은 우리 성당에 머무셨다. 우리 마을에 머무셨던 것이다. 성당 한 가운데, 거룩한 문 앞에 마련된, 붉은 벨벳 융단으로 된 좌대 위에 좌정하신 채로 말이다. 내 말을 주인에게 돌려준 뒤, 나는 이콘 앞에 와서 절했다. 나는 그 입에서 "나의 은총과 나의 힘이 이 형상과 함께 하느니라." 이런 말씀이 들려오는 것을 내 귀로 들었다. 그리고 이어서 내 아버지와 일곱 명의 사제들은 "우리는 믿나이다. 당신께서 이 말씀을 하신 것을. 그리고 우리의 여왕 당신께서 이 형상을 통해 우리와 함께 하신다는 것을." 하고 성가를 불렀다.

이른 아침부터 저녁까지 그리고 밤 시간 거의 대부분, 이렇게 하루 종일 나는 성당에 머물렀다. 하늘 여왕의 찬란함은 아무리 보아도 질리지 않았다. 이 형상 안에 어떤 분이 계신지를 나는 알고 있었기 때문이다. 아무도 한시라도 눈을 감고 있을 수 없었다. 우리 가운데 하늘 여왕이 오셨던 것이다. 사람들은 외양간의 문들도 다 열어놓았고 가축들의 굴레도 다 벗겨 놓았다. 송아지와 염소들은 어미의 젖을 빨았다. 자유롭게 말이다. 부활절처럼 말이다. 하늘뿐만 아니라, 하늘 여왕 자신이 우리와 함께 계신데, 어떻게 마치 평일처럼 개들을 줄로 묶어 놓고, 가축들을 가두고, 암소의 젖을 짜고, 가축들을 부려먹을 수 있겠는가? 여왕은 우리 성당 지붕 아래 계셨다. 마을 사람들은 제각각 여왕에게로 와서 필요한 것들을 간청했다. 어떤 사람은 병자들을 위해 건강을 간청했다. 어떤 사람은 과년한 딸에게 남편감을 찾아달라고 간청했다. 또 풍성한 수확을 빌기도 했고, 불임의 암소가 새끼를 밸 수 있게 해달라고 간청하기도 했다. 최고의 주권자에게, 여왕에게, 자기 아들이 십자가에 달리는 것을 보았고 고통과 눈물과 불의와 고난을 경험하셨던 한 여인에게 간청할 수 있는 모든 것을 빌었다. 하지만 사람들은 우리의 어머니, 하느님의 어머니, 하늘의 여왕에게 특별히 마지막 심판의 날, 종말의 날, 그리스도의 재림의 날에 우리를 구원해 주시길 간청했다. 이 땅에서는 아무 것도 가진 것이 없고 지상에서는 아무 희망도 없는 우리는 하늘에, 마지막 심판의 날에, 종말의 날에 우리의 모든 믿음과 희망을 두기 때문이다. 우리는 용서받기를 원한다. 하늘 여왕의 은총으로 그럴 수 있으리라 희망한다. 그래서 사람들은 하늘 여왕의 방문을 그분께 이 모든 것을 간청할 기회로 사용하는 것이다. 하루 24시간 쉬지 않고 무릎 꿇고 눈물로 간청할 기회로 삼는 것이다.

다음 날, 사람들은 성당에서 성모님을 모시고 나왔고, 밖에서 신성한 리뚜르기아를 거행했다. 평화와 죄의 용서를 간청하면서 말이다.

하루 낮과 밤의 행복을 만끽한 후, 사람들은 호위대를 구성하여 최고 지존자이신 여왕을 다른 마을로 장엄하게 인도해 드렸다. 여왕이 오실 때처럼 그때도 나는 성모님, 하늘 여왕의 호위대열의 선두에서 말을 타고 안내하는 시동이었다.

 그날은 내 평생 가장 위대하고 가장 영광스러운 날이었다. 반세기가 지났다. 그리고 사반세기 동안 나는 유배 생활을 하고 있다. 다시 한번 동방의 야만인들에 의해 침략당한 내 백성들로부터 단절된 채 말이다. 빠리에서 살아오는 동안, 나는 마치 죽은 자들을 위해 기도하듯, 아무런 소식도 접하지 못한 내 가족, 내 친족, 내 고향 사람들을 위해서 기도해 왔다. 살아있다는 어떤 표시도 전해주지 못하면 죽은 사람이나 다름없기 때문이다. 저 멀리 루마니아에서는 아마도 살아남은 사람들이 내가 죽은 줄로만 알고 나를 위해 기도해 왔을 것이다. 그들도 나에 대해서 아무 것도 알지 못할 것이기 때문이다. 그들은 세상에서 단절됐다. 모든 사람들로부터. 그래서 그들 또한 그들과 단절된 모든 사람이 죽었다고 여길 것이다.

 하지만 1966년 여름, 나는 사반세기 만에 처음으로 직접 한 분의 루마니아 주교를 만나게 되었다. 그분은 몰도바의 수도대주교, 까르파티아의 동쪽 사면 네암쯔에 있는 모든 수도원, 라브라, 스키티, 동굴, 수도자, 수녀, 은둔 수도자, 독수도자들의 영적 지도자인 유스티노스 모이세스코였다. 나중에야 알게 된 사실이지만, 수백 명에 달하는 내 혈육들과 친인척들은 살아있었고, 그중 몇몇은 사제가 되었다.

시골 마을의 신부들 말이다. 수세기 전부터 항상 그래왔듯이. 내 남동생도 사제가 되었다. 내 누이동생은 사제와 결혼했다. 내 아버지는 여전히 예배를 거행하고 계신다. 하지만 제네바에서 열린 세계교회협의회(WCC) 모임에서 유스티노스 모이세스코 대주교를 만났을 때, 나는 내 아버지에 대해, 내 혈육들의 근황에 대해서는 아무 것도 묻지 않았다. 나의 첫 번째 질문은 하늘 여왕에 대한 것이었다.

"뭘 물으시는 겁니까?" 하고 대주교가 말했다.
"대주교님, 하늘 여왕께서는 여전히 우리의 빈궁한 마을들로 내려오십니까?"
"아니요. 그렇지 않아요. 이미 오래 전에 중지되었어요." 대주교가 말했다.
"네암쯔에 아직도 그분이 계십니까? 적어도 2, 3년 만에 한 번씩은 우리 가난한 마을들로 내려오시지 않습니까? 그건 정말 너무도 아름다웠어요. 너무도 위로가 되는 일이었지요. 우리 삶에서 유일하게 아름다운 것이었지요. 쁠라띠떼라, 하늘보다 더욱 높으신 분의 방문 말입니다."
"아니에요. 성모님은 더 이상 마을로 내려가지 않습니다. 그건 금지된 일이지요."
"하지만 하늘의 여왕, 그분은 여전히 네암쯔에 계시는 거죠?"

"예. 항상 계십니다." 유스티노스 모이세스코 몰도바의 대주교는 아주 건조하게 대답했다.

"그분이 아직 거기 계신데도 마을에 내려오시지 않는 것은, 그것이 금지되었기 때문이란 말씀이신가요?"

"물론이죠. 수도원 경내 바깥으로 테오토코스를 옮기는 것은 금지되었답니다."

"그렇다면 하늘의 여왕, 하느님의 어머니가 구금되어 있다는 말인가요?"

"구금이라니요. 그건 너무 심한 말입니다! …" 대주교가 말했다.

대주교는 20년전부터 인민회의의 공산당 의원이었다. 그는 자유시민인 나처럼 자유롭게 말할 처지가 아니었던 것이다.

"사람들이 성모님을 구금했군요?"

내 눈에는 눈물이 가득했다. 내 나라가 점령된 날인 1944년 8월 23일 이후로 1966년까지 내 백성 중 수백만 명이 죽임을 당하거나, 체포되어 갇히고 고문 받았다는 사실을 나는 알고 있었다. 그러나 그들이 하느님의 어머니조차 구금했다는 사실은 알지 못했었다. 정말 몰랐었다. 그것은 너무한 일이었다. 하늘의 여왕을 구금하다니.

"성모님은 구금된 게 아닙니다. … 수도원의 붙박이장 안에 모셔져 있습니다." 수도대주교가 덧붙였다.

그것은 더더욱 너무한 일이다! 나는 나의 마지막 소설[6]에서 볼셰비키가 지배한 20년 동안, 붙박이장 안에 숨어 살았던 루마니아의 위대한 시인 이야기를 썼다. 성모님이, 하늘 여왕이 네암쯔 수도원에 구금된 상태에 있다는 소식을 듣다니. … 그분이! 하느님의 어머니께서! 헤루빔보다 더욱 높으시고 세라핌보다 더욱 위대하신 그분이 말이다. 성모님이 구금되어 붙박이장 안에 숨겨진 상태에 계신다고? 그건 있을 수 없는 일이다!

루마니아인들에게 은총과 자유를 선사해주시도록 성모님께 간청하는 대신에, 나는 그리스도께, 대다수 루마니아인들처럼 갇혀있고 붙박이장에 숨어있는 그 자신의 어머니, 하늘의 여왕에게 자유를 선사해달라고 간청할 뻔했다. 하지만 나는 성모님의 해방을 위해 기도하는 것을 자제했다. 그것을 간구하지 않았다. 자고로 여왕은 자기 백성과 함께 고통 받는다. 만약 하늘과 땅의 여왕이신 그분이, 하늘과 땅에서 무엇이든 하실 수 있는 성모님이 허락하신 것이라면, 만약 그분이 네암쯔에 구금되길 허락하셨다면, 붙박이장에 갇혀있기로 했다면, 사람들이 말하는 것처럼, 그 눈부신 보석 눈이 총검에 의해 뽑혀버리는 것을 허용하셨다면, 그것은 바로 성모님이 루마니아 백성을 너무나도 사

---

6) Virgil Gheorghiu, *La Condottiera*, Paris, 1967.

랑하셨기 때문이리라. 그분은 그들과 함께 고통 받기를 원하신다. 그분이 자신의 아들과 함께 십자가의 고통을 맛보았던 것처럼 말이다. 그분은 니꼬뻬아, '승리의 여인' 아니신가! 그녀는 반드시 승리하고야 말 것이다. 그의 백성과 함께 말이다. 십자가가 승리하듯. 언제 어디서나 모든 것에 대해서 말이다. 언젠가 꼭 그렇게 되고야 말리라. 그래서 나는 마치 수인처럼 네암쯔 수도원 붙박이장 안에 갇혀계신 성모님의, 하늘 여왕의 해방을 위해서 감히 기도하려 하지 않는다. 그녀는 참된 여왕으로서, 루마니아의 그리스도교 백성과 함께 감옥에 갇혀 있는 것이기 때문이다.

기혼 사제와 수도 사제

어떤 교파에서는 사제들이 독신인데,
왜 우리 정교회에서는 사제들에게 부인과 자식이 있는가?

하늘 여왕이 우리 마을에 방문하신 것을 계기로, 어린 나의 머릿속에는 몇 가지 새로운 질문들이 생겼다. 수세기 전부터 아주 드문 몇몇 예외를 빼고는 우리 가족 대부분의 남자들은 수도원의 농노들이 사는 마을의 사제였다. 우리는 아버지에서 아들로 대대로 사제였다. 구약성경처럼 말이다. 프롤레타리아 사제들. 필요한 곳이라면 어디라도, 거룩한 말씀과 성사와 기도를 짊어지고, 산 속을 달리면서 그들의 발로 주님을 섬기는 '말 같은 사제들'. 나는 말이 열 두 사도들의 상징이라는 것을 나중에야 배워 알게 되었다. 열 두 사도들도 교회라는 마차를 끄는 말들이었기 때문이다. 내가 내 아버지를, 내 가족에 속한 다른 모든 사제들을 볼 때도 언제나 그런 모습이었다.[1]

사제들, 그들은 한 마디로 일하는 말이나 소였다. 그리스도의 말이었다. 하지만 하늘의 여왕을 모시고 왔던 사제와 보제, 그분의 마차를 몰고 왔던 수도사제와 수도보제는 내가 알고 있었던 사제들과는 달랐다. 거의 언제나 라소[2]를 입고 맨발로 걸어 다녔던 우리의 프롤레타리아 사제들과는 달랐다. 마차를 타고 도착한 두 수도사들은 하늘 여왕의 수행원들이었고, 품위가 있었다. 농부 사제들이 아니었던 것이다. 내 아버지처럼, 내 삼촌들처럼, 내 사촌들처럼, 내 할아버지들처럼 말이다. 하늘 여왕의 수행원이라는 역할 외에도 그들은 또 다른 특징들을 가지고 있었다. 먼저 그들은 거의 말을 하지 않았다. 말을 할 때도 매우 나지막한 음성이었다. 이어서 그들은 사제관에서 묶었다. 그들은 식탁에서 우리와 함께 먹지 않았다. 그들만 따로 식사했다. 그것도 매우 조금만. 나는 그것이 수도자들에게 주어진 수도생활 규칙이라는 것을 배웠다. "여인들과 함께 식탁에 앉지 않도록 주의하십시오."[3]라고 했듯이 말이다. 우리 집을 방문하는 대부분의 손님들과는 달리 그들은 주변을 둘러보지도 않았다. 겨우 그들의 발이 놓여있는 한 지점을 응시할 뿐이었다. 언제나 시선을 아래로 향한 채

---

1) Virgil Gheorghiu, *La Cravache*, Paris, 1960.
2) 역자주) 성직자들이 평상시에 입고 다니는 검은 색의 긴 옷.
3) Abba Isaïe de Thébaïde, règle 1.

말이다. "세상에 나갈 일이 있거든, 침묵을 지키기 좋도록 널찌감치 떨어져 있으십시오. 거룩한 생각에 몰두하거나 시편을 묵상함으로써, 그대의 시선이 이곳저곳 방황하지 않게 하십시오."[4]

내 어머니와 마을의 아주머니들이 뭐 필요한 게 없으시냐고 수도자들에게 물어보았을 때, 하늘 여왕의 수행원들인 그들은 눈도 들어 올리지 않은 채 아무 것도 부족한 것이 없다고 대답했다. 그들이 그렇게 행동해야 한다는 것을 나는 나중에야 알게 되었다. "만약 그대들이 어떤 도시나 마을에 들어가게 되면, 언제나 시선을 아래로 두십시오. 그래야 그대들의 수실로 돌아왔을 때, 그대들이 볼 수도 있었던 그 대상들이 그대들의 정신에 찾아와 유혹하지 않게 될 것입니다. 또 성별이 같지 않은 사람들을 마주 보지 마십시오. 심지어 그들의 옷자락 끝이라도 보지 마십시오."[5]

"그들은 수도자이면서 동시에 사제, 즉 수도사제란다." 라고 내 아버지가 설명해 주었다.

내 눈에는, 수도자-사제, 혹은 수도사제는 그 겉모습만으로도 내 아버지나 다른 시골 사제들과는 전혀 다른 어떤

---

4) Abba Isaïe de Thébaïde, règle 17.
5) Abba Isaïe de Thébaïde, règle 40 et 41.

존재였다. 하지만 거룩하고 신성한 리뚜르기아 동안에는 수도자-사제들이 내 아버지와 똑같은 제의를 입고 똑같은 예식을 거행하는 것을 나는 보았다. 수도사제는 가장 젊었기 때문에 공동집전하는 동안 제단에서 끝에서 두 번째의 순서로 예식에 참여했다.

나는 내 아버지에게 이렇게 물었다.

"수도자-사제는 부인과 자식들이 있는 시골 사제보다 더 중요하고 높지 않나요?"

내 아버지가 대답했다.

"오직 하나의 사제직이 있을 뿐이란다."

"하지만 수도자-사제가 있고, 또 시골 사제가 있잖아요. 그리고 수도자들이 더 거룩하고 …"

내 아버지가 말했다.

"수도자건 아니건, 사제직에 합당한 사람은 없단다. '헤루빔의 기도'[6]를 깜박 잊어버린 게로구나. 기도문에는 이렇게 쓰여있지."

"영광의 왕이시여, 육체의 욕망과 쾌락에 속박된 자는 주께 오거나 가까이 나아가거나 예배를 드리기에 합당치

---

6) 역자주) 헤루빔 성가를 부를 때, 지성소 안에서는 사제가 대입당을 준비하면서, '헤루빔의 기도'를 드린다. 이 기도로부터 리뚜르기아의 두 번째 부분을 구성하는 엄밀한 의미에서의 성찬전례가 시작된다고 할 수 있다.

못하나이다. 주를 섬김은 하늘의 천사들에게도 두렵고 힘든 일이기 때문이나이다. 그러나 형언할 수 없고 측량할 수 없는 주의 사랑으로 사람을 위하시는 주께서는 변화도 없이 본성 그대로 사람이 되셨고 우리의 대사제가 되셨나이다. 만유의 주님이시여, 주는 피 흘림이 없는 이 제사의 성스러운 거행을 우리에게 맡기셨나이다. 주 우리 하느님이시여, 주 홀로 성소에 머무시나이다. 그러므로 홀로 선하시고 어지신 주께 간구하오니, 죄인이요 부당한 종인 이 몸을 굽어 살피시고 모든 사악한 생각에서 내 마음과 영혼을 깨끗하게 하시며 주 성령의 권능으로 나를 굳세게 하소서. 그리하여 사제직의 은총을 입은 몸으로 여기 주의 거룩한 제단 앞에 서게 하시며 거룩하고 흠 없는 주의 성체와 고귀한 성혈을 축성하게 하소서."[7]

"수도자-사제와 기혼 사제는 둘 다 조금도 틀림없는 똑같은 기도를 드린단다. 왜냐하면 둘 다 똑같이 사람이고, 죄에 종속되어 있지만, 둘 다 사제이고 사제직의 은총을 받았기 때문이지. 한 가족의 아버지인 기혼 사제와 독신으로 사는 수도자-사제 사이에는 차이가 없는 것이지. 또한 좋은 사제도 악한 사제도 없단다. '사제직의 은총'을 덧입

---

[7] 성 요한 크리소스토모스의 거룩하고 신성한 리뚜르기아, 헤루빔 기도 ; 역자주) 한국정교회편 『성찬예배서』 '헤루빔의 기도', 20쪽에서 재인용.

고 '성령의 권능'을 지닌 모든 사제는 다른 사제들과 동등하단다.[8] 훌륭한 사제라고 해서 더 받는 것도 없고, 악한 사제라고 해도 덜 받는 것도 없는 거야. 신비가 성취되어 그것이 그리스도의 몸과 피가 되는 것은, 둘 모두에게, 축성하는 집전자의 어떤 공로에 의한 것이 아니라 창조주의 말씀과 성령의 은총 덕분이란다."[9]

나는 내 아버지에게 말했다.

"결혼도 하지 않고 자식도 없는 사제, 독신 사제, 수도자-사제를 본 것은 처음이에요. 나는 그분들이 다른 사제들보다 더 훌륭하다고 생각했어요."

"340년 강그라(Gangres)에서는 모든 공의회처럼 성령께서 주재하시는 거룩한 공의회가 열렸어. 이 공의회에는 서방과 동방에서 온 주교들이 참석했지. 340년에는 아직 정교회와 로마 가톨릭 교회가 분열되지 않았거든. 아무튼 이 강그라 공의회는 독신 사제의 손에서 성체성혈을 받아 모시는 것을 기혼 사제의 손에서 받아 모시는 것보다 더 좋은 것이라고 생각하는 사람을 정죄했단다. 왜냐하면 한 분의 유일한 대사제, 그리스도만 있기 때문이야. 단 하나의 교회, 단 하나의 성찬 교제가 있을 뿐이란 말이지."

---

[8] Virgil Gheorghiu, *De la vingt-cinquième heure à l'heure éternelle*, Paris, 1965, p. 163.
[9] Saint Paschat Radbert, *De corpore et sanguine. Domini*, XII, 1 Patrologia Latina, tome CXX, col. 1311, 1312.

"그래도 수도자-사제는 세상에 사는 사제보다 더 거룩하잖아요. 아버지도 수도사제를 보셨으니 알거 아니에요. 그는 이콘처럼 순결해요. 그는 여인들의 얼굴도 심지어는 옷자락도 쳐다보지 않아요. 그러니까 그가 부인과 자식들을 둔 사제보다 더 거룩한 것은 너무 당연한 것이잖아요. …"

내 아버지는 강하게 부정했다.

"그렇지 않단다. 수도자-사제가 기혼사제보다 더 훌륭한 것은 아니야. 그건 내 말이 아니야. 또 내가 결혼했다고 해서 그렇게 말하는 것도 아니야. 그렇게 말씀하신 분은 바로 주님이셔. 하느님께서 하신 모든 것은 선하고 훌륭하다는 말에 동의하지?"

"그럼요. 하느님이 하신 모든 일은 훌륭하죠."

"하느님은 사르코포로스(sarcophore)가 되시고, 육화하셔서, 교회를 세우시기 전에 먼저 열두 사도들을 선택했어. 그래 안 그래?"

나는 대답했다.

"그렇죠."

"그리고 오순절에는 성령이 불혀의 모습으로 열두 사도들에게 내려오셨지. 이 불이 바로 사도들과 그의 계승자인 주교들과 사제들을 통해서 교회를 이끌어 가시는 성령이야. 그렇다면 하느님이 사도들을 잘 선택하셨다는 것에 동의하니?"

"그렇고말고요. 하느님이 하신 모든 일은 훌륭하니까요."

"그런데, 잘 들어봐. 주님이 선택하신 열 두 사도들 중에는 순결하고 순수한 사람들, 독신자들, 금욕가들만 있었던 게 아니야. 열두 사도 중에는 결혼한 사람들도 있었단 말이지. 가정, 부인, 자식, 장모를 가진 사람들이 있었단 말이야. 이렇게 그리스도 자신이 몇몇 사도들은 결혼한 남자들 가운데서 선택하셨는데, 어떻게 우리의 가난한 지상 교회가 사제직에서 결혼한 남자들을 배제하여 하느님보다 더 훌륭해지려 할 수 있겠니? 결혼한 남자도 그리스도의 사도가 될 자격이 있었는데, 하물며 결혼한 남자가 시골 사제가 되지 말라는 법이 어떻게 있을 수 있겠니?"

나는 그 전에는 그리스도의 열두 사도들 중에 결혼한 사람이 있었다는 것을 한 번도 생각해 보지 못했던 것이다. 그리스도는 오직 독신자들만, 세례자 성 요한, 복음 사도 신학자 성 요한, 그 밖의 다른 이들처럼, 고결하고도 천사 같은 수도자의 삶을 선택하고 영위하는 사람만 선택했을 것이라고 생각했기 때문이다. 하지만 그리스도는 열두 사도 중에 결혼한 사람도 선택하셨다. 그건 맞는 말이다. 먼저 베드로가 있다. 그는 결혼했고, 그의 부인과 장모도 그리스도를 따르면서 함께 다녔다. 그리고 하느님은 베드로의 가정집에 들어가셨다. 그는 베드로의 장모가 아파서 침상에 누워 있는 것을 보셨다. 그리스도는 손으로 그를 만지셔서 고쳐주셨다. 그러자 베드로의 장모는 주님을 위해 식사를 준비했다.[10] 또 복음경을 보면, 열두 명의 제자가 그리스도와 함께 있었고, 또 그들과 함께 여인들도 있었다고 한다.[11] 또 사도 바울로 성인의 서신들에는 이런 이야기도 있다. "우리라고 해서 다른 사도들이나 주님의 형제들이나 베드로처럼 그리스도를 믿는 아내를 데리고 다닐 권리가 없단 말입니까?"[12] 게다가 그리스도가 뽑으시어 나를 따르라고 명령하신 첫 사도들 중에 한 명은 이미 결혼하여 딸이 넷이나 있는 사람이었다. 사도 필립보가 바로 그이다.[13]

복음경 말고도, 우리는 사도들의 자식들에 대한 또 다른 증언들을 가지고 있다. 오래된 증언 중 하나를 보자. "사도 필립보는 그의 딸들과 함께 이에로뽈리스에 머물렀다. 그 당시에 살았던 빠삐아스는 필립보의 딸들에 관한 경이로운 이야기를 알았고 우리에게 전해준다."[14]

불의 혀들이 하늘에서 내려와 열두 사도들의 머리 위에

---

10) 마태오복음 8장 14-15절.
11) 루가복음 8장 1-3절.
12) 공동번역, 고린토전서 9장 5절.
13) 마태오복음 10장 3절 ; 마르코복음 3장 18절 ; 루가복음 6장 14절 ; 사도행전 1장 13절.
14) Eusèbe de Césarée, *Histoire ecclésiastique*, III, 39.

임했다는 것을 나는 이해하게 되었다. 결혼한 사도와 하지 않은 사도 모두에게 말이다. 그리고 교회는 하나라는 것, 결혼을 했건 수도자건 사제직은 동일하다는 것, 모두가 똑같이 사도와 사제가 될 자격이 있다는 것을 이해하게 되었다. 왜냐하면 사제직을 세우신 분은 그리스도이시기 때문이다. 지상생애 동안 그리스도 자신이 몸소 그것을 세우셨다.

하지만 핵심은, 가장 중요한 것은, 지상의 교회를 세우시던 날, 그리스도는 사도들 중에 가장 순수하고 가장 순결한 사도가 아니라 결혼한 사도를 택하셨다는 사실이다. 그리스도가 "내가 이 반석 위에 내 교회를 세울 것이다"[15] 라고 말씀하시면서 선택한 사도는 바로 베드로였기 때문이다. 이 날로부터 나는 결혼한 사제와 수도자-사제 사이에 아무런 차이도 두지 않게 되었다. 만약 사람을 하느님보다 더 위에 두려 한다면 그것처럼 어리석은 일은 다시없을 것이기 때문이다. 하느님도 사도라고 하는 최고의 존귀함에서 배제하지 않은 사람들을 사제직의 은총에서 함부로 제외시키는 것처럼 어리석은 일이 어디겠는가!

하늘 여왕이 우리 마을에서 떠나신 후, 나의 첫 번째 뽈리띠아, 즉 내가 성모님의 호위행렬 시동으로 참여한 뒤,

---

15) 마태오복음 16장 18절.

오랫동안 나는 계속해서 또 다른 문제에 몰두하였다. 내 어머니를 볼 때마다, 참으로 신실한 내 어머니, 떼오디닥티의 단순함으로 언제나 목청을 높이던 내 어머니를 볼 때마다, 나는 자문했다. 왜 그리스도는 여자들을 사도로 선택하지 않았을까? 여자는 뭔가 자질이 부족하고, 열등한 것인가? 왜 우리 주님은 오직 남자들만을 선택하셨는가? 여자들이 사제직에서 배제된 것은 바로 이 때문이다. 그리스도는 사도들의 대열에서 여자들을 배제하셨다. 그래서 여자가 사제가 되는 것은 불가능하다.[16]

하느님의 이해불가능성을 이해해 보려고 애쓰는 사람은 결국 악마를 불러들일 뿐이라는 것을 나는 알고 있었다. 하지만 하늘 여왕, 하늘에 계시고, 모든 성인들과 하늘의 모든 권세들보다 더 높으시고, 천사, 세라핌, 케루빔, 주품천사, 좌품천사보다 고귀하신 성모님을 생각한다면, 과연 교회에서 여자들이 배제되었다고 진정 말할 수 있는가? 동정녀 마리아는 그 아들 예수 그리스도의 사도가 아니었다. 그녀뿐만 아니라 그 어떤 여인도 사도는 아니었다. 그것은 맞는 말이다. 하지만 마리아는 그리스도의 어머니시다. 하느님을 그 배에 잉태하는 것은 하느님의 사도가 되는 것보다 훨씬 더 위대하고, 신성하고, 존귀하다. 예전처

---

16) 고린토전서 14장 34절 ; Saint Epiphane, *Panarion*, XXIX, 2.

럼 오늘날도 여전히 여자들은 사제가 될 수 없지만, 여자들은 그들의 육체 안에 사제가 될 사람들을 잉태한다. 지극히 거룩하신 동정녀가 그리스도를 잉태했던 것처럼 말이다. 그것은 사제직에 참여하는 훨씬 더 위대하고 더 존귀한 방식이다. 가장 탁월한 형태로 사제직에 참여하는 것이다. 여자들은 주교, 총대주교, 사제, 성인이 될 사람들을 그 배에 잉태하고 낳고 양육하기 때문이다. 이렇게 지극히 높은 은총을 가졌는데, 여자들에게 그보다 낮은 다른 어떤 은총이 필요하겠는가? 하느님이 하신 모든 것은 선하고 좋다. 창조의 모든 행위를 하실 때마다, 창조주 자신이 말씀하신 것처럼 말이다. "하느님께서 보시니 참 좋았다."[17]

동정녀의 배 안에 육화하신 하느님이 그녀에게 주님 곁에 가장 존귀한 자리를 부여하심으로써 그녀 또한 신화시키지 않으셨는가! 이처럼 사제직을 받을 아들들의 어머니들 또한 그 아들들에게 주어진 은총을 통해서, 그녀들 또한 신화되지 않겠는가? 신품성사가 행해질 때마다, 나는 새로 사제가 된 사람의 머리 위에 마치 불의 혀처럼 사제직의 불꽃이 내려와 임하는 것을 내 눈으로 보았다. 하지만 이 불꽃은 이 거룩한 빛을 받은 사람의 어머니, 아내, 딸들을 변모시켜서 빛나게 한다. 여자들은 바로 이런 방식

---

17) 창세기 1장.

으로 사제직에 참여한다. 온전히, 그들의 온 몸을 통해, 전적으로 참여하는 것이다.

비르질 말락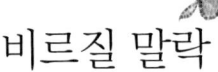

유대인들은 나를 말락(Malak)이라고 불렀다.

하늘 여왕의 시동이었던 영원히 기억될 그 해 말, 나는 학교에 다니기 시작했다. 9월이면 나는 일곱 살이 된다. 죽음 말고는 지상 생애의 그 어떤 사건도 중요치 않았다. 사람은 죽음 이후에는 선과 악을 행하는 것을 멈춘다. 또 더 이상 회개할 수도 없다. 죽음은 참으로 중대한 사건이다. 하지만 일곱 살을 먹는 것도 그 못지않게 중대하다. 그 전에는 고백성사를 하지 않는다. 왜냐하면 죄가 없기 때문이다. 일곱 살이 되어서야 비로소 천사들과 사람들에게만 허락된 왕적인 특권, 즉 선이든 악이든 행할 수 있는 특권을 부여받는다. 모든 악과 모든 선은 자유로운 선택의 결과이다. 선택하려면 자유로워야 하고 이성적으로 사고할 수 있어야 한다. 일곱 살 전에는 악이나 선을 행해도, 우리의 행위는 선도 악도 아니다. 왜냐하면 우리는 분별력, 이성적 사유 능력이 없기 때문이다. 그러므로 고백할 것이 아무 것도 없게 된다. 분명 우리는 세례를 통해서 그리스도인, 하느님의 아들이 되었다. 하지만 죄도 지을 수 없고, 덕을 행할 수도 없다. 우리는 분별력을 소유하지 못했기 때문이다.

1923년 9월부터 내가 죄를 짓기 시작하리라는 것, 죄를 짓지 않는 사람은 없기 때문에, 나 또한 죄를 짓게 되리라는 것은 나의 실존을 근본적으로 변화시켰다. 1923년 9월부터, 나는 고백성사를 하기 전에는 결코 그리스도의 몸과 피가 담겨있는 영성체 수저에 내 입술을 댈 수가 없게 되었다. 일곱 살 전에, 나는 내 양심에 머물고 있는 몇몇 행위를 용서 받기 위해 고백성사를 해야겠다며, 몇 번이나 내 아버지를 붙잡고 울고불고 졸랐었다. 하지만 내 아버지는 일곱 살 전에 한 행동은 악도 선도 아니고, 그에 대해서는 부모가 하느님 앞에서 대답해야 한다고 말하면서 내 말을 들어주지 않았다. 하지만 일곱 살 후에는 우리가 행하는 모든 일이 다 기록된다. 그리고 우리의 행위에 대해 책임을 져야 한다. 우리의 모든 행위에 대해서 말이다. 사람이 죄 없이 사는 것은 불가능하다는 것, 그래서 나 또한 죄를 지을 수밖에 없으리라는 사실을 알고, 나는 너무 두려웠다. 1923년 9월 이후, 하늘에 있는 내 생활 기록부의 흰 페이지들은 내 죄의 목록들로 검게 채워져 나갈 것이다. 고의든 고의가 아니든, 생각으로든 행동으로든 지은 모든 죄 말이다. 우리 집 안 어딘가에는, 어머니가 숨겨놓은 이콘이 하나 있다. 교회가 공식적으로 승인하지 않은 그 이콘에는 지옥에 가게 만드는 모든 죄들과 그에 대한 형벌들이 표상되어 있다. 나는 이 형벌들을 알고 있었다. 그래서 나는 내 미래의 죄들에 대해 극도의 두려움을 품고 있었다. 그러나 나는 일곱 살이라는 나이에 도달하기를 애타게 기다렸다. 비록 죄가 불가피하게 내 생애를 검게 칠해놓겠지만, 나는 또한 덕을 행할 수도 있게 될 것이기 때문이었다. 덕들 중에서도 가장 위대한 덕, 하늘의 도움으로 거룩함에 이르도록 이끌어줄 '원수 사랑의 덕' 말이다. 이 또한 일곱 살 이후에야 가능한 것이었다. 그 전에는 불가능했던 것이다. 악이 내 탓이 아니라면, 선 또한 내 것일 수 없기 때문이었다. 이성적 사유, 분별력, 자유는 사람이 소유하는 최고의 것이다. 그리고 나중에 나는 왜 토마스 아퀴나스가 "지성은 영원성과 함께 간다."[1]라고 말했는지 깨닫게 되었다. 분별력 그러니까, 지성, 그리고 나의 지성과 이성적 사유가 내게 말하는 것을 행할 자유는 내가 절대적으로 부여잡아야 할, 결코 잃지 말아야 할 두 가지이다.

---

1) Saint Thomas d'Aquin, *Somme théologique*, I, Qu. 57, art. 3.

"덕은 자유로운 것이고, 자유롭다는 것은 자기 자신의 본성과 일치한다는 것이다." 인간인 내게 속한 나의 본성은 이중적이다. 일곱 살부터, 내 본래 본성의 자유 안에서 불멸하고 거룩한 사람이 될 것인가 아니면 사멸할 자가 될 것인가를 선택하는 일은 전적으로 내게 속한 것이다.

"왜냐하면 본성상, 인간은 불멸하지 않은 만큼 또 필멸하지도 않기 때문이다. 만약 인간이 본래부터 불멸하도록 창조되었다면, 그는 하느님으로 창조되었을 것이다. 반면 그가 필멸하도록 창조되었다면, 하느님이 그의 죽음의 원인이 될 것이다. 그러므로 그는 필멸하게 혹은 불멸하게 창조된 것이 아니라, 다만 이렇게도 저렇게도 될 수 있는 존재로 창조된 것이다. 이리하여, 인간이 하느님의 계명을 따름으로써 불멸의 길로 향하게 될 것인가? 그렇게 되면 그는 불멸성을 보상으로 얻게 될 것이고, 신이 될 것이다. 하지만 인간이 하느님께 불순종함으로써 죽음의 행업으로 돌아설 것인가? 그렇게 되면 그는 스스로 자신의 죽음의 원인이 될 것이다. 이렇듯, 하느님은 인간을 자유로운 존재로, 자기 자신의 주인으로 창조하셨다."[2]

분명히 나는 이 모든 것들을 문자 그대로 받아들였다. 그리고 계속해서 그것들을 문자 그대로 받아들이고 있다.

---

2) Saint Grégoire de Nysse, P.G. 46, col. 101 D.

1923년 9월부터, 신화되는 것, 즉 신이 되는 것 혹은 먼지가 되고 마는 것, 이것은 전전으로 내게 달려 있다는 것을 나는 알고 있었다. 성인이 되든지, 혹은 아무 것도 아닌 무(無)가 되든지 말이다. 이것이 나는 자랑스러웠다. 하지만 동시에 나는 죄가 끔찍이도 무서웠다. 이미 오래 전부터 나는 읽고 쓸 줄 알았다. 하지만 1923년 9월 나는 공식적으로 읽고 쓰기를 행해야만 했다. 나는 초등학교 학생이 되어야만 했던 것이다. 나는 입학하기 한참 전에 마을의 유대인들에게서 공책과 연필들을 샀다. 유대인들의 가게에서 기다리던 중, 나는 첫 번째로 모욕을 당했다. 가게 주인의 딸인 로자가 나를 팔로 껴안았던 것이다. 그녀는 스물 댓 살 먹었고, 얼굴이 아주 흰데다가 다갈색 머리카락을 가졌었다. 그녀의 머리카락은 구리빛이었다. 까르파티아 산맥 동쪽 사면 우리와 함께 살고 있는 유대인들은 동방 지중해 연안의 셈족과는 공통점이 거의 없었다. 그들은 스칸디나비아 민족들이나 독일 민족과 같은 고대 게르만 침략자들 중 유대교로 귀의한 사람들의 후손들이다. 그들은 장대하고 금발머리에다가 갈색 반점이 있는 흰 피부를 가졌다. 로자는 특별히 더 진한 갈색 머리에 흰 피부를 지녔었다. 나중에 오페라에서 본 적이 있는 발키리[3]와 똑같

---

3) 역자주) 스칸디나비아 신화에서 전쟁의 승패 및 전사들의 생사를 결정하는 세 명의 여신 중의 하나.

았다. 그녀는 나를 그 희고 풍만한 가슴으로 힘껏 끌어안고, 내 볼에 뽀뽀를 하며 이렇게 말했다.

"말락(Malak)이로구나. … 너무 예쁜 말락."

나는 눈물을 쏟았다. 그리고 집으로 내달려가 하루 종일 울었다. 가게에는 사람들이 많았다. 모두가 로자의 말을 들었다. 그 때부터, 그 유대인들 때문에, 모두가, 특별히 아이들이 나를 말락이라는 별명으로 불렀다. 나는 너무도 불행했다. 나는 로자를 미워하지 않으려고 무진 애를 썼지만 도저히 그럴 수가 없었다. 말락이라고 불리는 이 치욕이 너무도 컸고, 견딜 수 없었다.

나는 아버지에게 말했다.

"나는 9월이 되기를 애타게 기다려요. 일곱 살이 될 때를 말이에요. 아빠한테 고백성사를 하려고요."

내 아버지가 물었다.

"얼마나 끔찍한 죄를 지었기에 그렇게 네 양심이 짓눌리는 거니?"

나는 다시 눈물을 쏟아냈다.

"네 죄가 그렇게 끔찍한 것이라면 일곱 살이 되기 몇 주 전이라도 고백성사를 베풀어주마. … 너 누구를 죽이기라도 한 거니?"

내가 대답했다.

"나는 아무도 죽이지 않았어요."

나는 내 아버지가 나를 놀리고 있다는 것을 눈치 채지 못했다. 나는 덧붙였다.

"아빠도 알 듯이, 원수가 생기면 원수를 온 마음을 다해 사랑하라고 했는데, 지금 나는 증오심에 정복되어 버렸어요."

"누구에게 말이니?"

"유대인들에게요! 특히 로자에게요. 증오심이 나를 이겨버렸어요. 나는 그들을 증오해요. 그러니 나는 이제 망한 거죠? 증오의 죄가 나를 삼켜버릴 거예요."

내 아버지가 말했다.

"이웃을 증오하는 것은 살인만큼이나 끔찍한 죄란다. 그건 정말로 중대한 죄야."

내 아버지는 언제나 나를 놀리곤 했다. 하지만 나는 그것을 전혀 알아채지 못했다. 나는 내가 로자를, 유대인들을 증오한다는 사실 때문에 너무도 불행했다. 그들은 나와 같은 사람들이다. 실제로는 우리와 비슷한 구석이 별로 없지만, 성경적으로 볼 때 그들은 우리의 형제들이다. 우리와 똑같은 사람들이다. 그들이 금발이건, 갈색 머리건, 검은 머리건 간에 말이다. 그리고 나는 갈색머리의 로자를 증오했던 것이다.

아버지가 내게 물었다.

"로자가 너에게 어떻게 했길래, 그녀를 그렇게 미워하는 거니?"

나는 울면서 말했다.

"유대인들이 나를 말락이라고 불렀어요. 그리고 가게에 있던 사람들 모두가 들었어요. 유대인들과 함께 모든 사람이 나를 보고 웃었어요. 그 후로 동네 아이들도 거리에서 나를 보면, '말락! 말락! 비르질 말락!' 하고 소리치며 놀려대요."

"그것 때문에 네가 로자와 유대인들을 그렇게 미워하는 거니?"

내가 대답했다.

"그것만이 아니에요. 동네 사람 모두가 나를 '비르질 말락'이라고 부르고 있어요. 이름 중에서도 제일 흉측한 이 이름으로 … 그게 다 유대인들 때문이에요."

내 아버지는 청색 겉표지의 신학교 교과서 한 권을 집어 들고 내게 말했다.

"여기를 읽어 보거라. …"

"지금 읽을 수 없어요. 눈에 눈물이 가득 고여 있어서 …"

내 아버지가 다시 지시했다.

"그럼 먼저 눈물을 닦고 그 다음에 읽어 보거라."

나는 눈물을 훔쳤다. 내 눈이 볼 수 없었던 것은 단지 눈물 때문만은 아니었다. 고통 때문에 나는 앞을 볼 수가 없었던 것이다. 나는 말락이라고 불리는 것이 너무나 굴욕스러웠고, 내가 말락이라고 생각하니 다시 내 자신이 너무도 부끄러웠던 것이다.

"이제 읽을 수 있겠지! 큰 소리로 읽어 보거라."

나는 말했다.

"읽을 수 없어요."

"그래, 그러면 내가 읽을 테니 큰 소리로 따라 읽어 보거라."

그것은 '성 시노드(거룩한 주교회의)'의 인준을 받은 신학생용 사전이었다.

"천사는 그리스어로 '앙겔로스' 즉 심부름꾼(메신저)을 의미한다. 유대인들은 천사를 '말락'이라 한다."

나는 아버지가 읽어가는 대로 큰 소리로 따라 읽었다. 하지만 내 생각은 딴 데 있었다.

"너를 천사라고 부른 것은, 너에게 아주 큰 찬사를 보낸 것인데, 로자에게 고마워는 못할망정, 너는 그녀를 증오하고 있구나. 유대인들이 '비르질은 말락이다'고 말하는 것은, '비르질은 천사다'라고 말하는 거야."

"유대인의 말을 알지도 못하는 동네 아이들이 나를 쫓아다니며 '비르질 말락'이라고 소리치고 있단 말이에요?"

"그래. 그 애들은 그게 '비르질 천사'라는 의미인줄도 모르고 널 그렇게 부르는 거야. 먼저 너를 그렇게 부른 것은 유대인들이야."

나는 내 눈을 닦은 뒤 확인해 보았다. 내 눈으로 보아도 그것은 분명 사실이었다. '말락'은 유대인들의 언어로 천사를 의미하는 것이었다. 나 자신을 위로할 겸 나는 흰 종이에 정성스럽게 예쁜 글씨로 이렇게 썼다. "천사는 유대인의 말로 '말락'이라 한다."

나는 글씨체를 엄청나게 중요하게 여긴다. 내게 이런 생각을 불어넣어 준 사람은 바로 내 아버지였다.

내 아버지는 내게 이렇게 설명해주었다.

"글씨는 거룩한 것이야. 깔리그라피(calligraphie, 서도(書道))는 하나의 예식이란다. 가장 거룩한 예식이지. 글을 쓰는 사람은 그 손가락과 펜을 가지고 성 삼위일체의 신비, 그리스도의 육화와 무덤에 묻히심과 부활의 신비를 상징적으로 보여주기 때문이란다."

"단지 글을 쓰는 것만으로, 이 모든 거룩한 신비들을 상징적으로 드러낸다고요?"

내 아버지가 대답했다.

"그렇고 말고. …"

"심지어 종교적이지 않은 것을 쓴다 해도, 글을 쓰는 행위를 통해서 그리스도의 수난과 부활을 모방한다는 말인가요?"

"불경스런 것들을 쓴다 해도, 깔리그라피를 통해서 우리는 그리스도의 죽음과 부활의 신비를 상징적으로 드러내는 거야. …"

나는 이 말을 듣고 매우 기뻤다. 내가 살던 사제관에는 언제나 잉크가 들어있는 잉크통과 펜과 종이가 있었기 때문이었다. 그것은 매우 드문 일이었다. 익숙하지 않은 풍경이었던 것이다. 다른 집에는 그 어디에도 잉크나 종이 등 글을 쓰는 데 꼭 필요한 도구들이 없었기 때문이다. 하지만 내 아버지는 사제, 다시 말해 하늘의 위대하신 임금이 지상에 세우신 영사였던 고로, 천사들이 세례 받은 아이들의 이름, 결혼한 그리스도인들의 이름, 안식한 그리스도인들의 이름을 하늘의 책에 기록하는 것처럼, 동시에 사제도 그 이름들을 기록해 두어야만 했다. 나는 깔리그라피의 상징적 영향력을 의심하지 않았다.

내 아버지는 내게 이렇게 설명해주었다.

"모든 글은, 그 내용이 무엇이든 간에, 먼저 성 삼위일체의 상징을 보여준단다. 이런 말씀이 있지. '한처음, 천지가 창조되기 전부터 말씀이 계셨다. 말씀은 하느님과 함께 계셨고 하느님과 똑같은 분이셨다. 말씀은 한처음 천지가 창조되기 전부터 하느님과 함께 계셨다. 모든 것은 말씀을 통하여 생겨났고 이 말씀 없이 생겨난 것은 하나도 없다.'[4]

---

4) 요한복음 1장 1-3절.

네가 단어 하나를 쓸 때, 너는 너 자신으로부터 너 자신의 말을 낳는 거야. 하느님이 그 아들 성자를 낳으시는 것처럼 말이야. 그러면 네가 글로 쓴 그 말은 멋진 글씨체를 통해서 모양을 취하게 되지. 그 다음, 너에 의해 태어난 그 말, 로고스, 그 단어는 마치 그리스도가 십자가 위에서 죽으신 것처럼, 네가 멋진 글씨체로 써내려간 문자들의 행간 안에서 죽게 되지. 나중에 너나 혹은 다른 사람은 네가 쓴 그 글자를 읽게 되겠지. 너를 통해서 무로부터 태어나고, 그리스도가 무덤에 묻힌 것처럼 깔리그라피를 통해 문자들 속에 놓인 그 단어는 다른 사람의 생각 안에서 부활할 것이란 말이지."

건축가들이 써놓은 단어들은 집이 될 수 있고, 발명가들이 써놓은 단어들은 기계가 될 수 있고, 시인들이 써놓은 단어들은 눈물 혹은 기쁨의 함성이 될 수 있다. 모든 깔리그라피는 말씀에 의한 무로부터의 창조와 죽음과 부활의 상징이다. 모든 깔리그라피는 하나의 신학이요, 하느님 지식이다.

이 날부터 쓰인 것이든 인쇄된 것이든 모든 글자는 하나하나가 늘 나에게 그리스도의 무덤을 상기시킨다. 글을 쓴다는 것은 내게 단지 의무, 기쁨일 뿐만 아니라 또한 거룩한 행위이기도 하다. 비록 신학교의 깔리그라피 교수가 학생들을 격려하기 위해 개인적으로 이 테올로구메나⁵, 이 깔리그라피 신학을 고안해 낸 것이긴 하지만, 그것은 글쓰기 예술을 더욱 아름답게 만들었을 뿐, 신앙과 교회에 조금도 해가 되지는 않는다. 내게도, 글씨 안에 있는 부활의 상징성과 깔리그라피 신학은 일곱 살 시인이었던 내 마음에 아주 귀한 것이었다. 나는 죄와 덕행을 행하고, 내 자유로운 선택에 따라 선이나 악을 이루기 시작하는 나이였던 것이다. 더 이상은 고백성사를 드리지 않고는 영성체를 할 수 없는 나이였고, 나를 말락이라고 불렀던 유대인 여자 로자에게서 내 첫 번째 원수를 발견하려던, 아니 만들어내려던 찰나에 있던 나이였다. 물론 그것은 분명 하나의 오해였다. 그럼에도 불구하고 그것은 자기의 원수를 사랑하는 것이 거의 불가능에 가깝다는 것을 내게 증명해 주었다. 단지 나를 말락이라 불렀다고 유대인들을 사랑할 수 없었고 그토록 증오했는데, 하물며 어떻게 내가 나의 진짜 원수를 사랑할 수 있겠는가? 그리스도의 몸에 못을 박아 넣었던 군인들처럼 나를 때리고 내 살에 못을 박을 내 진짜 원수를 어찌 사랑할 수 있겠는가? 내가 어떻게 그를 사랑할 수 있단 말인가? 세상에서 가장 아름다운 단어들 중

---

5) 역자 주) 교회가 공식적으로 선포하고 승인한 교리인 도그마(Dogma)와 달리, 테올로구메나는 비록 교회가 진리로 선포하거나 승인한 것은 아니지만, 교회의 공식적인 교리와 대립되지 않는 신학적 견해나 가르침을 지칭한다.

하나를 오해하여 내 이웃을 증오하는 죄에 빠질 뻔했던 내가 어떻게? 그를 죽이는 것이나 다름없는 그런 악한 감정을 품었던 내가 어떻게? 나는 내 미래와 나의 영원한 생명이 심히 걱정되었다. 그래서 나는 더욱 정신을 차렸다. 하지만 나의 지나친 정신 집중은 나를 또 다른 죄로, 더욱 중대한 죄로 이끌어갔다. 그로 인해 내 아버지는 죽을 뻔했고, 우리 가족 모두와 나 자신에게 커다란 불행이 덮칠 뻔했던 것이다. 과연 무슨 일이었는지 보라.

옥수수와 빵

옥수수를 먹는 어린이에게
"오늘 우리에게 필요한 빵"이란 …

나는 아직 일곱 살이 되지 않았다는 것에 매우 만족해했다. 말락이라는 별명을 붙여준 로자와 유대인들을 향한 나의 분노가 내 죄 목록에 기록되지 않을 것이라는 사실을 알게 되었기 때문이다. 비록 로자에게 증오심을 품지는 않았지만, 그녀에게 단단히 화가 났던 것은 사실이었다. 그리고 화를 내는 것 또한 중대한 죄이다. 물론 분노가 증오보다는 덜 중대한 죄이지만, 교부들의 책에는 분명 이렇게 쓰여 있다. "분노한 사람은, 심지어 죽은 사람을 살릴지라도 하느님을 기쁘시게 하지 못한다."[1] 그리고 나는 모든 죄를 피하려고 무진 애를 썼다. 특별히 9월이 지난 후부터

---

1) *Apophtegmes des Pères*, Agaton, 19.

는, 내 행동들이 천사들에 의해 하늘에 있는 나의 행적 기록부에 기록될 것이기 때문이었다. 게다가 9월 전부터 나는 계속 경계심을 늦추지 않았다. 하지만 완전에 이르기 위해 최선을 다해 정신을 집중한 것이 도리어 내게 해가 되었다.

주일마다, 지상에 있는 모든 정교회 성당에서는, 그리스도가 십자가에 못 박히신 시간, 성령이 사도들에게 임한 시간인 3시(비잔틴 전례 시간으로)에, 다시 말해 아침 9시 경에, 거룩하고 신성한 리뚜르기아가 시작된다. 주일 리뚜르기아가 거행되는 동안에는, 심지어 환자들도 감히 누워있어서는 안 된다. 성당에 들어서는 이들은 실제로 하늘에 입성한다. 교회에 들어오는 이들은 즉각 하늘의 예루살렘에, 하늘의 시온 산에, 천사들과 함께, 승리자들의 무리와 함께, 그 이름이 하늘에 등록된 장자들의 교회에 당도한 사람들이라고 성 사도 바울로는 선언한다.[2] 리뚜르기아의 회중 가운데는, 우리보다 앞에 산 사람들, 오늘 안식한 사람, 또 지금 살아있는 사람, 그리고 앞으로 태어날 사람, 이 모두가 함께 한다. 성당에서 리뚜르기아가 거행되는 동안, 시간은 더 이상 존재하지 않기 때문이다. 주일에 리뚜르기아를 드리러 성당에 가는 것은 실상 자기 집을 나와서 하

---

2) 히브리서 12장 22-23절.

늘로 가는 것이다. 하느님과 함께 온 우주가 현존하는 곳에 있기 위해, 하느님의 말씀을 듣고, 하느님을 보고, 하느님을 먹고 마시기 위해, 자기 사람들과 지상의 모든 것과 모든 존재를 떠나는 것이다. 그것은 또한 본래 본성의 자기 자신이 되는 것이다. 다시 말해 하느님의 자녀가 되는 것이고 신화(神化)되는 것이다.

거룩하고 신성한 리뚜르기아 예식 안에는 '주님의 기도'가 있다. 주님의 기도란 "하늘에 계신 우리 아버지"로 시작되는 기도를 말한다. 이 기도는 로마 가톨릭이건, 정교회건, 개신교건, 성공회건 상관없이 지상의 모든 그리스도인들이 공유하는 동일한 기도이다. 이 짧고 아름다운 기도문은 그리스도의 말씀 그 자체이다. 이런 연유로 이 기도는 '주님의 기도'라 불린다.

성당에서 예배드릴 때, 함께 모인 신자 모두가, 회중 전체가 이 주님의 기도를 음송하거나 노래해야 한다. 하지만 때로 주님의 말씀으로 이뤄진 이 유일한 기도의 장엄함과 아름다움과 중요성을 더욱 강조하기 위해서, 때때로 이 '주님의 기도'는 성가대의 성가로 불려진다. 회중 중에서도 노래를 잘하는 사람들의 무리가 부른다는 말이다. 더 나아가 주님의 기도의 중요성을 한층 더 강조하기 위해서, 성당에 있는 사람들 중에서 가장 중요한 사람이 그것을 음송하기도 한다. 리뚜르기아가 거행되는 곳이 수도원이라면, 그 사람은 수도원장일 것이다. 또 리뚜르기아가 거행되는 성당에 주교가 있다면, 이 기도를 음송하는 사람은 주교가 될 것이다. 또 총대주교나 수도대주교가 있다면, 당연히 주님의 기도를 음송하거나 노래로 부르는 사람은 총대주교나 수도대주교가 될 것이다. 수도의 대성당에서 예배가 거행되고 그 예배에 왕이나 황제가 참석했다면, 이때는 왕이나 황제가 주님의 기도를 드린다. 런던이나, 빠리나, 뉴욕에 있는 그리스 정교회 성당에 가보면, 아마도 풍채가 당당하고 자신감에 찬 신사가 이 기도를 드리는 것을 보게 될 것이다. 그는 십중팔구 주님의 기도를 드리는 영예를 가진 대사나 전권사절 혹은 총영사이다. 모든 정교회 국가에서는 다 이렇게 한다. 내 아버지가 주임신부로 있는 우리 고향 마을에는 나무판으로 지붕을 댄 작은 목조 성당이 있다. 사제인 내 동생 니꼴라스는 최근(1968년) 나에게 내 아버지의 성당 사진을 보내왔다. 그것은 목조 가옥, 목동들의 임시거처, 높은 산에 있는 피난처보다 겨우 조금밖에 크지 않은 작은 성당이다. 하지만 관습은 똑같다. 불행하게도 우리 마을은 너무나 가난했다. 정말로 가난했다. 도처에 가난뿐이었다. 좋은 음성을 가진 사람도 없었다. 가난한 사람들의 혀와 입술과 손은 나무를 자를 때 쓰는 도끼처럼 무겁다. 우리 마을에는 높은 사람이 하나도 없었다. 정말 평등하게 가난했다. 우리는 작은 촌락에 불과했기 때문에, 면사무소도 없었다. 그렇지 않았다면, 아마도 주님의 기도를 읽는 사람은 면장이었을 것이다. 파출소도 없었다. 사회적인 차원에서 볼 때 우리 마을에는 지체 높은 사람이 전혀, 완벽하게 없었기 때문에, 우리는 도덕적인 차원에서 위대성을 추구했던 것이다. 그래서 사람들은 '하늘에 계신 우리 아버지'라고 시작하는 이 기도를 드리는 사람은 가장 순결하고 가장 깨끗한 사람이어야 한다고 생각했다. 죄가 가장 적은 사람 말이다. 그래서 사람들은 일곱 살 먹은 어린 아이에게 '주님의 기도'를 드리게 하기로 결정했던 것이다. 그러므로 마을 전체에서 가장 중요한 인물은 바로 그 아이였다. 그 아이가 가장 위대한 신학자가 된 것이다. 사람을 신학자로, 하느님을 아는 자로 만드는 것은 바로 순결함이기 때문이다.

이렇게 해서 1923년 가을, 성당 한 가운데서 '주님의 기도'를 음송하는 두렵고 떨리는 영예는 나의 것이 되었.

'주님의 기도'는 임금의 문 앞에서 음송된다. 평상시, 지성소 앞, 성당 중앙에는 독수리가 표상된 양탄자가 깔려 있다. 종종 독수리는 모자이크나, 나무에 조각된 형태를 띠기도 한다. 주교 서품식이 거행될 때, 바로 그곳에 주교가 선다. 그리스말로 '아에토스'인 독수리는 지상 세계 위를 나는, 높은 곳에서 사는, 순결함과 고결함을 아는, 하늘과 이웃하고 사는 자를 상징한다. 그러므로 나는 토요일

하루 종일, 깨끗이 씻고 기도하고 금식하면서 잘 준비한 뒤에, 그 주일 내 두 발로 성당 한 가운데 '아에토스' 위에, 독수리 위에 섰던 것이다. 내 왼쪽에는 독경대(ambon), 혹은 설교대가 있었다. 독경대는 천사가 나타나 여인들에게 주님의 부활을 알려주었던 곳, 즉 그리스도의 무덤을 상징한다. 그러므로 복음경을 봉독하기 위해 독경대에 올라가는 보제는 이 천사를 상징한다. 전에는 설교할 때도 이 독경대에 올라갔다. 하지만 겸손함으로, 사제는 설교하기 위해 천사처럼 그리스도의 빈 무덤에 올라가지는 않는다. 독경대에서 봉독되는 것은 거룩한 말씀인 복음경뿐이다. 그러므로 그때 나는 내 작은 발로 독수리 위에 서서 '주님의 기도'를 알리는 사제의 기도문을 기다렸다. 사제의 엑포네즈[3]가 이렇게 말하기를 기다렸다.

"주여 우리가 떳떳하고 단죄됨이 없이 하늘에 계신 당신을 아버지라고 부르기에 합당한 자가 되게 하소서."[4]

그 순간, 나는 목까지 차오른 감동에 젖어, 경건하게, 내 작은 음성으로 주님의 기도를 시작했다.

"하늘에 계신 우리 아버지, 아버지의 이름이 거룩하게 하시며, 아버지의 나라가 오게 하시며, 아버지의 뜻이 하

---

3) 긴 기도문이나 연도 마지막 부분에 사제가 큰 소리로 소리 내어 기도하는 부분.
4) 성 요한 크리소스토모스의 신성한 리뚜르기아, 『성찬예배서』, 한국정교회, 30쪽.

늘에서와 같이 땅에서도 이루어지게 하소서. 오늘 우리에게 필요한 빵을 주시고 …"

그리고 여기서 나는 갑자기 멈췄다. 내 얼굴은 창백해졌다. 나는 성인이 되기로 결심한 일곱 살짜리 시인이었다. 성인이 되는 성화의 길에 필요한 여러 가지가 있는데, 그중 하나는 거짓말을 하지 말라는 계명을 지키는 것이다. 그리고 나는 내가 주님의 기도를 계속 이어간다면 거짓말을 하게 되는 것임을 알고 있었다. 그래서 거짓말을 하지 않기 위해, 나는 기도를 멈추었던 것이다.

인간으로서 나는 그 무엇보다도 자유롭고 자율적인 피조물이라는 것, 그리고 그것은 오직 인간과 천사만이 소유하고 있는 신성한 특권이라는 것을 알고 있었다. 내 행동들과 내 선택은 내가 책임져야 한다는 것을 알고 있었다. 그러므로 나는 지금 단 1초도 잃어버리지 않고 재빨리 선택해야만 했다. 거짓말을 하고, "하늘에 계신 우리 아버지" 이 기도를 계속 이어갈 것인가 아니면 멈출 것인가를 말이다. '주님의 기도'를 드리는 것을 거부할 것인지 말이다. 하느님이 우리에게 손수 가르쳐주신 유일한 기도를 말이다. 딜레마는 정말 심각했다. 내 앞 한 쪽에는 그리스도의 이콘이 있었다. 나는 성상벽 중앙 임금의 문 오른쪽에 있는 그 이콘을 바라보았다. 나보다 더욱 크신 분, 하느님을 바라보았다. 그분은 내가 지금 감히 발성하지 못하고 있는 그 기도문의 주인이시다. 왜냐하면 나는 이 기도문이 진실에 부합하지 않음을 발견했기 때문이다. 과연 그리스도가 진실에 반하는 그런 기도를 우리에게 가르치실 수 있겠는가? 어쨌든 나는 하느님의 자녀로서, 그 선택에 있어서 절대 자유로운 인간으로서 행동했고, 기도를 계속 이어가는 것을 거부했다. 기도문이 진실에 부합하지 않았기 때문이었다. 만약 내가 그 기도문을 계속 이어간다면, 나는 거짓말의 죄를 짓게 될 것이었다. 그것도 이곳, 성당 한가운데서, 하늘 한가운데서 말이다. 야곱의 사다리를 상징하는, 제단으로 향하는 계단 앞에서 말이다.[5]

내 뒤에서, 촌부들은 나의 동요에 가여움을 느끼고 있었다. 그들은 내게 기도문의 그 다음 낱말들을 작은 소리로 속삭였다. 가엽게도 그들은 내가 기도문을 잊어버렸다고 믿었던 것이다. 어린애들처럼 내가 긴장했다고 믿었던 것이다. 뒤에서 또 다시 한 할아버지가 큰 소리로 "오늘 우리에게 필요한 빵을 주시고 …, 오늘 우리에게 필요한 빵을 주시고 …, 우리에게 필요한 빵 …" 이렇게 말하는 것을 들었다. 내가 그 소리를 듣지 못했다고 생각한 다른 사람들도 저마다 더 큰 소리로 "오늘 우리에게 필요한 빵을 주시고 …"라고 말하면서 내게 기도문을 기억나게 해주려 했

---

5) Saint Sophronie de Jérusalem, P.G. 87, col. 98.

다. 예배 회중 모두, 남자, 여자, 노인, 아이 할 것 없이 모두가, 마치 고장 난 레코드판처럼 계속해서 같은 소리를 반복해댔다. "오늘 우리에게 필요한 빵을 주시고 …" 내 주위에서 내 뒤에서 모두가 소리쳤다. 하지만 얼굴은 창백하게 굳어졌고, 입은 자물쇠처럼 굳게 잠긴 채, 나는 그들이 원하는 것과는 달리 기도하기를 거부하고 있었다. 나는 거짓말을 하고 싶지 않았던 것이다. 그들은 내가 주님의 기도를 잊어버렸다고 생각했다. 가엾은 나의 아버지도 성상벽 뒤에서 똑같이 그렇게 생각하고 있었다. 하지만 그것은 사실이 아니다. 나는 주님의 기도를 잘 알고 있었다. 이 기도는 그 누구라도 잊으려야 잊을 수가 없는 그런 기도이다. 이 기도를 소리 내어 드리지 않아도, 이 기도를 더 이상 드리지 않아도, 심지어 더 이상 하느님을 믿지 않아도, 결코 잊을 수 없는 그런 기도이다. 왜냐하면 '주님의 기도'는 어린이가 어머니의 입을 통해서 배우고 암송하여 드리는 첫 번째 기도이기 때문이다. 하지만 그것은 그저 우리가 암송하여 드리는 기도 그 이상이다. 그것은 신앙 그 자체이다. 책에서는 배울 수 없는 신앙 말이다. 신앙은 마치 열과 같다. 열에 대한 논문을 읽는다고 해서 따뜻해지지는 않는다. 마찬가지로 신학 책을 읽는다고 해서 신앙을 가지게 되는 것은 아니다. 신앙은 정확히 열과 같다. 그것은 전해진다. 사람들은 신앙을 어머니에게서 물려받는다.

그 젖가슴의 따뜻한 열기와 함께 말이다. 그 부드러운 젖과 함께, 그 입술을 통해서 말이다. 그렇게 해서 우리는 신앙을 갖기 시작한다. 따뜻한 것을 만지면 더 이상 춥지 않은 것처럼 말이다. 나에게 신앙이란 무엇보다도 어머니의 온기이다. 그것은 생명 그 자체이다. 신앙과 성령의 은사들은 전해지는 것이기 때문이다. '히로또니아', 즉 신품성사는 안수(머리에 손을 얹는 행위)를 통해 이뤄진다. 성령의 불을 담지한 주교는 우리 머리에 손을 대고, 우리에게 성령의 불을, 사제직의 불을 전해준다. 우리는 그리스도교 신앙을 학교에서 교리 교육반에서 배우지 않았다. 다른 어떤 특수한 학교에서 배우지도 않았다. 신앙은 우리 어머니를 통해서 생명과 함께 직접적으로 우리에게 전해진 것이다. 어머니가 자신의 생명과 육체로부터 직접적으로 우리에게 생명을 전해주고, 우리의 육체를 창조해내듯이 말이다. 주님의 기도는 우리 신앙의 첫 번째 기도이다. 바로 이 기도가 우리를 신학자로 만든다. 우리에게 신학자란 하느님과 거룩한 것에 대한 책을 많이 읽은 사람이 아니기 때문이다. 그렇다. 신학자란 기도하는 사람이다. "만약 우리가 기도한다면, 우리는 신학자이다."[6] 그리고 가장 훌륭한 기도는 바로 '주님의 기도'이다.

나는 나 들으라고 뒤에서 소리치는 사람들을 향해 돌아

---

6) Evagre le Pontique, Traité d'Oraison, 60.

섰다. 내 고향 마을 사람 모두를 향해서 말이다. 왜냐하면 아무리 아픈 사람이라도 신성한 리뚜르기아를 빠지는 사람은 없었기 때문이다. 나는 '주님의 기도'를 잊어버린 것이 아님을 그들에게 알려주고 싶었다. 사람이 살아가는 것을 잊어버릴 수는 없지 않은가. 나에게 기도는 곧 삶이었다. '주님의 기도'는 곧 나의 삶, 나의 생명이었기 때문이다. 그것은 나 자신이었다. 그런데 그들이 얼마나 어리석었으면 내가 '주님의 기도'를 잊었을 거라고 믿는단 말인가? 그리고 그들은 왜 모두가 성당 안에서 소리치고 거짓을 말한단 말인가. "오늘 우리에게 필요한 빵을 주시고 …"라고 말이다. 나는 그들처럼 거짓말 하고 싶지 않았다. 온 우주가 똑같이 반대의 의견을 가지고 있다 해도, 내가 옳다고 생각되면, 나는 결코 굽히지 않는다. 진실은 숫자의 문제가 아니다. 진실은 무엇인가? 나도, 성당에서 내 뒤에 있었던 사람들도, 내 아버지도, 사제도, 내 고향 마을 사람 그 누구도, 이웃 마을 사람 그 누구도, 매일 매주 아니, 매달 결단코 빵을 먹지 못한다는 것, 이것이 바로 진실이었다. 일 년에 한두 번이라도 빵을 먹는 것, 그것을 우리는 장담할 수 없다. 평생 아주 드물게만 빵을 먹는데, 어떻게 성당 한가운데서, 하늘에서, "오늘 필요한 빵을 …"이라고 말할 수 있는가.

"주님, 우리는 매일 매일의 빵이 없습니다."

나는 낮은 목소리로 이렇게 말했다. 그리고 그 자리에서 물러났다. 그러자 모든 사람이 내가 멈췄던 기도문을 받아서 "오늘 우리에게 필요한 빵을 주시고 …"라며 노래로 '주님의 기도'를 이어갔다. 나는 성당을 뛰쳐나가 그 뒤편 성당 묘지 풀밭에 가서 울었다. 주일 파란 하늘을 바라보면서 말이다. 나는 하느님께 말했다. 솔직하게 단도직입적으로 말했다.

"어떻게 내가 당신께 거짓말을 하겠습니까? 하늘에 계신 나의 아버지, 당신은 다 아십니다. 몰도바의 가난뱅이들인 우리들, 몰도바 네암쯔 호산나 강가에서 살아가는 우리들은 매일 빵을 먹을 만큼 부유하지 않다는 것을 당신도 다 아시지 않습니까? 왜 얻지도 못하는 것을 기도해야 합니까? 한 번도 가져보지 못한 것을 왜 기도해야 합니까? 아마도 평생 가져보지 못할 것을 왜 구해야 합니까? 왜 매일 필요한 빵을 가지고 있는 척 해야만 합니까? 그래서 기도할 것은 다만 매일 빵 주시는 것을 중단하지 말아달라는 것뿐이라고 믿기라도 해야 한단 말입니까? 그럴 수 없습니다. 당신은 우리에게 거짓말하지 말라고 가르쳐주셨습니다. 그런데 왜 성당에 와서 당신께 거짓말을 해야 합니까? 그것도 우리가 가장 사랑하는 당신께 말입니다. 아무도 당신에게는 거짓말을 할 수 없습니다. 당신은 모든 곳에서 모든 것을 보시기 때문입니다."

나는 울었다. 그리고 곰곰이 생각했다. 나는 매우 우울했다. 더 좋은 해결책을 찾았어야 했던 것은 아닌가 자문했다. 언제나, 어떤 상황에서도 최선의 해결책은 있는 법이기 때문이다. 비록 우리가 그것을 발견하지 못했다고 해서, 그것이 없다는 것을 의미하지는 않는다.

확실한 것은 내가 하느님 앞에서, 성당 한가운데서, 나를 비롯한 마을 사람 모두가, 내 아버지가, 다른 몰도바 사람들이 매일 빵을 먹는다고 확언했다면 나는 분명 거짓을 말한 게 될 것이라는 점이었다. 거짓말 하는 것, 그것은 결코 좋은 해결책이 아니었다. 나는 진리를 말해야만 했다. 하지만 그러면 나는 주님의 기도를 바꾸게 되는 것이다. 그것은 신성모독 죄를 범하는 것이다. 나는 진실에 부합하게 말할 수도 있었으리라. "오늘 우리에게 일 년에 두세 번 먹는 빵을 주시고 …"라고 한다거나, "우리에게 가끔씩이라도 빵을 주시고 …"이런 식으로 말이다. 하지만 우리가 기도를 바꿀 수는 없다. 그것도 주님이 직접 우리에게 가

---

7) 마태오복음 6장 9-13절. 루가복음 11장 2-4절.

르쳐주신 유일한 기도를 바꾸는 것은 절대 있을 수 없다.[7] 분명 "우리에게 매일 빵을 주시고 …"라고 바꿔서 주님의 기도를 드릴 용기만 있었어도, 하느님은 우리에게 빵을 주셨을 것이다. 그것은 확실하다. 주님이 말씀하시지 않았는가? "너희가 내 이름으로 아버지께 구하는 것이면 아버지께서 무엇이든지 주실 것이다."[8]

심지어 오늘날도 나는 하늘에 계신 우리 아버지 하느님은 내 기도를 들으시고 우리에게 빵을 주실 것이라고 확신한다. 기적을 통해서, 우리에게, 모두에게, 매일 말이다. 심지어 이 빵이 하늘에서 내려오게 해달라고 기도해도 말이다. 하느님은 이미 예전에 광야에서 유대인들에게 그렇게 하시지 않았는가. 그분은 똑같은 기적을 바로 이곳, 까르파티아 산맥 동쪽 사면에 사는 우리에게도, 우리 루마니아 백성에게도 행하실 수 있었다. 하지만 나는 주님에게 이 매일 매일의 빵을 간구하지 않았다. 그것을 얻을 수 있으리라는 확신에도 불구하고 말이다. 네암쯔, 바이아, 수케아바, 부코빈에 사는 산사람들인 우리들은 매일 매일 빵을 먹는 일에는 결코 익숙해질 수 없었기 때문이다. 그렇다. 심지어 이 빵이 하늘에서 떨어진다 해도 말이다. 우리는 그것을 먹지 않았을 것이다. 매일 빵을 배부르게 먹는

---

8) 요한복음 16장 23절.

것, 그것은 우리에게 지나친 욕심일 것이다. 탐식이고 방탕이고 낭비일 것이다.

빵은 비싸다. 우리에겐 너무 비싸다. 우리의 분수에 맞지 않는다. 그렇게 비싼 것을 먹는 것은 하나의 죄일 것이다. 그것은 마치 은이나 금이나 보석을 숟가락으로 퍼 먹는 것이나 다름없다. 매일 빵을 먹고 사는 사람들도 있다는 말이 있다. 우리는 그 말을 들은 적이 있다. 심지어는 매일 빵을 먹을 뿐만 아니라 하루에도 몇 번씩 빵을 먹는 사람들도 있다고 수군대는 것을 들었다. 그리고 나중에 나는 그런 사람들이 진짜로 존재한다는 것을 확인했다.

내가 살던 그 산골마을에서는 있을 수 없는 일이었다. 우리 고향에서도 분명 밀을 재배한다. 하지만 우리는 마치 희귀한 꽃을 키우듯 밀을 재배한다. 일종의 과시를 위해, 아름다움을 위해, 특별히 경건한 신심으로 말이다. 밀 곡식이 그리스도의 얼굴을 상징한다는 것을 우리는 알고 있기 때문이다. 하지만 우리에게는 진정한 의미에서의 밀 경작 문화가 있을 수 없다. 먼저, 우리의 땅은 매우 척박하다. 반면 밀은 매우 부르주아적인 식물이다. 고급 곡식이다. 그 뿌리는 마치 우리 고향에서 맨발로는 걸어 다닐 수도 걸어 다니지도 않는 얼마 안 되는 부자들의 발처럼 부드럽고 연약하다. 우리 고향 땅은 밀이 자라기 힘든 돌밭이다. 밀의 뿌리는 평야에 사는 사람들의 민감한 발과 같다. 밀의 뿌리는 우리 고향의 돌밭을 좋아하지 않는다. 밀은 부드럽고 비옥한 평야의 땅을 좋아한다. 하지만 밀을 두렵게 하는 것은 땅만이 아니다. 거기에는 또 고도의 문제가 있다. 밀은 평야의 식물이다. 그것은 산 비탈을 좋아하지 않는다. 예를 들어 호밀처럼 높은 곳으로 기어 올라가는 것을 좋아하지 않는다는 말이다. 호밀은 마치 황새의 목처럼 길쭉한 줄기로 산양처럼 바위를 잘도 탄다. 마치 산악지대에 사는 산양, 샤무아처럼 말이다. 그런데 밀은 매우 부르주아적이다. 고지대의 신선한 공기를 결코 좋아하지 않는다. 높은 곳, 정상 봉우리를 좋아하지 않는다. 그 다음으로는 기후의 문제가 있다. 기후도 밀에 호의적이지 않다. 우리 고향에서는 공기를 들이 마실 때, 마치 독한 음료를 삼키는 것 같다. 폐에서도 그것을 느낄 수 있다. 순수 알코올처럼 짜릿한 자극을 느낄 수 있다. 순수 오존처럼 말이다. 하지만 우리가 밀을 재배하지 않는 주된 이유는 우리의 불행한 역사 때문이다. 이천 년 되는 우리 역사에서 우리는 언제나 도망칠 준비가 되어 있었다. 다른 곳으로 피난할 준비가 되어 있었던 것이다. 동쪽의 침략자는 언제든 출몰할 수 있었다. 야만족의 말발굽이 경작지를 다 짓밟아 버리는 판국에, 땅을 경작하는 것이 무슨 소용이 있겠는가? 이런 역사에도 불구하고 우리는 양식을 위해 땅을 경작해야 했기 때문에, 옥수수를 재배했다. 그것은 밀처럼 연약한 식물이 아니다. 또 그것 하나만으로 다른 모든 음식을 대체할 수 있는 곡식이었다. 고기, 야채, 치즈, 그 모든 것을 …. 옥수수는 가난한 이들의 밀이다. 이 땅의 가장 가난한 사람들의 밀이다. 우리 몰도바 사람들은 옥수수를 먹는 사람들이다. 그것을 끓여서 걸쭉한 죽으로 만든 다음, 따뜻할 때 혹은 식혀서 먹는다. 우리는 그것을 '마말리가' 혹은 '말라이'라 부른다. 그것은 이탈리아 사람들의 뽈렌타, 스페인의 아스투리아 사람들의 음식, 멕시코와 그 밖의 다른 라틴 아메리카 사람들의 음식과 거의 동일한 것이다. 매일 우리는 옥수수를 먹었다. 빵은 아주 고급 양식이다. 우리에겐 너무나 고급스러운 양식이다. 축일에나, 대축일에나 구경할 수 있는 양식이다. 그것은 케이크와 같은 것이었다. 주식이 아니라 후식이었다. 빵은 군주들을 위한 양식이었던 것이다. 따르구 네암쯔, 네암쯔의 촌락, 호산나 강가 등에서, 말, 돼지, 송아지, 그 밖의 것들을 사고 파는 장이 열릴 때, 농부들은 도시의 유일한 빵집에, 대성당과 시청과 죽은 자들에게 바친 기념비 등이 있는 도시 중심가 대로변에 있는 빵집에 몇 번이고 머뭇거리다가 들어가서는, 빵 하나도 아니고, 절반 혹은 사분의 일을 사곤 했다. 그리고 집에 가서 가족들과 함께 마말리가를 먹은 다음 입술과 손을 닦은 뒤 빵을 잘라 맛보는 것이었다. 그것은 진미 중에서도 진미였다. 주님의 식탁이었다. 이콘에서 볼 수 있는 주님의 식탁을 나는 그 누구보다도 잘 이해한다. 왜냐하면 나는 빵은 거룩한 것임을 알고 있기 때문이다. 본능적으로 내재적으로 말이다. 그것을 만지는 것만 해도 이미 지극한 행복이다. 그것을 자르는 것은 이미 축제다. 그리고 그것을 입으로 가져가는 것이란… 이것이 바로 우리에게 빵이 의미하는 바이다. 빵, 우리는 그것을 경건하게 먹었다. 침묵과 묵상 속에서 하늘을 바라보면서, 이미 우리가 축제 안에 있음을 깨달으면서 말이다. 왜냐하면 우리는 빵을, 다시 말해 주님의 몸을 먹었기 때문이다. 그래서 항상 기도하듯이 그것을 먹었던 것이다.

빵은 우리에게 그런 것이다. 그런데 어떻게 내가 매일의 빵에 대해 감히 말할 수 있단 말인가? 주님 앞에서 어떻게? 어떻게 거짓을 말할 수 있단 말인가? 나뿐만 아니라 모두가 거짓을 말하게 한단 말인가? 왜냐하면 우리는 "하늘에 계신 나의 아버지"라고 말하지 않고 "하늘에 계신 우리 아버지"라고 말하기 때문이다. 우리는 모두 형제로서 하느님을 아버지라고 부른다. 그렇지 않고는 우리는 결코 그분을 아버지라고 부를 수 없다. 우리가 지상 모든 사람들의 형제가 아니라면 말이다.

나는 소리쳤다.

"주님, 내게 벌을 내려주세요! 내게 벼락이 떨어지게 해주세요! 내가 만약 죄를 지었다면, 나를 소금 조각이 되게 해 주세요! 하지만 나는 매일의 빵이라고 말할 수 없었어요. 왜냐하면 우리들에게는 그것이 존재하지 않으니까요. …"

나는 오래오래 계속해서 울었다.

나중에 나는, 옥수수를 주식으로 삼고 있는 사람들이 지상 어디에 살고 있는지 찾아보았다. 마치 내 형제들을 찾아 나서듯 말이다. 멕시코, 이탈리아에 그런 사람들이 있었다. 심지어 프랑스에도 뽀라는 곳에 그런 사람들이 있었다. 신학적으로 볼 때, 옥수수를 주식으로 삼는 우리 같은 사람들은, 문자 그대로의 의미에서 볼 때, 사람도 그리스도인도 아니라는 말을 나는 들은 적이 있다. 우리는 결코 그런 존재일 수 없다는 것이다. 왜냐하면 사람이기 위해서는 빵을 먹어야만 하기 때문이다. 사람의 양식은 빵이다. 그것은 사람과 지상의 다른 모든 피조물을 구별해주는 표시이다. 왜냐하면 비잔틴 신학자, 니꼴라스 까바실라스의 말처럼, 빵 이외에, "그 어떤 것도 인간 고유의 양식이 아니다. 그 밖의 것들은 모든 동물들이 공유하는 공동의 양식이다. 과일들은 조류들과 초식동물들을 위한 것이고, 고기는 육식동물을 위한 것이다. 우리는 오직 인간에게만 해당되는 것을 '인간의' 혹은 '인간적'이라고 부른다. 먹을 빵을 빚어 만들어야 하고, 마실 포도주를 생산해야 한다는 것은 오직 인간에게만 고유한 것이다."[9]

나중에 나는 옥수수가 밀만큼이나 그리스도의 얼굴이라는 것을 알게 되었다. 옥수수는 밀과 똑같다. 그리스 사람들과 로마 사람들은 그것을 '제아'라고 불렀다. 사전을 찾아보면, 옥수수를 뜻하는 말 '마이스'는 본래 하이티에서 온 말이다. 하지만 많은 지역에서, 사람들은 그것을 '터키의 밀' 혹은 '스페인의 밀', 혹은 '인도의 밀'이라고 부른다. 왜냐하면 그것은 밀이기 때문이다. 리뚜르기아에서 사용하는 봉헌빵을 만들기 위해 오직 밀을 사용하는 것, 그 밖의 다른 곡식처럼 옥수수도 제단에서 배제되는 것, 그 이유는 우리도 그리스도가 사용하셨던 것을 똑같이 사용하기 위해서다. 그 시대, 팔레스타인에서는 사람들이 빵을 먹었다. 이것을 나는 나중에야 알게 되었다. 하지만 옥수수는 불결한 곡식이 아니다. '프로스포로스', 즉 성체봉헌빵을 만드는 데 사용하지는 않지만 말이다. 옥수수를 주식으로 먹는 우리는 빵을 주식으로 먹는 사람들만큼이나 그리스도인이다. 또한 똑같은 사람이다.

하지만 '주님의 기도'를 다 끝마치길 거부했던 그 주일, 나는 이 모든 것을 몰랐다. 나의 이 행위를 목격한 내 어머

---

9) Nicolas Cabasilas, P.G. 150, col. 389 C.

니, 존경스러운 마마 쁘레스비떼라는 나를 집에 들어오지 못하게 했다. 어머니는 내가 불경을 저질렀다고 비난했다. '주님의 기도'를 모른다는 것은 그녀의 눈에 죄였던 것이다.

"이 불경죄로 너는 너뿐만 아니라, 너의 부모 그리고 마을 전체에 하느님의 분노를 가져올 게야. 너 때문에 너의 죄 때문에 하느님은 우리를 치실 거야. 열 가지 재앙으로 이집트 사람들을 치신 것처럼 말이야."

나는 너무도 두려웠다. 바로 그때 나는 마을에 스며드는 고약한 휘발유 냄새를 느꼈다. 지옥의 냄새였다. 그 전에는 마을에서 한 번도 맡아보지 못한 냄새였다. 밖에, 사제관 앞에는 군용 트럭이 버티고 섰다. 엄청나게 큰 트럭 말이다. 운전사가 소리쳤다.

"이집트의 면사가 도착했다고 게오르규 신부님께 말해주세요! …"

나는 두려움에 기절초풍했다. 마마 쁘레스비떼라가 방금 전에 내게 이집트의 열 가지 재앙을 들먹이며, 나 때문에 우리 마을 모두가 큰 재앙을 입게 될 것이라고 위협했던 차였기 때문이다. 그와 거의 동시에, 비록 실은 휘발유 냄새였지만, 나는 지옥의 냄새를 맡았고, 이집트의 면사가 도착했음을 알리는 목소리를 들었던 것이다. … 면사, 그것은 분명 첫 번째의 이집트 재앙이었다! 내가 '매일의 빵'이라고 말하기를 거부한 탓에, 매일 옥수수만 먹고 살았던 나 때문에 닥친 첫 번째 재앙 말이다. …

이집트 면사 사건

그날 주일 아침, 거룩하고 신성한 리뚜르기아 후에, 사제관 앞에 면사가 도착한 사건은, 마마 쁘레스비떼라의 생각에, 나의 불경죄에 대한 즉각적인 벌로 여겨졌다. 면사, 그것은 나 때문에 하늘에서 떨어진 벼락이었던 것이다.

분노하는 것은 하나의 죄다. 하지만 거룩한 분노라는 것도 있다. 마마 쁘레스비떼라는 지속적으로 그런 상태에 있었다. 악과 악마들에게 분노하는 것은 아주 바람직한 것이기 때문이다.[1]

이런 말도 있다.

"분노는 다른 어떤 정념들보다 더 영혼을 동요하게 만들

---

1) Evagre le Pontique, *Practicos*, 15, P.G. 40, col. 1225 B.

고 혼란스럽게 한다. 하지만 종종 분노는 가장 위대한 봉사를 한다. 실제로 불경자들 혹은 온갖 종류의 죄인들에 대해서, 그들을 구원하거나 혹은 꺾어버리기 위해, 평정을 가지고 그것을 사용할 때, 우리는 더한 온유함을 영혼에 마련해 준다. … 또 죄에 대해 강력하게 분노함으로써 우리는 영혼 안에 있는 나약함을 제거하고 강하게 된다. 다른 한편, 절망에 빠질 때도, 타락시키는 악마에 대항하여 영적으로 분노한다면, 의심의 여지없이 우리는 죽음의 허풍 따위는 거들떠보지도 않게 된다. … 절제된 분노는 창조주가 우리 본성에 제공해 주신 무기이다. 만약 이브가 그 무기를 뱀에게 사용했다면 결코 쾌락에 지배되지 않았을 것이다. 그러므로 종교적 열정을 가지고 절도 있게 분노를 사용하는 사람은, 의심할 필요도 없이, 무력하게 아무런 분노를 느끼지 못하는 사람보다 훨씬 더 좋은 유익을 얻게 된다."[2]

내 어머니가 확언했다.

"목화는 악마의 풀이야. 담배와 똑같이. 너는 코도 없니? 면사가 도착한 뒤 마을에 스며들고 있는 이 지옥의 악취를 느끼지 못한단 말이니?"

목화는 악마의 식물이 아니다. 지옥의 풀도 아니다. 그

---

2) Saint Diadoque de Photice, *Kephalaia gnostica*, chap. 62.

와 정반대이다. 하지만 면사가 분명 재앙을 불러오고야 말 것이라는 내 어머니의 말은 일리가 있었다. 그것은 정말 온 마을에 퍼진 고약한 냄새였다. 우리에게 지옥을 떠올리게 하기에 충분했을 만큼 고약했다. 먼저, 휘발유 냄새가 진동했다. 그 다음에는 담배 냄새가 덮쳤다.

면사를 실은 트럭을 타고, 성당 앞에, 마을 한가운데, 도착한 사람들은 연신 담배를 피워댔다. 모두가. 쉬지 않고 말이다. 그들은 검은 담배를 피웠다. 우리 마을에서는 아무도 담배를 피우지 않았다. 심지어 다른 지방에 사는 사람들도 우리 마을을 방문할 때는, 아무도, 아무리 불경스러운 사람이라도, 담배를 피우지 않았다. 특별히 주일 아침에는 말이다. 우리 고향에서, 가장 훌륭한 것이 있다면, 그 중 하나는 깨끗한 공기다. 면사 운반자들은 그들의 또 다른 냄새로 이 공기를 더럽혔다. 왜냐하면 그들에게선 술 냄새도 났기 때문이다. 그들은 우리에게 면사를 가져왔다고 말했다. 하지만 우리는 면사를 주문한 적이 없었다. 사실 우리는 면사가 뭔지도 몰랐다. 운전사들은 침을 뱉고 휘파람을 불면서 그야말로 음탕한 시선으로 성당에서 나오는 여자들을 쳐다봤다. 이 주일 날에 우리 모두는, 과연 시선만으로도 간음할 수 있다는 것을 다시 한번 생각하게 되었다. 그러므로 "시선으로 지은 죄는 몸으로 저지른 죄와 똑같다"고 말한 성경은 옳다. 이런 태도들은 내 어머니를 분노케 했다. 그리고 내 어머니로 하여금 면사에 대해 화를 내게 만들었다. 면사는 모든 것이었다. 그녀는 목화가 하나의 식물이라는 것을 알지 못했다. 아무도 그것을 알지 못했던 것이다. 내 어머니에게, 면사, 그것은 우선은 내가 잊어버린 '주님의 기도'였다. 그 다음으로는 그녀가 느꼈던 수치심이었다. 저주에 대한 두려움이었다. 하지만 또 다른 게 있었다. 운전사들의 불량한 태도들과 고약한 냄새들 말고도 또 다른 문제가 있었던 것이다. 그것은 면사가 마을에 불행을 가져올 것이라는 예감이었다. 하늘의 저주를 가져올 것이라는 불길한 예감. 예감은 증명될 수가 없다. 그것은 설명할 수도 없다. 다른 모든 여인들처럼 마마 쁘레스비떼라도 예감한 것에 대해, 그녀의 예외적인 감각, 모든 여인들이 가지고 있는 여섯 번째 감각으로 알게 된 것에 대해, 모든 것을 희생하고, 자기 목숨이라도 내놓을 사람이었다. 남자들은 이 감각을 가지고 있지 않다. 마마 쁘레스비떼라는 그 트럭이 면사가 아니라 이집트의 열 가지 재앙을 마을에 가져올 것이라고 확신했다. 그래서 그녀는 사람들이 짐을 내리지 않게 할 수만 있다면 무엇이든 줄 태세였다. 그들로 하여금 최대한 빨리 그곳을 떠나게 할 수만 있다면 말이다. 그녀는 면사에 대해 이치에 맞지 않는 말들을 계속 해댔다. 논리적인 차원에서 볼 때 전혀 근거가 없는 그런 말들. 과학적으로, 이성적으로 볼 때 그녀가 면사에 대해 분노하고 그와 같은 말들을 내뱉는 것은 정말 어리석고 미친 짓이었다. 하지만 미래가 입증해주듯이, 그녀가 옳았다. 면사는 불행을 가져왔다. 그리고 그녀는 그것을 이미 느꼈던 것이다. 그녀는 그것에 대해 확신했던 것이다. 그녀는 짐 내리는 것을 막아보려고 사람들을 가로막으려 했다. 하지만 논리적으로나, 이성적으로 그녀는 자신의 확신을 우리에게 증명해 보일 수가 없었다. 그녀는 마치 겨울에 산길을 갈 때 미리 몇 분 전에, 눈사태가 마차와 주인을 다 삼켜버릴 것임을 예감하는 말들과 같았다. 그러면 말들은 더 이상 앞으로 나아가지 않는다. 오히려 뒷걸음질 친다. 그러면 마차에 타고 있는 마부는 채찍질을 한다. 말들은 설명할 수 없다. 이 길로 계속 가다간 얼마 지나지 않아 눈사태에 집어 삼켜져버릴 것임을 말할 수도 없다. 그래서 말들은 무작정 앞으로 나갈 생각을 안 하고 버틴다. 채찍질해도 무조건 버틴다. 피가 철철 흘러도 꼼짝하지 않는다. 마마 쁘레스비떼라는 이와 똑같은 상황에 있었던 것이다. 그녀는 조롱과 비웃음을 뒤집어썼다. 하지만 그녀는 바로 그 면사 때문에 불행이 닥쳐올 것임을 확실하게 알고 있었던 것이다.

내 아버지는 이렇게 설명해 주었다.
"목화는 복된 식물이요. 그러니 그렇게 험한 말로 웃음

거리가 되지 마시오. 주님이 사람들을 먹이기 위해 옥수수와 밀을 창조하신 것처럼, 목화도 사람을 입히기 위해 창조하신 것이란 말이오."

하지만 마마 쁘레스비떼라는 주장을 굽히지 않았다.

"목화는 악마의 식물이에요. 그렇기 때문에, 교회는 거룩한 식탁인 제단 위에 놓이는 안티민숀을 면사로 만들지 못하도록 금지한 거잖아요. 예복도 그렇고요. 면사로 거룩한 예복과 거룩한 보자기를 만드는 것은 금지되었어요. 왜 그럴까요? 당신도 그걸 잘 알 거예요. 그게 다 면사가 악마의 풀이기 때문이에요. 그러니 면사를 사제관에 들여오지 못하게 하세요."

내 아버지는 그것을 반박할 수 없었다. 거룩한 식탁을 덮는 천(성보), 거룩한 잔(Saint Calice)과 거룩한 쟁반(Saint Patène)과 거룩한 받침대(Saint Astérique)를 덮는 보자기, 거룩한 안티민숀에는 오직 비단과 아마포만 사용하도록 규정되어 있다. 면사는 배제된다. 언급되어 있지 않다. 그러므로 금지된 것이다. 옥수수처럼 말이다. 주교의 오모포리온은 어린 양의 양모로 만들어야 한다. 거기에도 면사에 대한 언급은 없다. 어디에도 말이다.

내 아버지가 말했다.

"옥수수도 성경에 언급되어 있지 않고 리뚜르기아에 사용되지 않아요. 그렇다고 해도 그것이 악마의 식물은 아니잖소. 당신도 매일 그것을 먹잖소. 그건 우리의 나날의 양식이란 말이오."

"아무튼 당신이 조치를 취하세요. 이 사탄의 식물이 사제관 지붕 아래로 들어오지 못하게 말이에요."

마마 쁘레스비떼라는 이렇게 말하고, 눈물을 흘렸다. 그녀는 더 이상 자기 주장을 변론할 수 없었다. 그녀가 느끼고 있는, 점점 다가오는 이 불행을 막기 위해서 말이다. 그녀는 그 불행이 반드시 오고야 말 것이라고 확신했다. 면사와 함께 말이다. 하지만 그녀는 그 임박한 불행을 입증할 방도가 없었던 것이다. …

"면사를 가져온 사람들은 그것을 사제관에 부려놓으라는 명령을 받았다오. 우리 집 다락방에 보관하도록 말이오."

내 어머니가 물었다.

"왜 마을 여관에 두면 안 되요?"

그녀는 계속해서 말했다.

"악마의 풀과 음료, 술, 담배, 면사는 마을 여관에 두어야 해요. 성당이 아니라요. 사제관도 안 되고요. 악마에 속한 것은 사탄의 집에 두어야 한단 말이에요. 여관에. 주님의 집이 아니라."

마마 쁘레스비떼라는 미신에 빠져 있지 않았다는 것을 다시 한번 반복해서 강조해두어야 한다. 겉모습은 그렇게 보일지 몰라도 말이다. 그녀는 그냥 단순한 여자였다. 그녀는 남자들이 보지 못하는 것을 볼 뿐이었다. 그녀는 비논리적인 주장을 하면서, 악마의 식물이라느니 사탄의 풀이라느니 황당무계한 말들로 반대했다. 왜냐하면 그녀에게는 면사를 그의 집 안에, 그의 집 지붕 아래 들여놓지 못하게 할 다른 방도가 없었기 때문이었다. 내 아버지는, 말들이 고집을 피울 때나 여자들이 고집을 피울 때, 미리 내다보지도 못하면서 오히려 자기 확신에 빠져있는 모든 산사람들과 다를 바 없었다.

그 주일, 면사에 관한 문제에 대해 내 아버지는 아무 것도 할 수 없었다. 그는 마마 쁘레스비떼라에게 '아니오'라고 말해야만 했다. 정부는 교회 당국의 중개로 면사 실은 트럭을 사제관으로 보냈고, 그것을 터무니없는 헐값으로 농부들에게 나눠주게 했다. 그러므로 그것은 오히려 선물이었다. 내 아버지는 면사를 받아들여야 했고, 그것의 수용을 알려야 했고, 또 나눠주어야 했다. 면사대금이 전부 얼마인지를 확인하고, 특별한 장부에 인수자의 이름과 인수한 면사의 총량과 총 지불대금 등을 기록해야 했다. 그것은 명령이었다. 내 아버지가 사제의 자격으로 수행해야만 했던 하나의 임무였던 것이다. 사제는 하느님에게서 은사를 받지만, 이 땅에서는 주교들과 정부로부터 명령을 받기 때문이다.

내 아버지는 말했다.

"나는 면사를 가난한 사람들에게 나눠주는 일과 사제직이 양립할 수 없다는 이유와 근거를 찾을 수 없소. 그건 사회적인 활동이란 말이오."

그러자 마마 쁘레스비떼라가 말했다.

"그건 장사예요. 사제직을 가진 당신은 이 책상에 앉아서 저울 눈금이나 살피게 될 거예요. 그리스도인들에게 면사를 팔기 위해서, 또 그들에게 돈을 받기 위해서 말이에요. 그건 사제가 할 일이 아니에요. 장사꾼이 되는 것은 사제에게 금지된 것이잖아요. 제5차 세계 공의회 규범 76항에 분명히 나와 있어요."

"그건 장사가 아니오. 면사 판매 가격이 아주 저렴하단 말이오."

"가격이 문제가 아니에요. 문제는 사제가 장사꾼이 된다는 것이에요. 사제가 물건을 팔고 돈을 받는 게 문제란 말이에요. 저울에 올려, 눈금을 재고, 계산을 하고. … 사나운 개를 몽둥이로 때리듯, 그리스도께서 채찍을 들고 그 거룩한 손으로 장사꾼들을 때려 내쫓은 것을 당신도 알잖아요. 당신이 매일 읽고 있는 복음경에 다 나오잖아요! 그런데 보세요. 지금 당신은 성전의 장사꾼 자리를 차지하고 있어요. 당신은 사제관을 상점으로 만들고 있어요. 하지만 그리스도께서 내려오실 거예요. 그분은 성전의 장사꾼들을 때리셨던 것처럼 당신도 때리실 거예요. 나도 같이 얻어맞게 될 거예요. 당신의 자식들도. 그리고 모든 그리스도인들도 얻어맞게 될 거예요. 왜냐하면 그들도 모두 자기들의 사제가 파는 물건을 사게 될 것이고 그렇게 해서 그의 사제직을 더럽힐 것이기 때문이란 말이에요."

그러는 사이, 사람들은 다락방의 가구들을 치우기 시작했다. 다른 사람들은 이 방을 손님방이라고 불렀다. 우리 고향 산골 농부들의 거처에는 언제나 비어있는 방이 하나쯤은 있게 마련이다. 그리고 그리스도가 언젠가 순례자의 차림으로, 혹은 노인의 차림으로, 혹은 낯선 이방인의 차림으로 우리 집 대문을 두드리게 될 때, 그리스도는 바로 이 다락방에 묵게 될 것이었다. 사람들은 이 방을 부활절과 명명 축일에만 개방한다. 또 그곳에는 이콘들과 좀 가치가 나가는 물건들을 보관한다. 여자들이 결혼할 때 받았다가 그 딸들이 시집갈 때 지참금으로 물려줄 패물들도 보통 다락방에 보관된다. 그런데 지금 사람들이 사제관에서 이 모든 것들을 꺼내고 있다. 그곳에 이집트 면사를 쌓아두기 위해서 말이다. 그것을 운반해 온 네 명의 남자의 지시에 따라 마을 농부들은 면사를 내려 다락방에 쌓기 시작했다. 모든 사람이 정부가 교회를 중개자로 해서 우리에게 보내온 이것을 보고 매우 궁금해 했다. 하지만 당분간 그들이 볼 수 있는 것은 엄청 더러운 봇짐들뿐이었다. 하지만 그 더러움은 우리에게 익숙한 그런 것이 아니었다. 물론, 우리 모두는 더러웠다. 하지만 면사 봇짐의 더러움은 우리가 처음 경험하는 더러움이었다. 화물선 바닥과 국제적인 큰 항구들의 창고에서 묻어온 기름 때였던 것이다. 철사 줄로 칭칭 감긴 이 봇짐들은 그것들이 지나온 모든 장소의 더러움을 다 긁어모아 온 것이었다. 녹슨 철 색깔의 때가 잔뜩 묻어있었던 것이다. 그것은 정말 최악의 더러운 색깔이었다. 다른 모든 더러운 색깔이 다 들어가 있는 그런 색깔이었다. 피, 진흙, 녹, 때, 기름, 사람과 동물의 분비물, 열대지방과 대도시와 연안지역의 모든 먼지들. 우리는 그렇게 완벽한 색깔의 더러움을 본 적이 없었다. 그것은 분명 지옥의 색깔이었음에 틀림없다. 지상의 수없이 많은 불결함의 그 모든 흔적을 다 포함하는 것이었기 때문이다. 마을 사람들은 이 봇짐들을 어깨에 메고 사제관 다락방에 층층이 쌓아 놓았다. 그것들은 그렇게 무겁지는 않았다. 봇짐은 백여 개나 되었다. 짐을 다 부려놓은 뒤에 트럭은 떠났다. 마을 사람 모두가 면사를 보려고 모여들었다. 하지만 봇짐은 다음날에야 풀어보게 되었다. 정부 관리들이 와서 배포 방식, 판매 가격, 대금 지불 방식 그리고 면사의 사용방법, 의복 제작에 있어서 다른 재료들보다 어떤 장점들이 있는지 등에 대한 설명을 늘어놓았다.

이 면사 공급은 공식적으로 루마니아 현대화 계획의 일환이었다. 하지만 실제로는, 무역 협정에 있어서, 각각의 정부는 처분하길 원하는 물건이나 상품들을 구매하도록 상대 정부에 강요하려 한다. 그러므로 각 정부는 무역 균형을 맞추기 위해서 또 상대 정부의 환심을 사기 위해서 조금도 이익이 되지 않는 상품들을 구매하는 일들이 늘 있게 마련이다. 예를 들어 적도 주변의 국가들이 무슨 일이 있어도 꼭 팔고야 말겠다는 러시아의 의지에 못 이겨 무역 거래 품목에 제설기를 포함시켰던 것을 우리는 알고 있다. 제설기들이 열대지방의 그 폭염 아래서 하역되는 것을 보았던 것이다. 이날 우리 집 사제관에 부려놓은 면사는 어쨌든 이집트의 목화에서 나온 것이었다. 내 아버지는 사전에서 그 목화꽃을 찾아 내게 보여주었다. 그것은 민들레와 비슷했다. 하지만 이집트에서 자라는 이 목화는 영국 것이었고, 영국은 이것을 프랑스 북부 제사공장에 팔았으며, 이 공장들은 또 그것을 독일에, 그리고 독일은 우리 루마니아 사람들에게 그것을 팔았던 것이다. 그렇게 수많은 손과 중개상들을 거친 후에, 일 파운드의 면사는 원유 1톤 가격에 맞먹는 것이 되었다. 가끔 휘발유 한 탱크에 대한 값으로 스웨덴제 성냥 한 갑을 받는 일도 있었다. 상업적 거래는 매우 복잡하다. 카드 게임보다 더 변수가 많다. 주문하지도 않은 면사가 창고에서 다 썩어버릴 처지가 되자,

교회의 도움을 받아서 조합을 통해 농민들에게 나눠주려 했던 것이다. 면사를 한 번도 본적이 없는 농민들에게 말이다. 농민들은 이제 아마포대신 그것을 사용해야만 했던 것이다. 셔츠와 의복과 보자기 등에 말이다.

  우리 집에서 이집트 면사와 함께 지낸 그 첫 번째 밤은 불안과 근심의 밤이었다. 그것은 어디서나 감지되었다. 우리의 코로 느껴졌다. 다음 날이 되자, 조합 관계자들이 와서 봇짐을 풀었다. 종이로 돌돌 말린 면사는 청색 종이로 싸여 있었다. 이 청색 종이는 타르 칠과 파라핀 처리를 통해서 소독된 것이었다. 그 안에서 사람들이 실을 꺼냈다. 더러운 흰색이었다. 발에 밟힌 눈처럼 말이다. 여자들은 실을 이빨로 끊어 보려 했다. 실은 질겼다. 하지만 그것은 길가에 녹지 않고 남아있는 눈처럼 서글픈 흰색을 띠고 있었다. 세상에서 지저분한 흰 색보다 더 슬픈 것은 없다. 사람들은 봇짐을 풀어헤치면서, 타르 칠과 파라핀 처리로 소독된, 그리고 마치 기름이나 석유가 스며든 것처럼 기름기가 있는 그 청색 종이를 아무데나 버렸다. 아이들이 몰려와서 그 청색 종이를 가지고 놀았다. 그것으로 모자를 만들어 썼다. 연 날리듯 날리며 놀기도 했다. 마을의 모든 아이들은 청색 종이에 스며있는 그 악취 나는 기름때로 손과 얼굴이 더러워졌다. 이 청색은 청명한 하늘의 색이었다. 5월의 하늘 색 말이다. 사람들은 그 5월의 하늘을 진창에 처박을 것이고, 발로 짓밟을 것이었다. 그건 정말 끔찍하리만큼 슬펐다. 땅과 하늘에는 수백 가지의 청색이 있다. 그런데 면사를 싸매고 있던 그 기름종이의 청색은 재앙이나 다름없었다. 정말 비참하고, 가슴 아프게 하는 색이었던 것이다. 지옥의 청색이었던 것이다. 단 하루 만에 마을 모든 아이들의 손과 얼굴, 머리카락, 옷 모두가 이 기름때로 더러워졌다. 개들도 마찬가지였다. 개들은 이 종이가 먹을 수 있는 거라고 믿었던 모양이다. 기름때와 악취는 아이들과 개들에 이어, 고양이, 소, 송아지 등 모든 가축에게로 번졌다. 바람은 악취 나는 그 종이를 날려 보내 천지 사방을 더럽혀 놓았다. 마을 전체가 온통 더러워졌다. 그리고 악취로 진동했다. 마마 쁘레스비떼라는 아이들, 가축들, 벽, 나무, 풀 등 모든 것에 스며든 이것이 지옥의 불결함과 악취라는 것을 알았다. 저주의 벼락이 임박했음을 알려주는 것이라고 생각했던 것이다. 면사가 가져온 이 불결함, 모든 것에 접촉하여 얼룩지게 만드는 이 더러움은, 우리에게 벼락이 내려올 것임을 알려주는 표징이었던 것이다.

하지만 정말 이상스럽게도, 마마 쁘레스비떼라를 제외한 모든 사람들은 오직 면사의 재질과 장점에만 관심이 있었다. 사람들은 그것을 높이 평가했다. 사람들은 곧장 면사를 길쌈함 틀들을 구비했다. 그리고 시험 가동해 보았다. 그것은 아마포보다 훨씬 훌륭했다. 그래서 사람들은 계란, 닭, 송아지 등을 유대인들에게 팔아서 그것을 구입했다. 사람들이 돈을 들고 사제관으로 왔다. 내 아버지는 계속해서 다락방에 있었다. 사람들은 아침부터 저녁까지 길게 줄을 섰다. 돈을 내고 면사를 사가기 위해서 말이다. 셔츠와 의복, 결혼 예복, 바지 등에 그것을 사용하길 원했기 때문이다. 이집트 면사는 아마포를 대체할 것이 분명했다. 게다가 그것은 매우 저렴했다. 먼저 물건을 받고, 대금의 삼분의 일만 지불하고 나머지는 일 년 안에만 지불하면 되었다. 내 아버지는 마치 회계원처럼 커다란 종이 위에 구매자의 이름들을 적어 내려갔다. 구매량, 지불한 대금 그리고 남은 대금을 기록했다. 이 점에 있어서 나는 마마 쁘레스비떼라가 옳았다는 것을 깨달았다. 내 아버지는 상점 점원의 일을 했던 것이다. 하지만 그것은 사람들의 세속적 유익을 위한 것이었다. 그 점에 관해 나는 아버지를 용서했다.

나의 어머니가 말했다.
"사제의 역할은 사람들을 신화시키는 것, 그들을 거룩하게 만드는 것이지 사회 진보에 공헌하는 것이 아니에요. 세상일을 돌보는 사람은 따로 있어요. 더 전문적이고 능력 있는 사람들 말이에요. 사제는 세상의 진화가 아니라 세상의 신화(déification)를 위해 성령을 받았어요. 세상살이를 발전시키기 위해서가 아니란 말이에요."

마마 쁘레스비떼라는 이 끔찍한 광경을 견딜 수 없었다. 역사 속으로, 사회 속으로, 사제가 굴러떨어지는 광경을 말이다. 그것은 아담과 이브의 타락보다 더 끔찍한 것이다. 아담과 이브는 하늘에서 땅으로 떨어졌다. 하지만 그리스도의 강림 이래로, 사제 덕분에 사람은 하늘로 올라갈 수 있게 되었다. 그리고 죄를 용서해 줄 수는 없는 천사들보다 더 높은 존재로 만들어주는 이 사제직의 불꽃 덕분에 사제는 사람들을 하늘에, 천국에 오르게 해 줄 수 있다. 또 하늘을 이 땅 위에 현존케 할 수 있다. 하지만 사제가 하늘에서 역사 속으로 떨어진다면, 정치 속으로, 세속적인 일 속으로 굴러떨어진다면, 과연 그 누가 우리를 위해 이 땅 위에서 하늘을 지켜줄 것인가? 그 누가? 아무도 없다. 천사도 그렇게는 못한다. 그러므로 마마 쁘레스비떼라의 견해에 따르면, 면사를 파는 행위를 통해서, 내 아버지는 하늘에서 땅으로 떨어져 버린 것이었다. 타락 중에서도 가장 끔찍한 타락이란 것이다. 인류에게 닥칠 수 있는 가장 큰 불행이란 것이다. 왜냐하면 사제가 없으면, 우리는 하늘을 잃어버릴 수밖에 없기 때문이다. 그것은 천사가 타락하여 악마가 된 것보다 더 해로운 것이다.

마마 쁘레스비떼라는 분명 면사에, 면사의 유익함에 반

대하는 것은 아니었다. 하지만 면사는 신자들의 일이었다. 하느님은 사제들에게 사제직의 불꽃을, 오순절에 하늘에서 사도들에게 내려왔던 이 불꽃을 주셨다. 그리스도가 개시하신 인간의 신화(神化)를 이 땅에서 완성시키라고 말이다.

몇 세기 전부터 대대로 사제를 배출해 온 집안 출신인 마마 쁘레스비떼라는 면사를 만지지도 심지어는 눈길조차 주지 않으려 했다. 그녀는 아까티스토스(기립찬양)을 읽으며 매일같이 기도를 드렸다. 불경스러운 일이 하루 빨리 끝나기를, 사제관이 상점으로 사용되는 이 일이 중단되기를, 사제가 장사꾼이 되는 것을 멈추고 다시 천상의 일로 복귀하기를 간절히 기다리면서 말이다.

마을의 여자들은 그들의 첫 번째 실을 짰다. 이렇게 해서 그들은 이 유명한 섬유를 알게 되었다. 사람들은 이 섬유가 좋은 것이라고 판단했다. 이제부터 할 수만 있다면 아마포를 전부 다 면사로 바꿀 요량이었다. 이것은 마마 쁘레스비떼라를 더 낙담하게 만들었다. 그녀에게, 사제란 그 형제들을 하늘 왕국에 합당한 사람들로 만들려고 은총을 받은 사람이었던 것이다. 사제란, 그 형제들을 하늘에서 영원한 생명을 누리는 행복한 사람들로 만들어 주기 위해, 하느님이 특별히 임명한 사람이다. 이 땅에서 이곳에서 행복하게 해주기 위해서 임명된 것이 아니란 말이다.

이 땅에서는 행복이 가능하지 않았다. 사람들이 덜 불행해지고, 이 지상 세계에서 좀 더 나은, 최선의 삶을 살려면, 방법은 오직 한 가지 밖에는 없었던 것이다. 그들이 더 나은 삶을 누리는 유일한 방법, 그것은 거룩한 행위뿐이었다. 하느님의 도움뿐이었다. 높은 곳에서 내려오는 은총뿐이었다. 사제들에게 전해진 은총, 사제들이 그 형제들에게, 그리고 모든 피조물들에게 전달해주는 그 은총뿐이었다. 만약 사제가 사회의 진보에 관여한다면, 그는 더 이상 하늘을 바라볼 수 없는 '벽돌 만드는 사람들'과 똑같아진다. 그의 사제 직무는 하늘에서 온 것이었다. 사회 속에 들어간 사제는 진흙을 밟는 사람과 마찬가지다. 진창에 뒹구는 사람. 왜냐하면 진흙을 가지고 벽돌을 만들기 때문이다. 마마 쁘레스비떼라에게는, 사제가 사회적 관심사에 몰두하기 위해 하늘에 계신 유일하신 주님을 눈에서 멀리하는 것은 일종의 배신죄에 해당하는 것이었다. 더 나아가 마마 쁘레스비떼라는 지상에서의 행복을 믿지 않았다. 그녀는 우리에게 『게론디꼰』에 나오는 한 구절을 읽어주었다. 이 땅에 낙원을 실현하려고 하는 사람은 '벽돌 만드는 사람'이라는 내용이었다.

　이승에서의 기쁨과 행복을 추구하는 사람, 진흙으로 표상되는 육체적 쾌락을 추구하는 사람은 비록 그것을 만끽한다 해도, 그 쾌락의 공간을 결코 가득 채울 수 없다. 그것은 채우면 채울수록, 다시 새어나가 비어버린다. 이렇게 벽돌 만드는 사람은 거푸집에 끊임없이 진흙을 채우지만 그것은 또 다시 비워진다. 우리가 탐욕의 갈망에 대해 조금이라도 생각해본다면 이 상징은 너무도 쉽게 이해된다. 사실, 어떤 것에 대한 갈망이 채워지면, 다른 것에 대한 갈망이 생겨난다. 우리가 물질적 삶을 벗어나지 않는 한, 우리 안에서는 이것이 끊임없이 반복되어 일어난다.[3]

나는 마마 쁘레스비떼라가 내 아버지를 비난하는 말을 듣고 통곡했다.

면사를 나눠주고, 무게를 재고, 돈을 받고, 계산을 하고, 숫자를 기입함으로써 내 아버지는 결국 벽돌이나 만들고 있었던 것이다. 분명 그는 그의 자녀들, 가난한 농부들을 위해 봉사를 한 것이다. 하지만 그럼에도 불구하고 그는 한갓 벽돌 만드는 사람이 되어버린 것이었다.

사제는 그리스도라는 오직 한 분 주교만을 가진다. 또 하늘의 왕국이라는 단 하나의 사회를 가진다. 사람들을 신화시키고, 그들을 영원한 나라의 시민으로 만들어주는 일,

---

3) Saint Grégoire de Nysse, P.G. 44, col. 344 A.

오직 이 한 가지 활동만을 가진다. 교회와 사제는 땅이 아니라 하늘에 뿌리를 둔 오르키데아(orchidée, 난초과 식물) 꽃과 같다. 교회와 오르키데아는 다른 식물들과는 달리 그 수액과 자양분을 땅이 아니라 하늘에서 끌어온다.

내 어머니는 면직물을 볼 때마다 근심이 커져 갔다. 그녀에게, 그것은 마치 옥수수로 봉헌빵을 만드는 것과 똑같은 것이었다. 그것은 그야말로 불경스런 일이었던 것이다. 아마포는 하느님의 성전에서 영예로운 자리를 차지하고 있는 식물이기 때문에, 결코 면으로 대체될 수 없는 것이었다. 밀을 옥수수로 대체할 수 없듯이 말이다.

내 어머니가 이렇게 설명했다.

"아마는 결백의 상징이란다. 땅에서 생산되는 그 어떤 천도 아마포보다 쉽게, 또 바탕까지 깨끗하게 빨아지는 것은 없어. 아마포는 절대로 때를 오래 가지고 있지 않아. 그 어떤 때라도, 그 어떤 얼룩이라도 금방 제거되지. 어떤 얼룩이나 때도 아마실 안으로 침투해 들어갈 수는 없어. 아무리 죄가 사람을 더럽힌다 해도, 또 그 사람이 세상 제일의 죄인이라 할지라도, 그 사람의 깊은 곳에는 언제나 창조주의 형상이 남아있고, 그래서 참회를 통해 그 더러움을 다 씻고 눈처럼 흰 사람이 될 수 있는 것처럼 말이야. 오직 아마포만이 참회한 사람처럼 순백이 될 수 있어. 그래서 아마포는 순결함의 상징인 거야. 하느님도 이렇게 말씀하셨지. '너희 죄가 진홍같이 붉어도 눈과 같이 희어지며 너희 죄가 다홍같이 붉어도 양털같이 되리라.'[4]"

결백 이외에도 아마포는 단순성을 상징한다. 왜냐하면 그것은 웬만해선 염색이 되지 않기 때문이다. 그것은 늘 흰색으로 남아있기를 좋아한다. 단순한 상태로 있기를 원한다. 흰 색은 바로 단순성과 순결함이다. 그것은 또한 거룩함을 상징한다. 왜냐하면 거룩함 그것은 인내이기 때문이다. 실제로 아마는 씨를 뿌려 자라면, 뽑아서 말리고, 그것을 물에 침적시킨 뒤 꺼내어 다시 말리고, 그런 다음 짓이겨 껍질을 벗긴 다음, 도리깨로 부수어 표백하고 그 다음에 실로 짠다. 하늘 왕국에 합당하게 되려면 사람도 이 모든 과정들을 거쳐야 한다. 똑같은 인내와 노고로 말이다.

마을에서 아마포를 면으로 대체하는 것은 불경스러운 것이었다. 아마는 그리스도인의 거의 모든 덕들을 상징하는 것이기 때문이다. … 그러므로 이것은 마마 쁘레스비떼라에게 엄청난 고통을 안겨주었다. 그는 무릎 꿇고 아까티스토스를 읽으며, 이 끔찍한 시련이 빨리 지나가길 기다렸다. 면사가 마지막 한 단까지 빨리 다 팔리기만을, 사제관에는 단 한 오라기도 남아있지 않기를 기다렸다. 그렇게

---

4) 이사야 1장 18절.

되면 그녀는 사제관을 모두 청소할 것이다. 끓는 물로 가루비누를 풀어서 깨끗하게 말이다. 그리고 다락방에 있던 것들을 다 본래 자리에 되돌려 놓을 것이다. 그런 다음 '축복받은 물'(성수)을 뿌려, 다락방을 모든 흠에서 깨끗하게 정화하고, 아마포처럼 희고 순결하게 되게 해달라고, 하느님 아버지께 청할 참이었던 것이다.

내 어머니는 그리 오래 기다리지 않아도 되었다. 토요일 저녁, 면사는 다 떨어졌다. 모두가 팔린 것이다. 포장지의 악취와 더러움, 지옥의 냄새는 여전히 남아있었다. 그럼에도 마마 쁘레스비떼라는 훨씬 만족감을 느끼며 잠들 수 있었다. 아버지는 더 이상 면사 장사꾼이 아니기 때문이었다. 하느님은 상점으로 변해버렸었던 우리 집을 향해 다시 그 시선을 돌리실 것이기 때문이었다.

하지만 하늘의 벌이 마치 벼락처럼 우리 모두에게 내렸다. 마을에 말이다. 왜냐하면 주일 아침, 동틀 무렵 사제관에 큰 사건이 일어났기 때문이다. 마마 쁘레스비떼라가 그렇게 두려워했던 그런 일이 일어났다. 이게 다 면사 때문이었던 것이다. 주일, 거룩하고 신성한 리뚜르기아를 드리러 온 마을 사람들은 우리 집의 나무판자 벽과 계단에 묻은 피를 보게 된 것이다. 살인강도가 사제관에 들이닥쳐 내 아버지를 죽이려 했고, 결국 아버지는 큰 부상을 입게 된 것이다. 그리고 그는 면사를 판 대금을 다 훔쳐 달아났던 것이다.

 마마 쁘레스비떼라의 두려움은 이렇게 해서 사실로 드러났다. 그것은 결코 미신이 아니었던 것이다. 면사는 우리 마을에 범죄와 살인강도를 불러온 것이었다.

사제관의 강도 사건
주일 아침 사제관에서 일어난 면사 대금 강절도 사건

　1923년 가을 주일 아침, 사제관에서 일어난 범죄의 개요는 대충 이렇다.

　밤이 거의 다 끝나갈 무렵이었다. 하지만 아직 날이 밝지는 않았다. 창문으로는 빛과 어둠이 마치 커피와 우유처럼 뒤섞여 있었다. 그리고 짙은 안개도 끼었다. 빨리 일어나서 침대에서 나오라고 지시하는 마마 쁘레스비떼라의 비명과 고함소리에 아이들인 우리는 잠에서 깨어났다. 빨리 일어나서 그녀의 곁으로 와, 이콘 앞에서 무릎 꿇고 하느님께 감사의 기도를 드리라는 것이었다. 그 전까지만 해도 우리는 아무 것도 듣지 못했다. 우리는 깊이 잠들었던 것이다.

"너희 아버지는 죽지 않았어."

마마 쁘레스비떼라가 우리에게 말했다. 아니 그녀는 말한 게 아니다. 소리친 거다. 그녀는 고통과 행복으로 갈라져 있었다. 조금 전만해도 그녀는 사제관 문턱 위에 피범벅이 되어 기절해 있던, 죽은 줄로만 알았던 내 아버지를 발견하고 엄청난 고통에 울부짖었다. 하지만 아버지가 살아있음을 알고 나서는 엄청 기뻐했던 것이다. 그녀 안에서 고통과 기쁨이 뒤범벅되었다. 바깥에서, 끝나가는 밤의 어둠과 태어나는 낮의 빛이 뒤섞여 있었듯이 말이다.

"하느님 은총으로, 아버지는 살아있어. 아버지는 부상을 당했지만 살아있어. 수호천사들, 우리의 천사들은 제비들이 아니야."

마마 쁘레스비떼라는 이렇게 말하며 나를 꼭 껴안았다. 한 번도 그런 적이 없었는데 말이다. 그리고 나를 쳐다보면서, 마치 우주에서 가장 중요한 이야기라도 되는 듯, 진지하게 내게 말했다.

"비르질, 너의 평생에 이걸 결코 잊어서는 안 돼. 천사들은 제비들이 아니야. 그들은 제비들처럼 겨울이 온다고 해서 우리를 떠나지는 않아. 천사들은 우리와 함께 있어. 겨울밤이 아무리 길어도, 어둠이 끝이 없어도, 태양이 빛나지 않아도. 우리가 깊은 불행 속에 있어도."

내 아버지는 침묵했다. 그의 상처는 점점 더 그를 고통스럽게 했다. 그건 너무 당연했다. 보건 공무원은 그저 붕대만 감아줄 뿐이었다. 총알은 여전히 살 속에 박혀 있었던 것이다. 아무도 그것을 알지 못했다. 내 아버지조차도 말이다. 그리고 그는 끔찍한 고통을 겪고 있었다.

거의 모든 마을 사람들이 사제관으로 모여들었다. 그리고 내 아버지가 말 울음소리를 들었다는 것을 나는 나중에 알게 되었다. 아버지는 잠에서 깨어나 창문 쪽으로 갔다. 아직 어둠이 남아 있었고, 날씨는 매우 차가웠다. 귀가 매우 밝았던 내 아버지는 −사실 귀가 밝지 않은 사람은 다른 사람을 섬길 수가 없다− 말 한 마리가 사제관 문에 묶여 있는 것을 보았다. 말 타고 온 사람은 분명 급한 용무가 있어서, 예를 들면 죽어 가는 사람에게 성체성혈을 영하게 해달라든가, 혹은 누가 태어났다든가, 혹은 어떤 불행한 사건이 일어났다든가 하여 사제를 찾아온 사람일 거라고 생각한 내 아버지는 말을 타고 온 사람이 마당을 지나 들어 올 수 있도록 사제관의 문을 활짝 열어놓았다. 그리고는 황급하게 옷을 챙겨 입었다. 문을 열어준 다음 돌아선 순간, 아버지는 다락방에서 나오는 한 사람과 마주쳤다. 그는 소리쳤다.

"나가게 해주시오. 그렇지 않으면 당신을 죽이겠소!"

말을 끝내기도 전에, 그 남자는 권총 몇 발을 쏘고 달아나 버렸다. 권총 소리에 놀란 마마 쁘레스비떼라가 현관쪽으로 뛰쳐나왔다. 현관문은 활짝 열려 있었고, 내 아버지는 계단 위에 쓰러져 있었다. 피를 흘리면서 기절해 있었다. 그녀가 도움을 요청하기도 전에, 이웃 사람들은 이미 그곳에 와 있었다. 그들도 총소리와 말발굽 소리를 듣고 쫓아왔던 것이다. 사람들은 아버지를 다락방으로 옮겨서 그곳에 뉘여 놓았다. 그리고 아버지는 다시 정신을 차렸다.

"오른쪽 다리에 두 발을 맞았어요."

내 어머니는 크게 안도하며 말했다. 그리고 십자 성호를 그었다. 다시 그녀는 이렇게 말했다.

"아니에요. 천사들은 절대로 제비들이 아니에요. 천사들은 어둠과 불행의 겨울이 와도, 결코 우리를 떠나지 않아요. 천사들은 언제나 우리와 함께 있어요."

몇 시간 동안이나 우리 아이들에게는 방에서 나오지도 아버지를 보지도 못하게 했다. 나중에 타르구 네암쯔의 공무원들이 지방 경찰들과 함께 찾아왔고, 사람들이 사태의 전말에 대해 말하고 있을 때, 나는 슬그머니 밖으로 나오는 데 성공했다. 나는 다락방에 들어갔다. 방에는 사람들이 가득했다. 내 아버지는 흰 나무 탁자에 누워 있었다. 그 탁자 위에는 지난 일주일 내내 면사 구입자들의 명단, 저울 그리고 숫자로 가득한 종이들이 놓여 있었다. 지금은 탁자 위에 이불만 있다. 그리고 그 이불 속에 내 아버지가 누워있다. 크고 비쩍 마른 모습으로, 수단을 입고 말이다. 그는 평상시와 똑 같았다. 다만 오른쪽 다리에는 신발이 벗겨져 있었다. 흰 붕대로 칭칭 감겨진 채로. 옷자락에는 마치 녹 자국처럼 핏자국이 묻어 있었다. 그는 수사관이 경찰들에게 사태를 설명하는 것을 듣고 있었다.

"살인자는 면사 판매 대금이 이곳에 있다는 것을 알고 있었어요. 신부님이 그 돈을 지금 누워 있는 탁자 서랍에 넣어놓은 것을 모든 사람들이 알고 있었어요."

내 아버지가 말했다.

"맞아요. 모두가 알고 있었어요. 그것은 하등 비밀이 아니었어요. 나는 돈을 서랍에 넣어놓았어요. 모든 사람이 보는 앞에서 말이죠. 돈 받는 대로 그 즉시 말이에요."

서랍은 이미 박살나서 창문 쪽에 기대어 있었다. 속은 텅 비어 있었다. 서랍 바닥에 압정으로 고정시켜 놓은 청색 종이 말고는 아무 것도 없었다.

"밤에도, 돈은 그냥 서랍에 놓아두었어요. 그렇지 않습니까?"

"그럼 그것을 어디에 두겠어요?" 내 아버지가 대답했다.

"서랍은 자물쇠로 잠가 놓았습니까?" 수사관이 물었다.

경찰 한 사람이 말했다.

"그럼요. 수사관님."

그는 갈색머리의 거인이었다. 엄청나게 큰 주머니가 견

장과 단추와 여러 장식들과 함께 경찰 제복을 뒤덮고 있었다. 그는 이렇게 덧붙였다.

"서랍은 자물쇠로 잠갔어요. 게다가 그건 아직도 자물쇠로 잠긴 채로군요. 그러니 자물쇠는 서랍을 열지 못하게 하는 데 아무 소용이 없었던 겁니다. 누구라도 이 서랍을 열 수 있었던 거죠. 작은 칼 하나만 있어도 말입니다. 공금을 이런 허술한 서랍에 보관을 하다니!"

경찰, 수사관, 면장, 농부들, 다락방에 있던 모든 사람이 내 아버지를 일제히 쳐다보았다. 비난의 시선으로 말이다. 내 아버지의 잘못이 이 강절도 사건의 원인이었다는 듯이 말이다.

내 아버지가 말했다.

"나는 무엇보다도 내 아이들 때문에 그것을 잠가 놓았습니다. 그건 그냥 평범한 서랍이죠. 물론 튼튼한 금고는 아니에요."

수사관이 물었다.

"오늘 밤, 서랍에는 돈이 얼마나 들어 있었습니까?"

"일주일 동안 내가 받은 돈 전부요. 정말 전부 다 들어 있었습니다. 대금 내역은 종이에 다 기록해 놓았습니다. 구매자의 이름과 함께요."

수사관이 다시 물었다.

"그 안에는 돈이 얼마나 들어 있었다는 겁니까?"

내 아버지가 말했다.

"나는 아직 합계를 내지 않았습니다. 마지막 면사 묶음이 어제 저녁에야 팔렸거든요. 나는 돈을 받아 서랍에 넣고 자물쇠로 잠가 놓았습니다. 열쇠는 내 주머니에 넣어 두었지요. 그리고 저녁 기도 예식(만과)을 거행하러 갔습니다. 대금 총액과 보고서 작성은 월요일에 할 생각이었지요. 학교 선생님과 조합 직원들의 도움을 받아서 말입니다."

오랜 침묵이 흘렀다. 누구도 내 아버지를 비난할 수는 없었으나, 그래도 그들의 시선에는 아버지의 일처리 방식이 못마땅하다는, 마음에 들지 않는다는 감정이 실려 있었다. 하지만 사제관에 튼튼한 금고가 없다 하여, 서랍이 칼로도 쉽게 열 수 있는 허술한 것이라 하여, 그것이 내 아버지의 잘못인 것은 아니지 않는가! 그럼에도 불구하고, 모든 사람이 다 못마땅해 했다. 또 총액을 합산해 놓지 않은 것 때문에 다들 놀랐다. 서랍 속에 돈이 얼마나 있었는지를 모른다니 다들 놀랐던 것이다. 그것은 아주 기초적인 사항이었던 것이다. 그런데도 내 아버지는 돈을 계산해 놓아야 한다는 당연한 생각을 해보지 못했던 것이다. 매일 저녁, 하루에도 몇 번씩 했어야 했던 것을 말이다. 아마도 모든 사람이 그렇게 했을 것이다. 그러나 그는 그렇게 하지 않았다. 물론 그것이 무슨 범죄 행위인 것은 아니었다.

하지만 올바른 처신도 아니었던 것이다. 일주일 동안 수금을 하고 판매금액을 모아놓는 사람으로서는 말이다.

수사관이 말했다.

"살인자는 면사 판매대금이 서랍에 있었다는 것을 알았어요. 그건 누구에게나 다 알려진 사실이었어요. 도둑은 말을 타고 왔습니다. 마지막 묶음의 면사가 판매된 것을 알고 돈을 싹 쓸어가기 위해서 말입니다. 그리고 오늘 아침 해가 뜨기 전 가장 조용한 시간에 사제관에 잠입한 것입니다. 창문을 깨지 않고 살며시 빼내 밖에 둔 다음, 벽을 집고 들어갑니다. 이윽고 칼을 꺼내어 서랍을 연 다음 돈을 챙깁니다. 그리고 나선 조용히 사라지려 합니다. 나는 그가 황급히 도망칠 준비를 했다고 말하지 않겠습니다. 그러지는 않았습니다. 아무도 그를 쫓아오는 사람이 없었으니까요. 그런데 살인자가 타고 온 말이 울음소리를 냅니다. 신부님은 신자 중에 누가 급한 일로 찾아 왔다보다 생각하고 사제관의 문을 엽니다. 그는 떠날 채비를 하려 합니다. 놀란 살인자는 창문으로 나가지 않았습니다. 왜냐하면 사제관 현관문이 열려 있었으니까요. 하지만 현관문 가까이에서 사제를 발견합니다. 빠져나갈 길을 트기 위해서, 그는 총을 쏜 다음 현관으로 냅다 달려가 말에 올라탑니다. 이어서 최고 속도로 말을 몰아 도망갑니다. 사건의 전말이 이렇다고 생각되는데, 신부님, 그렇습니까? 혹시 사실과 맞지 않는 것이나, 추가로 덧붙여야 할 사항들이 있습니까?"

내 아버지가 대답했다.

"정확합니다. 하신 말씀 모두가 정확히 사실과 일치합니다!"

내 아버지는 죄책감을 느꼈다. 그는 용의주도하지 못한 사람으로 여겨지는 조금은 모욕적인 상황에 놓여 있었다. 그는 세상일에는 서툴렀다. 하지만 이 사람들, 수사관, 형사, 경찰, 심지어 농부들도 다 세상일에 경험이 풍부했다. 그에게, 사제인 그에게 면사 판매와 수금을 맡긴 것 자체가, 사실은 어린 아이에게 맡긴 것이나 마찬가지였던 것이다. 그것은 정말 답답한 처사였다. 왜냐하면 "사람이 천사와 같으면 같을수록, 전쟁과 악한 일에는 무능한 법"[1] 이기 때문이다. 내 아버지는 수치심을 느꼈다. 게다가 그는 매우 고통스러워했다. 나중에 알게 되지만 총알 하나가 그의 몸속에 남아 있었기 때문이었다. 살 속에 박힌 총알 하나가 그를 몹시 괴롭혔던 것이다. 하지만 그는 고통을 참아낼 만큼 충분히 강인했다. 그리고 자신의 자질 부족을 흔쾌히 인정할 정도로 강했다. 아버지는 알고 있었다. "그런 사람이야말로 시련이 끝나고야 말 것임을 아는 참된 인내

---

1) Saint Grégoire de Nazianze, Poème sur sa vie, P.G. 37, Livre II.

의 표상이고, 그리하여 참고 견딤의 영광을 얻게 될 것이며, … 그러므로 무슨 일이 닥쳐와도 그 끝을 생각할 줄 알아야 하고, 그 끝을 기다리면서 모든 곤란을 다 이겨내야 한다."[2]는 것을 말이다.

마마 쁘레스비떼라와는 달리, 내 아버지는 불행이 반드시 하느님이 주시는 벌은 아니라는 것을 알았다. 왜냐하면 가끔씩 "하느님은 의인에게서 그분의 보호를 거두시어 그로 하여금 홀로 승리하도록, 그래서 더 큰 영광을 얻도록 하시기"[3] 때문이다.

그리고 내 아버지는 그 자신의 의지로 고통과 굴욕과 수치심을 이겨내길 원했다.

경찰 한 명이 말했다.

"그런데 뭔가 한 가지 잘 맞아 떨어지지 않는 것이 있습니다. 신부님은 살인자가 총을 두, 세 발 쏘고 달아났다고 말합니다."

내 아버지가 말했다.

"그렇습니다. 나는 그의 얼굴을 보지 못했습니다. 총을 쏘면서, 나를 밀쳐냈기 때문입니다."

다시 경찰이 물었다.

"신부님과 그 사람 사이에 몸싸움은 없었습니까?"

---

2) Saint Maxime le Confesseur, *Cent chapitres sur la charité*, IV, 23 et 24.
3) Saint Ambroise, P.L. 14 col. 1031 C et col. 1054 B.

내 아버지가 대답했다.

"모든 일이 순식간에 일어났습니다. 그가 나를 밀쳐내고, 달려가고, 총을 쏘고 하는 이 모든 일이 말입니다. 나는 쓰러졌습니다. 내 부상 때문이든지, 아니면 그가 나를 넘어뜨려서든지, 아니면 그 두 가지 모두 때문이든지. 그것도 아니면 나 혼자 놀라서 넘어졌을 수도 있습니다. 그때 나는 정말 놀랐으니까요. 누군가 집에 들어와 총으로 위협하고 있다고 생각해보십시오. 얼마나 놀라겠습니까! 길을 터주지 않으면 죽이겠다고 소리지르며 위협한다면 말입니다. 몸속의 총알들로 인해 마치 덴 것처럼 뜨거웠습니다. 총 쏠 때의 번쩍임도 있었고요. … 나는 너무 두려웠습니다. 그 두려움 때문에 내가 실신했던 것 같습니다."

경찰이 말했다.

"정확히 바로 이 지점에서 신부님의 말은 사실과 잘 맞지 않습니다. 나는 수사관에게 사건의 전말에 대한 다른 설명을 해보겠습니다."

"다른 설명이라고요?"

"두 사람 사이에는 싸움이 일어났고 둘 모두에게 부상이 있었습니다. … 신부님은 살인자와 싸움을 했습니다. 그러자 그가 신부님에게 총을 쏘았습니다. 신부님의 다리를 보면 그건 분명합니다. 하지만 신부님도 그에게 총을 쏘았고, 그에게 부상을 입혔습니다. … 신부님은 어떤 총으로 그에게 부상을 입힌 것입니까? 사제관 어딘가에 권총이나 그 밖의 무기가 있는 것은 아닙니까? 그리고 그것을 사용한 것은 아닙니까? 이것을 수사관에게 말해야 합니다. 왜냐하면 이곳에 들어올 때 살인자는 멀쩡했습니다. 창문에도 그가 강도질을 한 다락방에도, 핏자국은 전혀 없습니다. … 그런데 신부님이 그를 만났던 사제관 입구부터 대문까지, 특히 대문 바로 앞에는 피가 흥건합니다. 살인자가 피를 흘린 것입니다. 특히 말에 올라타기 직전에 말입니다."

내 아버지가 말했다.

"내게 부상을 입힌 것은 바로 그 사람입니다. 나는 그에게 손을 댈 틈조차 없었어요."

수사관이 말했다.

"신부님이 부상당한 것, 그것은 모두가 인정합니다. 하지만 어떻게 신부님의 피가 대문 앞까지 흐를 수 있었던 것입니까? 신부님은 그를 뒤쫓았습니까? 사제관 밖으로 나갔습니까? 왜냐하면 밖에도, 아니 밖에 특히 피가 많이 흘러있기 때문입니다."

내 아버지는 대답했다.

"절대 그렇지 않습니다. 나는 나가지 않았습니다."

"그는 부상당했습니다. 여기서 나가면서 피를 흘렸어요. 그건 누군가가 총을 쏘았든지 칼로 찔러 그에게 부상을 입했다는 것을 말해주는 것입니다. 신부님 말고 그렇게 할 사람이 누구겠습니까?"

내 아버지는 말했다.

"아무도 없었습니다. 모두가 잠자고 있었어요. 나 홀로 깨어있었습니다."

"그리고 신부님은 아무 무기도 없었다는 거죠?"

"예, 아무 무기도. 사제관에는 무기가 없습니다. 나는 맨손이었어요. …"

굳은 표정이지만 또한 존경스러워 하는 듯한 시선들이 내 아버지를 향했다. 왜냐하면 그는 살인자에게 부상을 안겨주었기 때문이다. 그것을 인정하려 하지 않지만 말이다.

수사관은 말했다.

"다락방으로 되돌아오면서 피의 흔적들을 살펴보니, 그의 부상은 신부님과는 비교도 안 될 만큼 더 심각합니다. 내가 가까이서 살펴봤습니다. 사제관 안의 통로를 따라 대문까지 여기저기 마치 커다란 붉은 단추 같은, 루비 보석 같은 핏방울이 서리 위에 떨어져 얼어붙어 있더군요. 대문 앞, 살인자가 말에 올라탔던 자리에는 정말로 많은 피가 흘려져 있었습니다. 마치 서리 위에서 닭이라도 잡은 것처럼 말입니다."

수사관은 또 말했다.

"그것은 총기나, 대검 혹은 칼에 의한 상처입니다."

그는 내 아버지를 보고 웃었다. 그리고 탄피를 만지작거리며 말했다.

"일 년 전 마을 여관주인 모칸을 살해한 살인범과 동일인입니다. 나는 그 탄피들을 보고 알았습니다. 똑같은 것이었어요. 신부님은 그 자가 현상수배범이라는 것을 알고 계시죠? 경찰서, 파출소 모든 곳에 그의 사진이 붙어있죠. 그는 예루살렘의 살인범, 이오넬 말라이입니다."

사람들은 내 아버지에게 아주 조악하게 인쇄된 한 젊은이의 사진을 보여주었다. 그 위에는 이렇게 쓰여 있었다. "보상금: 이 유명한 예루살렘의 살인범을 잡는 데 도움을 주는 사람에게는 백만 프랑의 보상금이 지불됨."

나는 급기야 눈물을 터뜨리고 말았다. 이제야 나는 사건의 중대성을 깨닫게 된 것이었다. 일 년 전부터 이 지역에서는 예루살렘의 살인범에 대한 이야기 밖에 없었다. 그는 이오넬 말라이라 불리는 청년이었다. 마마 쁘레스비떼라와 같은 학교 학생이었다. 왜냐하면 그는 호산나 강가 예루살렘의 쁠레베아라는 마을에서 태어났는데, 그 곳은 마침 내 외할아버지, 대(大) 스코베이, 사제 멜기세덱이 성당 주임 사제로 있는 마을이었기 때문이다. 그곳은 마마 쁘레스비떼라의 출생지이다. 이오넬 말라이는 마마 쁘레스비떼라와 거의 같은 또래였다. 그는 자원해서 군에 입대했다가 탈영해버렸다. 그리고는 주요 도로에서 강도질을 하는 무리에 속하게 되었다. 대략 일 년 전쯤, 그는 이 지역에 다시 나타났고 우리 마을의 여관 주인을 살해한 뒤 돈을 훔쳐 달아났다. 사람들은 그의 지문을 재취한 뒤, 그의 자취를 뒤쫓았다. 그 후로 그에게는 현상금이 걸렸다. 모든 경찰과 수사관이 그를 찾아 나섰고 추적했다. 그의 이름만으로도 사람들을 두려움에 몰아넣기에 충분했다. 그런데 지금 수사관이 우리에게 이렇게 말하는 것이 아닌가! 이 날 밤 사제관에 들어와서 돈을 훔친 뒤 내 아버지를 죽이려 했던 자가 바로 까르파티아의 공포, 예루살렘의 살인범이라고 말이다. 이것은 사제관에서 일어난 이 범죄를 엄청나게 중요한 사건으로 만들어 버렸다. 그것은 단순 강도 사건이 아니었던 것이다. 그것은 대사건이었다! 왜 그랬는지는 몰라도, 이 순간부터 나는 그 전보다 훨씬 더 두려워졌다. 정말 무시무시할 정도로 두려웠다. 나중에 대학생이 되어 다양한 사건들에 대한 폭로기사를 쓰게 되었을 때, 사람들에게 어떤 범죄의 중요성은 언제나 유독 그 희생자나 살인자가 누구인가, 혹은 그 사건이 일어난 장소가 어디인가에 따라 결정된다는 것을 알게 되었다. 예를 들어 중국에서 지진이 일어난다면, 많은 희생자가 생겼다고 말하면서 단 두 줄의 간략한 기사로 보도한다. 하지만 만약 지진이 파리나 런던이나 로마에서 일어나, 벽에 조금만 균열이 가도, 모든 신문들은 1면 기사감이라고 생각한다. 만약 내 아버지가 이름 없는 도둑에 의해 부상을 당했다면, 그렇게 중요하게 여겨지진 않았을 것이다. 하지만 내 아버지에게 일격을 가한 자가 예루살렘의 살인범이었다는 것이 밝혀진 순간부터 사건은 가공할 무엇이 되었다. 그것은 그야말로 비극 중의 비극이었던 것이다.

수사관은 내 아버지에게 현상 수배 포스터를 보여주며 이렇게 물었다.

"신부님은 그를 보셨습니까?"

"나는 그의 얼굴을 보지 못했습니다. 그를 본 것은 단 몇 초에 불과했습니다. 어둠 속에서 말입니다. 그러니 그 사람이라고 말할 수 없습니다."

"신부님의 말씀은 아무 도움이 안 되는군요! 살인범의 총은 이 지역에서 유일한 롱 라이플 소총입니다. 바로 그의 롱 라이플 소총으로 신부님이 부상당한 겁니다. 그리고 일 년 전에는 여관 주인 모칸이 살해된 것이고요. 내가 그 여관 주인 살인사건을 조사했던 사람입니다. 오늘 새벽 사제관에 오면서 내가 다시 예루살렘의 살인범 사건에 휘말리라고는 생각지도 않았습니다."

내 아버지는 침묵했다.

수사관이 말했다.

"만약 신부님이 그에게 심각한 부상을 안겼다면, 예루살렘의 살인범은 멀리 가지 못했을 겁니다. 아마도 지금쯤 그 자는 치명적인 부상으로 다 죽어가는, 얼마 못 가 사냥꾼의 손에 떨어지고야 말 짐승과 같을 것입니다."

수사관은 웃음을 터뜨렸다.

"만약 우리가 예루살렘의 살인범을 잡게 된다면, 그게 다 신부님이 그 자에게 부상을 입혔기 때문이라는 것을 아시겠습니까? 그러면 신부님은 백만 프랑이라는 현상금을 손에 쥐게 될 것입니다."

그러는 사이에도 밖에서는 여러 가지 흔적들과 도주로를 조사하고 있었다. 이제는 아무도 의심을 품는 사람이 없었다. 총격을 가한 자는 예루살렘의 살인범이었다. 그리고 내 아버지는 그에게 부상을 안겨주었다. 그와 싸우다가 말이다. 하지만 사제였던 내 아버지는 그가 한 사람에게 부상을 입혔다는 것을 공개적으로 인정하려 하지 않았다. 왜냐하면 교회에서는 살인범이든 성인이든 평범한 사람이든 아무런 차별이 없기 때문이다. 모두가 사람이고 서로 형제인 것이다. 살인범에게 부상을 입힌 자는 결국 한 사람, 한 형제에게 부상을 입힌 것이다. 그것은 똑같은 방식으로 그에게도 죄가 될 것이다. 하느님 앞에서는 사회 계급도 없고, 전과가 있든 없든 모두가 동일하다. 모든 사람은 다 하느님의 형상에 따라 창조된 피조물이다. 사람에게 부상을 입히든, 사람을 때리든, 사람을 죽이든, 사람에게 해를 가하여 하느님의 형상을 망가뜨린다면, 그 모두가 동일한 죄인 것이다. 게다가 내 아버지는 사제였다. 만약 그가 총이나 그 어떤 것으로라도 그와 동일한 족속, 그의 형제에게 상해를 입혔다면, 그는 모든 사람 안에 있는 하느님에게 상해를 입힌 것이 된다. 그러면 그는 더 이상 거룩하고 신성한 리뚜르기아를 집전할 수 없게 된다. 왜냐하면 사제는 강도에게도 해를 가해서는 안 되고, 그를 잡는 일에 협력해서도 안 된다. '성 대 바실리오스의 규범' 55항은 분명하게 말한다. 강도들을 뒤쫓는 일에 참여하는 사제는 누구나 성무집행이 금지되고 그 직책을 박탈당한다고 말이다. 왜냐하면 "칼을 쓰는 사람은 칼로 망하는 법"[4]이기 때문이다.

내 아버지가 말했다.

"나는 강도의 머리카락 하나도 건드리지 않았습니다."

"여기에 올 때는 피를 흘리지 않았던 그 자가 나갈 때는 피를 흘렸는데, 그럼 그 피는 어디에서 온 겁니까? 예루살렘의 살인범이 서랍을 열다가 손가락이라도 잘렸다고 생각하십니까? 그렇지 않습니다. 그는 치명적인 부상을 입었어요. 어쩌면 이미 죽었을지도 모릅니다."

내 아버지가 어떤 사람에게 상해를 입힐 수 있다는 가정은 내게 상상조차 할 수 없는 그런 일이었다. 내게는 이보

---

4) 마태오복음 26장 52절.

다는 차라리 아버지의 죽음이 덜 괴로웠을 것이다. 나는 확신했다. 나는 내 아버지가 예루살렘의 살인범에게 치명적인 부상을 입혔을 것이라고, 어쩌면 그를 죽였을 수도 있다고, 또 그랬다면 마치 유다가 하느님을 죽인 대가로 돈을 받았던 것처럼, 내 아버지가 한 사람을 죽인 대가로 백만 프랑의 보상금을 받게 될지도 모른다고 말하는 수사관의 설명을 더 이상 듣고 있을 수가 없었다.

나는 울면서 내 방으로 뛰어 들어가 숨어버렸다. 그 모든 것이 진실이 아니기를 하느님께 간청하면서 말이다. 주일이었던 그 날, 우리의 작은 나무 성당에서는 거룩하고 신성한 리뚜르기아가 거행되지 못했다. 내 아버지가 예식을 거행할 만한 육체적인 조건이 안 돼서 그랬던 것은 아니었다. 비록 부상은 당했지만 그는 서 있을 수 있었다. 하지만 그는 오점을 남겼고, 그래서 하느님의 제단을 가까이 할 수 없게 되었던 것이다. 그의 오점은 그에 대한 의심이 점점 더 확신으로 변해가면서 점점 커져만 갔다. 사람들은 한 사제에 의해, 내 아버지에 의해 쓰러진, 예루살렘의 살인범의 시체라도 발견하게 되지 않을까 기대하며 마을의 도로 양쪽을 샅샅이 뒤졌다. 그 날은 내 인생에서 가장 슬픈 날이었다. 정말로 총체적인 절망이었다. 나는 또한 마마 쁘레스비떼라의 오열을 들었다.

"우리에게 불행이 왔구나! 이제 우리는 모두 망했구나.

불행이 이집트 면사와 함께 우리 집에 들어왔구나. 이 빌어먹을 악마의 식물. … 이 면사 때문에 이제 우리는 이집트의 모든 재앙을 겪게 될 거야! 열 가지나 되는 재앙을 다 겪게 될 거야."

이번만큼은, 면사가 우리 집 지붕 아래로 들어오는 것을 그토록 반대했던 마마 쁘레스비떼라가 옳았다고 나는 생각했다. 면사와 함께 돈, 불결함, 범죄, 절도가 사제관에 들어왔다. 어쩌면 면사는 우리 아버지를 사제직에서 파직시킬 수도 있고, 살인범으로 만들 수도 있었던 것이다.

온 종일, 나는 예루살렘의 살인범이 무사하길 기도했다. 내 아버지의 부상당한 다리의 치유보다 그것을 위해 더 기도했던 것이다. 왜냐하면 그의 다리야 기껏해야 육체적인 장애에 그치겠지만, 만약 예루살렘의 살인범이 죽기라도 한다면, 그때는 내 아버지가 형제 살인범이 될 것이기 때문이다. 그리고 그것은 영원토록 지옥 불에 떨어질 큰 죄이기 때문이다.

수사관들과 경찰들이 떠난 뒤 나는 내 아버지에게로 가서, 그의 부상당한 다리를 쓰다듬어 주었다.

내 아버지가 나에게 말했다.

"도둑질을 하고 나에게 부상을 입힌 자는 바로 예루살렘의 살인범이란다. 사진을 보고 알게 되었어. 그 사람이었어. 불과 몇 초 밖에 보지 못했지만, 나는 오래 전부터 그를 알았어. 나는 그를 멜기세덱 신부님 댁에서 본 적이 있지. 그는 내 결혼식에도 왔어. 그의 현상금 포스터를 보여주었을 때 바로 그 사람이라고 생각했단다."

내가 말했다.

"아버지, 예루살렘의 살인범에게 부상을 입힌 사람은 아버지가 아니지요, 그렇지요?"

내 아버지가 말했다.

"그럼 그렇고말고. 네가 참 잘 물어보았다. 그 사람도 또한 나를 죽이려 하진 않았어. 부상을 입히려 하지도 않았고. 그는 두려웠던 거야. 그리고 내게 그냥 겁만 주려 했을 뿐이란다. 그 사람이 나를 죽이려 했다고는 생각지 않아."

"아버지가 아니면, 누가 그에게 부상을 입힌 걸까요?"

"그는 밑을 향해 총을 쏘았단다. 총알이 먼저 나에게 부상을 입혔고 돌에 튕긴 다른 총알이 그에게도 부상을 입힌 거야. 왜냐하면 그는 문턱에다가 총을 쏘았거든. 그곳은 사제관 전체에서 유일하게 화강암으로 만들어진 곳이야. 나머지는 다 나무로 되어 있지. 하지만 문턱의 돌출부는 화강암으로 되어 있지. 불행하게도 그는 이 문턱에다가 총을 쏘고 만 것이야. 그래서 나에게 부상을 입힌 것보다 더 크게 자신도 부상을 입게 된 것이지. … 다른 곳이었다면 총알이 튈 리가 없었던 거지."

"그런데 왜 그걸 경찰들에게 말하지 않은 거죠?"

내 아버지가 대답했다.

"그것은 불필요한 일이었단다. 나는 사제야. 그들은 경찰들이고 수사관들이지. 우리들은 똑같은 언어로 말하지 않아. 만약 내가 그들에게 어떤 것을 말한다면, 그들은 전혀 다른 방식으로 그것을 이해했을 거야. 내가 무슨 말을 하는지 알겠니? …"

"아니요."

"하지만 그것은 분명해. 경찰은 모든 사람을 다 살인자로 보기 마련이야. 모든 사람을 의심하지. 현자들과 철학자들은 모든 살인범에게서 사람을 찾지. 그리고 우리 그리스도인들은 모든 사람에게서 하느님을 찾는단다. 모든 사람들에게서 말이야. 살인범도 포함해서. 이제 내가 이런 것들을 경찰에게 말할 수 없었던 것을 이해할 게다. 나는 그들이 알아서 헤쳐 나가도록 내버려 둔 거야. 그리고 우리 각자는 찾는 것을 발견하게 되겠지. 경찰은 살인범을 찾게 될 거고, 철학자들은 살인범에게서 사람을 발견하게 될 거야. 그리고 우리는 우리 각자에게서 하느님을 발견할 거란다."

"하지만 아버지, 마마 쁘레스비떼라에게는 진실을 말할 거지요?"

내 아버지는 말했다.

"아니. 네 엄마에게도 말하지 않을 거야. 내가 예루살렘의 살인범, 이오넬 말라이를 알아보았다고 말하지 않을 거야. 그리고 그에게 부상을 입힌 게 내가 아니었다고도 말하지 않을 거야!"

나는 조금 얼굴이 붉어졌다. 그리고 이렇게 말했다.

"아버지는 엄마보다 나를 더 신뢰하는군요?"

아버지가 대답했다.

"그건 신뢰의 문제가 아니란다. 마마 쁘레스비떼라는 사태를 설명해주는 게 불필요하단다. 그녀는 모든 걸 이해하고 있어. 혼자서 말이야. 누가 설명해주거나 증명해주지 않아도 말이야. 증거와 논거를 대지 않아도 다 이해하고 있지. 모든 여자들이 그렇듯, 여자들만의 방식으로 말이야. 느낌으로 이미 모든 것을 다 알고 있지. 남자들과는 다른 방식으로 말이야. 여자들은 역사에 참여하지 않아. 오히려 그들은 천사들처럼 역사 위를 날고 있단다."

교회와 오르키데아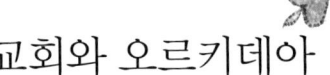

 입학식 날이다. 대축제의 날. 나는 일곱 살이다. 이제부터 나는 죄도 지을 수 있고 덕행을 실천할 수도 있다. 멋지게 글을 씀으로써 또 글자들을 그림으로써 글을 쓰는 상징적인 행위를 통해서, 성 삼위일체의 신비와, 말씀의 육화와 죽음과 부활이라고 하는 구원의 경륜을 모방하는 모든 아이들을 위한 대 축제일이다.

 입학식은 마을 전체의 축제다. 학교는 종교 의식으로 시작한다. 삶의 모든 행위들이 언제나 그렇듯 말이다. 계절마다, 포도 수확 축제, 추수 축제, 봄 축제, 겨울 축제가 있다. 글쓰기와 글 읽기의 시작을 축하하는 축제도 있다.

 내 아버지는 사제 예복을 입을 수 없었다. 향로와 성물들을 들고 와서 학기 시작을 알리는 종교 예식을 거행할 수 없었다. 각 학급을 돌면서 축복하고, 필통, 필기구, 펜, 공책, 교과서, 그리고 학생들을 축복해 줄 수 없었다. 내 아버지는 아파서 누웠다. 심각하게 아팠다. 부상당한 부위에 염증이 생긴 탓이었다. 사람들은 그를 병원으로 옮겨야만 했다. 사람들은 모두 그가 혹시나 다리를 잘라야 하는 것은 아닌지 우려했다. 그리고 사제가 거행하는 기도 예식 없이 학기를 시작하는 것은 불가능했다. 그래서 개학을 미루기로 했다. 내게는, 한쪽에 목발을 하고 병원에서 돌아올 아버지를 생각하는 것만으로도 너무 두려웠다.

"마마 쁘레스비떼라, 엄마는 이 모든 불행이 아버지가 면사를 나눠주면서 지은 죄 때문이라고 믿으세요? 하지만 그래도 그건 신자들을 위한 사랑의 행위, 그들의 물질적인 삶을 도와주려는 행위였잖아요. 사제는 백성들이 더욱 발전할 수 있도록, 진보할 수 있도록, 이 땅에서 더 잘 살 수 있도록 돕는 일에 협력해야 하잖아요."

"그렇지 않아!" 내 어머니가 소리쳤다.

의사는 다락방에서 내 아버지를 진찰하고 있었다. 그러나 내 어머니는 그걸 깜빡했던 것이다. 그녀는 내가 한 말 때문에 단단히 화가 났다. 사람들은 분명 내 어머니가 퇴행적이라고, 반동적이고, 무지몽매하다고 생각할 것이다. 그녀에게는 이 모든 수식어가 어울린다. 그리고 나 또한 언젠가는 그런 수식어가 어울리는 영예와 영광을 누리길 원했다. 같은 값이면 그보다 더한 것을 원했다.

"너는 알고 있니? 오순절 이후 주님의 사도들은 모두 차례로 지상의 예루살렘 도성을 떠났다는 것을 말이야."

나는 대답했다.

"엄마, 맞아요. 오순절에, 불의 혀를 받은 다음, 사도들은 모두 예루살렘 도성을 떠났고, 세상 곳곳으로 흩어졌어요."

"그럼 그들이 어디로 갔지?"

내가 말했다.

"모든 곳으로요, 엄마. 그들은 사방팔방으로 흩어졌어요."

"그래, 그들은 사방팔방으로 떠났어. 그런데 어디에 도착하기 위해서였지? 그러니까 그들은 지상의 예루살렘을 떠나서 사방팔방으로 흩어졌는데, 그 이유는 하늘의 도성, 저 높은 곳의 예루살렘에 도착하기 위해서였단다. 모든 사제가 하는 일이 바로 이것이야! 사제는 서품 받는 그 순간 세상과 역사와 사회를 떠나는 거야. 이 순간부터 그는 교회라 불리는 배로 모든 신자들을 하늘로 인도하는 거지. 그게 바로 배를 뜻하는 '나오스'라는 단어가 성당을 지칭하는 명사가 된 이유야. 그래서 우리는 성당을 지을 때 배의 모양으로 짓는 거야. 왜냐하면 교회는 지상 예루살렘에 사는 사람들을 천상의 예루살렘으로 인도하는 배이기 때문이지. 그런데, 세속적인 일에 매여 있는 사제는 자신의 임무를 행하지 않는 사람이야. 아무리 좋은 일이라 해도, 지상의 일이 사제로 하여금 저 높은 곳으로의 여행, 사제를 세운 이유가 되는 그 여행을 멈추고 지체하게 할 가치는 없는 것이지. 우리 그리스도인들은 언제나 여행 중에 있어. 지상에서 하늘로의 여행 말이야. … 우리는 예루살렘을 떠났어. 하지만 아직 저 높은 곳에 있는 예루살렘에 도착하지는 못했지. 우리의 삶은 더 이상 지상에 속한 것이 아니라 저 높은 천상에 속한 거야."

마마 쁘레스비떼라는 이쯤에서 내게 오르키데아에 관한 경이로운 이야기를 들려주었다. 오르키데아는 마천루처럼 장대한 나무들이 빽빽한 적도 지방의 숲속에서 산다. 이 나무들의 뿌리는 땅의 양분을 다 빨아먹고, 그 나무들의 아름드리 줄기들은 숲 속의 공간을 다 차지해 버린다. 작은 오르키데아는 그 작은 뿌리를 내릴 한 줌의 땅도 찾을 수가 없어서, 결국 거대한 나무들을 타고 올라간다. 정상에 이르게 되면 오르키데아는 나무 꼭대기보다 더 위로, 하늘로 그 뿌리들을 뻗는다는 것이다. 오르키데아는 하늘로 뻗은 뿌리들을 통해서 구름과 공기 중의 수분을 섭취하고, 창공에서, 태양 빛에서 그리고 달빛 광선에서 그 양분을 찾아 흡수한다. 그래서 오르키데아의 구조는 변한다. 그 뿌리는 꽃과 동일한 기관이 되고, 줄기는 꽃이 되고, 꽃은 …. 왜냐하면 그렇게 높은 곳에서, 거대한 나무들의 꼭대기에서, 처녀림의 가장 높은 곳에서, 하늘을 이웃하며, 그곳에서 생존에 필요한 모든 것을 구해 살아가는 것은 쉽지 않기 때문이다. 교회에서 살아가는 우리 그리스도인들은 오르키데아와 똑같다. 우리는 지상의 도성에서 뿌리를 거두어, 우리 머리 위로, 천상의 예루살렘 땅으로 뿌리를 내린 사람들이다.

"교회는 잠정적으로 그리고 부분적으로만 지상 위에서 살아간단다. 교회에게 지상의 삶, 역사와 사회에 속한 삶이란 부차적인 것이지. 만약 사람이 오르키데아를 잘라서 다른 식물들처럼 그 뿌리들을 땅에 꽂아 놓는다면, 그것은 죽고 말아. 산다고 해도 그것은 더 이상 오르키데아가 아니지. … 교회도 마찬가지야. 만약 사회적인 활동을 위해, 진보적인 활동을 위해, 하늘에서 교회의 뿌리를 뽑아내 이 땅 위에 꽂는다면, 설사 그것이 성공하여 이 땅 위에 낙원이 실현된다 해도 -그것은 불가능한 것일 테지만- 이 교회는 더 이상 하느님의 교회가 아니야. 간단히 말해 그것은 더 이상 교회이길 멈추는 거야. 여타 사회적 단체나 활동과 똑같은 것이 되어 버리는 거지. 물론 그것은 훌륭한 것일 수도 있어. 고귀한 것일 수도 있고, 경이로운 것일 수도 있어. 그러나 결코 신성한 것, 거룩한 것은 못되는 거야. 왜냐하면 하느님만이 거룩하시고, 하느님이 세우신 것만이 거룩하기 때문이란다. 서품식 때 사제는 오순절 사도들에게 내려와 임했던 것과 똑같은 하늘의 불꽃을 받아. 그런데 만약 서품 받은 후에, 즉 성령이 그에게 내려와 임한 다음에, 사제가 지상의 예루살렘에 계속해서 머물고자 한다면, 지상을 위해, 지상의 일을 하려 한다면, 그는 더 이상 교회 안에 있는 게 아니야. 이렇듯, 네 아버지가 면사를 판 행위는 지상의 활동이었던 거야. … 사제인 사람이 말이야! 빛이신 그리스도를 가진 사람이 말이야! '빛을 나눠주려면 먼저 빛에 속해야 한다'[1] 는 말도 있잖니."

"만약 빛을 가진 사제가 그것을 나눠주지 않고 다른 일에 열중한다면, 과연 그 빛을 기다리는 이들에게 누가 빛을 나눠주겠니? 사제는 하늘의 불을 가진 유일한 사람이야. '불을 나눠주려면 불에 속해 있어야 해.'[2] 사제들은 사도들처럼 하느님이 세우신 사람들이야. 그리고 사도들의 사역을 계속 이어가는 사람들이야. 그들은 성령을 가졌어. 하느님을 소유하지. '신성에 참여하는 자들로 만들려면,

---

1) Saint Cyrille d'Alexandrie, P.G. 75, col. 592 D.
2) Saint Cyrille d'Alexandrie, P.G. 75, col. 592 D.
3) Saint Cyrille d'Alexandrie, P.G. 75, col. 1058 B.

먼저 신이 되어야 하는 거지.'³ 사제들은 저 높은 천상의 일들에 전념해야 할 의무를 지녔어. 이 땅의 사람들을 신화시킬 의무. 그들을 하늘로 인도할 의무. 왜냐하면 예언자들조차 그리스도인들처럼 '성령의 성전'이라 불리지는 않았기 때문이야. 그래서 '모든 그리스도인들은, 사람의 아들들 중에서 가장 큰 사람이라고 칭송받았던 세례자 성 요한보다도 위대한 거야.'⁴"

"그래서 네 아버지의 죄가 중대한 거야. 그 죄로 인해 우리에게 닥치는 이 모든 불행은 바로 이집트의 면사와 함께 온 것이야."

바로 그 때, 의사가 방에서 나왔다. 정중한 태도로. 그는 순박한 의사, 아니 아는 게 별로 없는 의사였다. 학식이 풍부하기보다는 그저 사람 좋은 아마추어 의사였던 것이다. 하지만 내 아버지가 죽어가고 있다는 것을 확인하는 데, 특별히 훌륭한 의사가 필요한 것은 아니었다. 아니 의사도 필요 없었다. 그저 눈이 달린 사람이면 족했다.

"다리에 아직도 총알이 박혀 있군요. … 몇 시간 안에 병원으로 데려가서 그 총알을 빼내지 않으면, 다리를 잘라야 할지도 모르고, 어쩌면 생명이 위독할 수도 있습니다. 그

---

4) Saint Cyrille d'Alexandrie, P.G. 75, col. 757 A et P.G. 72, col. 400.

러니 빨리 마차를 수소문해서 병원으로 데려가십시오."

그때 한 여자가 들어왔다. 가난한 농촌 아낙네였다. 그녀가 울면서 말했다.

"내 아이들이 새까맣게 돼버렸어요. 다섯 아이 모두요. 그 어린 것들이. 마치 공처럼 부풀어 올랐어요. 새까맣게 돼버렸어요. 밤새 말이에요. 모두가. 의사 선생님, 빨리 와서 우리를 좀 도와주세요."

여자보다 나중에 당도한 남자가 여자에게 뭔가 귓속말을 나누더니 그 역시 울면서 돌아갔다.

"의사 선생님, 큰 애는 벌써 죽었어요. … 남편이 와서 말해주었어요. 죽어가면서, 그 애는 점점 더 까맣게 변했다는군요. 죽는 순간에는, 마치 석탄처럼 까맣게 되었대요. 석유 찌꺼기처럼. 그러니 어서 와서 우리를 좀 도와주세요! …"

의사는 다시 한번 내 어머니에게 아버지를 병원으로 옮겨 응급 수술을 하라고 권한 다음에 잔뜩 부풀어 올라 석탄처럼 까맣게 되어 죽어가는 아이들에게로 갔다.

내 어머니가 말했다.

"그건 면사와 함께 찾아온 이집트의 새로운 재앙이로구나."

그녀가 떠나기 전, 우리는 마을 전체에 심각한 전염병이 창궐하고 있다는 것을 알았다. 마을은 격리되었다. 학교와 여관은 폐쇄되었다.

내 어머니가 지시했다.

"옷을 입거라. 그리고 네 아버지 옆에 올라 타거라. 공책과 책도 챙기고. 이곳에는 학교가 문을 닫게 될 거야. 그러니 돌아오는 길에, 예루살렘에, 네 할아버지, 멜기세덱 신부님 댁에 너를 두고 오마. 마을이 격리되는 동안, 할아버지가 너를 보호해줄 거다. 너는 예루살렘의 학교에 가게 될 거야. …"

내 아버지는 병원으로 옮겨졌다. 그리고 우리가 보는 앞에서 수술을 받았다. 총알이 살 속에 깊이 박히지는 않았다. 의사는 상처 부위에 소독약을 부었다. 그리고 집에 돌아가도 된다고 허락했다. 우리와 함께 말이다. 모든 일이, 불과 몇 시간 만에, 이렇게 일사천리로 처리된 것에 대해, 그리고 아버지의 열이 많이 내린 것에 대해 우리는 매우 만족했다. 왜냐하면 아버지는 수술 받은 다음에 곧바로 마실 것과 먹을 것을 달라고 했기 때문이다. 그에게 시련은 끝이 났다.

돌아오는 길에, 호산나 강가를 지날 때, 우리는 집으로 가는 길 대신 예루살렘으로 들어갔다. 호산나 강을 건너서 말이다.

"흑사병이 돌고 있어요. 또 어떤 재앙이 우리에게 닥칠지 몰라요. 마을은 격리됐고, 학교는 폐쇄됐어요. 그래서 비르질을 멜키세댁 신부님 댁에 남겨둘 거예요. 그는 예루살렘에서 학교를 다니기 시작할 거구요. 모든 것이 정상으로 돌아오면, 그때 다시 집에 와서 마을에 있는 학교에 다니면 될 거예요."

마차 수레 건초더미 위에 반쯤 누워있던 아버지는 말고삐를 잡고 있는 마마 쁘레스비떼라를 쳐다보았다. 하지만 어떤 말도 필요 없었다. 그녀는 아버지가 말하고 싶어 하는 것이 무엇인지 이미 다 알고 있었던 것이다.

"예루살렘의 살인범이 와서 당신 아들한테 복수라도 할까봐 두려운가요? 당신이 그 사람에게 총을 쏘아 부상을 입혔기 때문이요? 하지만 아무 것도 두려워 마세요. 물론, 비르질에게 불행이 닥칠 수도 있어요. 예루살렘의 살인범, 이오넬 말라이가 당신 아들을 해칠 수도 있어요. 하지만 위험은 우리 마을에서도 마찬가지예요. 그리고 나는 그가 어린아이를 해칠 거라고는 생각하지 않아요. 아이의 아버지에게 복수하기 위해서 말이에요. 그래요. 분명 그는 살인범이에요. 하지만 그럼에도 불구하고 그도 하느님의 형상이잖아요. 그는 헤롯처럼 어린아이들을 죽일 수는 없을 거예요. 예루살렘의 살인범은 그리스도인이에요. 그는 헤롯처럼, 터키 사람들처럼, 이교도가 아니에요."

이렇게 해서, 나는 예루살렘에서 내 학업을 시작했다. 옛날 예루살렘에 있던 한 수도원에 속한 땅이었던 까닭에 이 거룩한 이름을 지니게 된 이 작은 촌락에서 말이다.

  나는 내 외할아버지, 내 어머니의 아버지인 멜키세댁 신부님 댁에 가서 살게 되었다. 사람들이 '대 스코베이'라고 부르곤 했던, 멜기세덱 신부님은 호산나 강가 예루살렘의 주임신부였다.

멜기세덱 신부님
대 스코베이, 멜기세덱 신부님은
호산나 강가 예루살렘의 주임신부였다.

내가 태어난 사제관에서 멀리 떨어진 곳에서 보낸 첫 번째 날 밤이었다. 나의 부모님은 모든 사람이 대 스코베이라는 부르는 멜기세덱 신부님의 집에 나를 맡겨놓고 집으로 돌아갔다. 그는 호산나 강가 예루살렘의 작은 촌락에 있는 성당 주임 사제다. 그는 또한 마마 쁘레스비떼라, 내 어머니의 아버지다. 그는 혼자 산다. 그는 내가 그의 집에서 머물며 가까운 학교에 다닐 수 있게 해달라는 청을 어렵사리 들어주었다.

"신부님, 우리 동네에 흑사병이 돌고 있어요. 학교는 폐쇄되었구요. 이 아이가 글도 모르게 내버려 둘 수는 없지 않겠어요? 그러니 전염병이 지나가고 학교가 다시 열릴 때까지만 아이를 신부님 댁에 맡아주세요."

멜기세덱 신부님은 키가 매우 컸다. 거의 2미터나 되었다. 그리고 매우 멋있었다. 그는 거의 허리까지 내려오는 희고 긴 수염을 가지고 있었다. 그리고 머리도 백발이었다. 뒷목 위에 꽉 조여 맨 머리카락은 그의 수단 칼라 안에 숨겨졌다. 그의 눈은 색깔이 없었다. 두 눈은 빛으로 만든 것 같았다. 그의 얼굴은 피부가 약간 드러나 보이는 광대뼈 부분을 빼고는 전체가 흰 수염으로 덮여 있었다. 그 피부 또한 마치 어린 아기의 피부처럼 희었고, 매우 여렸으며, 흰 수염에 비교해 볼 때 약간 붉은 색을 띨 뿐이었다. 신부님은 큰 방에서 살았다. 방 안에는 크고 멋진 참나무 책상, 몰도바 융단 침대보가 깔린 작은 침대, 그리고 너무나 오래된 것이어서 다른 사람들은 어떤 성인인지 알아볼 수 없는 성인 이콘 하나가 있었다. 책상 위에는 초가 꽂힌 촛대가 있었다. 천장은 프랑스식이었다. 그것은 책꽂이로도 사용되었다. 왜냐하면 멜기세덱 신부님은 나무 천정과 들보 사이의 공간에 대 여섯 권의 책과, 그의 영대(에뻬뜨라힐리온)와 바실리꼬[1]를 보관해 두었기 때문이다.

"마리아, 너는 너의 집에 살인자가 침입하고, 강절도 사건이 일어나고, 사제관이 더렵혀지고, 마을 사람들이 전염병으로 쓰러지는 이 모든 일이 다 이집트의 면사 때문이라

---

[1] 역자 주) 축성된 물(성수)을 흩뿌릴 때 사용하는 채로, 바실리꼬 꽃나무의 줄기를 여러 개 묶어서 만들기 때문에 이렇게 부른다.

고 생각하니? 정말 그렇게 생각하니? 성경에 나오는 또 다른 이집트의 재앙들이 너희에게 닥칠 것이고, 다음 재앙은 분명 네 큰 아이가 유괴되어 죽게 되는 것일 거라고 생각하니? 이집트의 마지막 재앙이 장자들의 죽임이었으니까 네 큰 아이인 비르질이 그렇게 될 거라고? 살인범이 여기로 그를 찾으러 와서 죽일 거라고 생각하는 것이니?"

내 어머니가 대답했다.

"신부님, 저는 그게 두려워요. 『게론디콘』에 이런 글귀가 있어요. '적들은 바로 여자들을 통해서 성인들을 공격한다'[2]고 말이에요. 그처럼, 악마는 정치를 통해서 사제들을, 도시와 시골 마을의 신부들을 공격해요. 소금이 물과 만나면 녹아버리고 더 이상 아무 쓸모도 없어지는 것처럼, 여자들과 접촉하는 수도자는 망해버리고 말지요. 그런데 똑같이, 정치에 손을 대는 사제도 망한 사제예요. 그는 '벽돌 만드는 사람'이 되는 거지요. 진흙이나 만지는. 하늘의 명령은 더 이상 받지 않고, 하늘을 쳐다보지 조차 않는 사람이 되는 거지요. 역사 속에서 그저 땅을 섬기는 사람이 되고 마는 거예요. 더 이상 하늘을 섬기지 않는 사람이 되고 마는 거예요. 콘스탄틴 신부가 면사 조합의 대표와 회계가 되는 것을 수용한 순간부터 그는 하늘에서 역사 속으

---

2) Apophtegmes des Pères, Arsenie, 28.

로 떨어져 버린 거예요. 왜냐하면 이것은 인간들의 사랑처럼, 처음에는 눈빛, 웃음으로 시작해서, 결국에 방탕과 간음으로 빠지기 때문이에요. 동정녀가 순결성을 유지하려면 결코 눈을 들어서는 안 돼요. 그것처럼 사제가 사제로 남으려면, 결코 정치에, 조합 일에, 그밖에 다른 여러 가지 일, 진흙 만지는 일이나 다름없는 그런 일들에 손을 대서는 안 돼요. 그는 하느님을 섬기는 일만 해도 할 일이 충분하고 너무 많아요."

  멜기세덱 신부님은 그의 딸 마리아, 마마 쁘레스비떼라의 말에 긍정도 부정도 하지 않았다. 그는 듣고만 있었다. 약간의 씁쓸한 미소를 흘리면서 말이다. 하지만 크게 표가 나진 않았다. 나는 그가 마마 쁘레스비떼라와 그의 분노 때문에 그랬는지, 아니면 면사 나눠주는 일을 맡아서 살인강도를 사제관에 불러들이고 몸에 총알까지 맞은 내 아버지에 대해 그런 것인지 알지 못했다. 멜기세덱 신부님은 침묵했다. 우리 고향 지역의 이름, 네암쯔처럼 묵묵부답이었다. 그것은 먼저 어떤 경우에도 자기 이웃을 판단해서는 안 되기 때문이었고, 두 번째로는 그가 다음과 같은 성경의 계명을 준수했기 때문이었다. "'혀를 함부로 놀려 죄를 짓지 아니하리라. 악한 자 내 앞에 있는 한 나의 입에 재갈

---

3) 시편 39편 1절.

을 물리리라' 마음먹었습니다."³ 그는 네암쯔 사람이었던 것이다. 말이 없는 사람. 왜냐하면 그렇게 하는 것이 지혜로운 것이기 때문이다.

부모님이 떠난 뒤, 멜기세덱 신부님은 내게 잠잘 곳을 일러주었다. 그는 자기의 큰 방에서 살고 있었다. 하지만 그의 방은 또 다른 방과 접하고 있었다. 아니 그것은 하나의 방을 갈라 둘로 만든 것이었다. 가운데는 석회를 바른 흰 벽이 있었다. 하지만 실상 그것은 벽난로였다. 옆방에서 불을 때면 벽이 데워졌다. 요리를 하거나 씻을 물을 데우는 데 사용하는 불은 동시에 두 방을 데워주었던 것이다. … 벽난로를 빠져 나가기 전에 온기는 바둑판처럼 복잡하게 뚫려있는 벽돌 사이를 지나면서 벽 전체를 데워주었던 것이다. 벽난로 위로는 벽돌로 된 방이 있었는데, 사방 2미터는 되는 큰 공간이었다. 병이 들어 아플 때는, 이 방에 있는 따뜻하게 데워진 나무판자 위에서 잠을 잘 수도 있었다. 하지만 열기와 연기는 집밖으로 배출되어 공기 중에 흩어져 버리기 전에 한 번 더 사용되었다. 지붕 위로는 굴뚝이 없었다. 연기는 다락으로 빠져나가 다락뿐만 아니라 지붕과 천정 사이의 공간을 두루 데운다. 아마도 열기가 거의 식은 것이겠지만, 그곳으로 빠져나간 연기 덕분에 지붕은 차가워지지 않았다. 게다가 연기는 몇 해 동안 지붕 널 안쪽에 달라붙어 두꺼운 막을 형성하여 방수 역할도

했다. 서까래며 들보, 지붕 널 등이 썩지 않도록 보호해주기도 했다.

그것은 아주 기발하고도 경제적인 건축법이었다. 에너지를 조금도 낭비하지 않았다. 하지만 연기가 그냥 밖으로 빠져나가지 못하게 했던 데는 또 다른 이유가 있었다. 터키 지배하에 우리나라를 통치했던 파나르 출신의 지배자들은 더 이상 루마니아인들에게 돈을 뜯어낼 방도가 없자 급기야 '연기세'를 제정했던 것이다. 신문 기사는 지붕 위로 불쑥 튀어나온 벽돌로 된 굴뚝마다 추가 세금을 부과했다는 것을 우리에게 알려준다. 수많은 세금 항목에 덧붙여서 말이다. 그래서 이 세금만이라도 피하기 위해, 모든 루마니아 사람들은 굴뚝을 헐어 연기가 다락 위의 지붕 틈새로 몰래 빠져나가게 했던 것이다. 그것은 매우 유용했다. 왜냐하면 이 연기가 지붕에 방수막을 만들어주고, 다락을 따뜻하게 해주었을 뿐만 아니라, 사람들은 또한 그것을 고기나 쏘시지 등을 훈제하는 데 사용했기 때문이다.

멜기세덱 신부님이 말했다.

"너는 여기 꼽또르 위에서 자면 된다."

꼽또르는 벽난로 위에 벽돌로 조성된 공간이었다.

멜기세덱 신부님은 또 이렇게 말했다.

"그리고 공부는 내 책상에서 해라."

그는 서 있었다. 그의 흰 머리는 천정에 닿았다. 그는 저음의 목소리를 가졌다. 아주 멋진 목소리였다. 내 외할아버지, 멜기세덱 신부님은 내가 본 사람들 중에서 가장 아름다운 사람이었다. 그는 마치 산의 정상과도 같았다. 만년설로 뒤덮인 산 말이다. 나의 황당한 가정이긴 하지만, 대 스코베이 내 외할아버지를 본 적이 없는데도 어떻게 성경은 살렘의 왕, 혹은 예루살렘의 왕인 멜기세덱의 초상을 묘사할 수 있었을까[4] 하고 나는 가끔씩 자문하곤 했다. 이 두 멜기세덱은 정말 물방울 두 개가 똑같은 것처럼 너무나 닮았기 때문이다. 성경을 보면 멜기세덱에 대해 이렇게 묘사한다. "그는 아버지도 없고 어머니도 없고 족보도 없는 영원히 사제이다."[5] 멜기세덱 신부님을 보고 있노라면, 그가 땅 위에 아버지나 어머니나 족보를 가졌으리라고는 상상이 잘 되지 않는다. 그는 시간의 밖에 있었던 것이다. 그의 족보는 역사 속에 있지 않고 전설 속에 있다. 그의 진짜 이름은 또마 스코베이였고, 네암쯔 지방 호산나 강가의 예루살렘이라는 촌락의 주임사제였다. 그는 열여섯 명의 자녀를 두었다. 그의 아들들은 한 명만 빼고 모두가 사제가 되었다. 그의 손자 증손자도 사제다. 그의 딸들은 사제가 될 사람들과 결혼했다. 그의 명명 축일을 맞아 그의 자녀

---

4) 창세기 14장 18절.
5) 히브리서 7장 2-3절

들과 손주들이 호산나 강가 예루살렘에 모이면, 다 합쳐서 이백 명도 넘었다. 그들은 마을을 가득 채웠다. 그들 중에는 평신도라고는 없었다. 모두가 사제였다. 시골 사제들이었다. 네암쯔, 바이아, 수케아바, 로만 지방의 마을 곳곳에서 사제직을 수행했다. 멜기세덱 신부님은 그들의 진정한 족장이었다. 하지만 그는 혼자 살았다. 완전히 혼자서 살아갔다. 은둔자처럼. 예전에는 수많은 사람들로 북적였던 이 집에서 말이다. 그리고 이집트 면사로 인해 야기된 이 재앙과 전염병이 끝나지 않는다면, 이제 내가, 겨울 내내, 그와 함께 이 집에서 살아야 했다.

나의 잠자리인 꼽또로로 올라갔을 때, 나는 전에는 결코 느껴본 적이 없는 아주 행복한 느낌을 받았다. 벽난로 위에 조성된 내 작은 잠자리와 멜기세덱 신부님의 방 사이에는 문이 없었다. 두 공간은 석회로 칠한 벽으로 사분의 삼 정도가 막혀 있었다. 내가 행복감을 느낀 것은, 우선 내가 매트리스처럼 깔개로 사용한 이불이 따뜻하게 데워진 벽돌 위에 놓여 있었기 때문이었다. 꼽또르 위에서 잠을 자는 것은 정말 좋다. 우리 집에는 그런 것이 없었다. 두 번째 나의 행복감은 바로 침묵에서 왔다. 그 이전 나는 마치 음악을 듣듯이 내 두 귀로 침묵을 듣는 경험을 결코 해본 적이 없었다. 모든 음악 중에서 가장 아름다운 것은 참된 침묵이다. 완전한 침묵. 그 속에 있으면, 우리는 마치 오케스트라 속에 있는 것 같다.

    세 번째로 행복감은 멜기세덱 신부님의 사제관을 은근히 채우고 있는 냄새 때문이었다. 우리 집과는 달리, 그의 집에는 어린애가 하나도 없기 때문에, 조용했다. 어린애들은 정말 조용히 있질 않는다. 심지어 말을 하지 않고 움직이지 않아도 우리는 늘 어린애들의 기척을, 무언가 소란함을 듣는다. 내 어머니, 내 아버지, 내 형제, 내 누이는 늘상 삶의 소리에 둘러싸여 있었고, 그 소리의 원천은 바로 그들 자신이었다. 심지어 잘 때도 그 소리는 존재했다. 그런데 멜기세덱 신부님은 조용했다. 마치 죽은 사람처럼 말이다. 그의 사제관 또한 조용했다. 그래서 그날 저녁, 비로소 나는 침묵을 알게 되었다. 내 생애 처음으로 말이다. 멜기세덱 신부님은 귓속말하듯 아주 작은 소리로 기도를 드린 다음 잠이 들었다. 비록 작은 소리였지만 꽤나 길었던 그의 기도는 마치 내면에 흐르는 침묵의 성가 같았다. 그런 다음 그는 금세 잠들었다. 마치 비단 실 잣는 소리를 내며 잠자는 늙은 고양이처럼 말이다. 비단 실 잣는 소리는 그야말로 침묵의 소리다. 곧이어 나는 또 생애 처음으로 시계가 똑딱거리는 소리를 알게 되었다. 멜기세덱 신부님은 이 지역에서 주머니 시계를 가진 몇 안 되는 사람 중 하나였기 때문이다. 시계는 흰색 금속으로 된 것이었고, 끝에는 열쇠가 달려 있었다. 우리 집에서는 시계가 있어본 적이 없었다. 마을 전체를 통틀어도 시계가 없었다. 물론 나도 시계를 본 적은 있다. 하지만 시계 소리를 들은 것은 그때가 처음이었다. 똑, 딱, 규칙적으로, 시계는 완벽한 침묵 속에서 마치 종소리처럼 메아리쳤다. 그것은 너무도 아름다웠다. 똑딱 소리는 종소리처럼 금속성이었고, 나는 마치 빠스까의 밤, 그리스도가 부활하신 그 밤, 종소리가 끝없이 온 산에 울려 퍼지던 부활 대축일의 밤에 있는 것 같았다. 여기 멜기세덱 신부님의 사제관에서는 언제나 빠스까의 밤이었다. 침대 옆 참나무 책상 위에 놓인 이 작은 시계 덕분에 종소리는 밤새도록 울렸던 것이다.

나중에, 침묵이 더욱 강렬해졌을 때 −분명히 말 하건데, 침묵도 음악처럼 그 강도가 증감한다− 침묵이 최고로 짙었을 때, 나는 시계 소리만큼이나 규칙적인 또 하나의 신비로운 소리를 들었다. 하지만 그것은 거의 숨어 있는 소리였다. 바로 좀이었다. 이 작은 생물들은 나무 속에 들어가 머리카락처럼 가느다란 통로들을 파고 있었다. 나무 속 통로들을 파내면서, 그들은 마치 시계 소리와 비슷한 소리를 냈던 것이다. 나는 좀을 본 적이 없었다. 하지만 멜기세덱 신부님 집에서는 그들이 내 밤 동무들이었다. 분명, 그것은 빠스까의 밤 종소리 같은 시계 소리와 비단 잦는 소리 같은 멜기세덱 신부님의 숨소리처럼 침묵의 오케스트라의 대형 악기들에 비하면 그에 동반되는 미니 악기들일 뿐이었다. 나는 전설 같은 시간들을 보냈다. 침묵의 음악만큼, 시계 종소리의 음악만큼, 멜기세덱 신부님의 숨소리만큼, 거대한 침묵의 보이지 않는 동반자인 좀들의 활동만큼이나 기분 좋은 것이 있었는데, 그것은 바로 내가 잠자는 방, 내 몸 아래에는 따뜻한 열기가 있었다는 것, 그리고 좋은 냄새가 났다는 것이다. 왜냐하면 그것은 청결함의 냄새였기 때문이다. 그것은 땅에 존재하는 것 중 가장 드물고도 귀한 냄새였다. 어떤 향수도 그 아름다움에 있어서 이 청결함의 냄새를 따라갈 수 없다. 멜기세덱 신부님 댁에서는 모든 것이 깨끗했다. 생명이 있는 것 중에 더럽지 않는 것은 거의 없다. 생명이 없다면, 더러움도 없다. 일반적으로 사람들의 집을 가득 채우는, 벽과 내장재들에 스며 있는 부엌 냄새가 여기에는 몇 년 전부터 거의 존재하지 않았다. 나무로 된 내장재들은 마을 여인들이 가끔씩 왁스칠을 해두었다. 여인들은 성당 대청소가 있는 날이면, 똑같은 신심과 엄격함을 가지고 사제관도 대청소를 했던 것이다. 그렇게 하여 사람들은 진짜 나무 냄새를 맡을 수가 있었던 것이다. 돌 냄새는 그 어떤 것도 더럽히지 않는다. 거기에다 바실리꼬 향이 있었다. 또 물 냄새도 있었다. 깨끗한 곳에서는 물 냄새, 나무 냄새, 아마포 냄새, 양모 냄새, 돌 냄새, 이런 냄새들을 맡을 수가 있다. 정말로 조용한 곳에서는 나무 깊숙한 곳에서 머리카락처럼 가느다란 통로들을 개척하기 위해 일하는 좀들의 소리가 음악처럼 들릴 수 있듯이 말이다.

나는 너무 기분이 좋았다. 그곳은 내 인생에서 가장 편하게 쉬었던 곳이었다. 어쩌면 내가 참된 휴식을 누렸던 유일한 장소일 수도 있겠다.

사람들은 멜기세덱 신부님을 '대 스코베이'라고 불렀다. 그런데 그건 동어반복이었다. 왜냐하면 작은 스코베이는 없기 때문이다. 스코베이는 언제나 크다. 코끼리나 고래가 원래부터 큰 것처럼 말이다. 스코베이들은 모두 물고기들이다.

예루살렘 마을을 가로지르는 강은 시원지의 샘들에서 흘러온다. 눈이 녹을 때나 비가 많이 오는 경우를 빼고는 말이다. 그 나머지 경우, 호산나 강, 우리 몰도바 사람들이 '오잔나'라고 부르는 이 강은 깊은 산 속의 샘들에서 직접 흘러내려 온다. 그래서 이 물은 눈물처럼 순결하고, 차갑고, 청명하며, 거의 언제나 일정한 수위를 유지한다. 이 강은 아주 작은 강이다. 강은 조약돌, 깨끗하고 강하고 뚜껑처럼 동그랗고 은반처럼 예쁜 돌이 깔린 바닥 위를 흐른다. 사람들은 이 강이 송어에 어울린다고 믿었다. 하지만 송어는 없었다. 호산나 강에 사는 유일하고도 희귀한 물고기를 우리는 '작은 물고기'라고 불렀다. 그래서 "작은 물고기 잡으러 가자"고 하곤 했다. 이 물고기는 기껏해야 4-5센티미터 밖에 안 된다. 빠리에서는 이 물고기를 '프리뛰르(friture)'[6]라고 부른다. 하지만 내가 빠리의 시장에서 보았던 프리뛰르는 더 크다. 우리의 '작은 물고기'들은 정말로 작다. 정말 왜소한 물고기들이다. 그러나 전기 불꽃처럼 팔팔하다. 빛나는 은과 같다. 호산나 강에 있는 이 작은 물고기들을 다 잡아도 몇 킬로그램도 되지 않을 것이다. 그래서 호산나 강에서 이 물고기를 잡은 것은 다 어린아이들 뿐이다. 손으로 혹은 물길을 막아서 잡아봐야, 미처 달아나지 못한 네다섯 마리밖에는 잡지 못한다.

우리 고향에서, 물고기라는 말은 뭔가 아주 작은 것을 지칭한다.

하지만 가끔씩, 대홍수기, 호산나 강물이 몇 백 미터 폭으로 흐를 때, 이 강물이 산비탈에서 쓸려온 거대한 나무들과 바위들을 휩쓸어 가며 흐를 때는, 대양에서 바다에서 1미터도 넘는 길이의 큰 물고기들이 이 강으로 올라온다는 전설이 있다. 사람들은 그 물고기를 스코베이라고 불렀다. 산에서 흘러내려 오는 물들이 다 그렇듯이, 강물은 불어 오른 속도만큼이나 빨리 줄어든다. 그렇게 강물이 잦아들면, 강에는 스코베이들 천지가 된다. 수백 마리의, 작은

---

[6] 역자 주) friture는 튀김, 튀김 기름, 튀김 요리를 뜻한다. 이 물고기를 주로 튀겨서 먹기 때문에 이렇게 이름 붙인 게 아닐까 한다.

아이만큼 큰 물고기들이 미쳐 바다로 흘러가지 못하고 강에 갇히게 된다. 그러면 사람들은 강바닥에서 고기들을 주워 담을 수 있다. 왜냐하면 강물은 그들이 놀기에는 이미 너무 낮아졌기 때문이다.

나는 스코베이를 한 번도 본 적이 없다. 불어난 호산나 강물이 그 지역을 침수시키며, 나무, 방앗간, 집, 바위 등 모조리 휩쓸어 간 뒤, 물이 빠진 후에도, 나는 스코베이를 보지 못했다. 나뿐만 아니라 아무도 보지 못했다. 그래도 사람들은 스코베이는 분명 존재하고, 가끔씩 그렇게 호산나 강을 찾아온다고 확신한다. 스코베이들이 호산나 강으로 찾아온 때가 있었다고, 그것도 몇 년째 봄이 올 때마다 계속해서 찾아온 적이 있었다고 말이다. 하지만 그런 일은 아주 오래 전에 일어났던 일일 게다. 왜냐하면 가장 나이가 많은 노인들조차 스코베이를 보았다는 사람은 없었기 때문이다. 그럼에도 불구하고, 오늘날까지도, 내 마음 깊은 곳에는, 우리 시대의 과학적 정직성 덕분에, -물론 시인도 그러한 정직성을 갖는 것은 가능하다- 나는 스코베이의 존재를 의심하지 않는다. 과학 책들에는, 먼 바다의 어떤 물고기들은 차가운 원천수에 알을 낳기 위해 강을 거슬러 올라간다고 적혀 있다. 나는 이것을 조금도 의심하지 않는다. 왜냐하면 그 글들은 다 과학적 주장들이기 때문이다. 그것은 이미 입증된 사실이다. 하지만 흑해에서 까르파티아 산맥의 동쪽 사면에 있는 호산나 강까지 거슬러 오려면, 이 물고기들은 먼 여행을 해야 한다. 긴 것은 거리만이 아니다. 만약 물고기들이 이미 증명된 그 법칙들에 따르려면, 대 여섯 번 강을 바꿔가며 여행을 해야만 한다. 먼저 그들은 흑해에서 다뉴브 강 삼각주를 통과해야 하고, 이어서 다뉴브 강의 세 지류 중 하나를 선택해야 한다. 그런 다음 시레트를 거슬러 올라와 몰도바에 이른 후 마지막으로 호산나 강으로 접어들어야 한다. 그것이 그럴 듯한 주장이기에는 너무도 많은 강물을 갈아타며 올라와야 했던 것이다. 하지만 어쩌면 이런 일이 한두 번은 있었을 것이고, 몇 세대가 지난 지금도 사람들은 다시 한번 이 거대한 물고기들을 기다리고 있는 것이다. 그렇게만 되면 물고기를 잡아 맛볼 수도 있을 것이다. 왜냐하면 우리의 식단에서 물고기는 거의 찾아볼 수 없는 것이기 때문이다.

그러므로 사람들은 여전히 희망 속에서 살아간다. 배고플 때는 더군다나 살찐 스코베이, 먼 바다의 이 거대한 물고기들이 호산나 강바닥에 널려 있는 날이 오기를 기다린다. 거대한 스코베이는 고래 사냥꾼들의 모비딕[7]과 같다.

---

7) 역자 주) 미국의 소설가 H.멜빌이 1851년에 지은 장편소설의 제목. 이 소설은 '모비딕'이라는 머리가 흰 거대한 고래에게 한쪽 다리를 잃은 에이햅(Ahab)의 복수담이다.

물고기들, 거대한 스코베이들이 하나의 전설인 반면, 사람-스코베이들, 내 외할아버지, 멜기세덱 신부님은 실재이다. 스코베이들은 네암쯔에 수천 명이나 된다. 모두가 같은 친족이다. 그들은 까르파티아 산맥 건너편, 트란실바니아에서 왔다. 그들이야말로 진짜 루마니아 사람들이다. 그들은 모두가 말과 큰 가축들을 키우는 사람들이었다. 아주 거센 산사람들이었다. 그런데 5, 6세기 전에 트란실바니아의 산에서 쫓겨났다. 그래서 그들 자신과 말들이 살아갈 새로운 땅을 찾기 위해 까르파티아 산맥 서쪽 사면에서 산을 넘어 이곳으로 왔던 것이다. 네암쯔를 향해 내려오면서, 호산나 강가 비스트리짜, 시레트, 몰도바, 또뽈리짜 등지에서 그들은 매번 깔리마크바를 쓴 수도사를 보았다. 정교회 수도사들이 쓰는 이 모자는 판사들이 쓰는 모자와 매우 흡사하다. 수도사들은 한결같이 매우 친절한 태도로 멈추지 말고 계속 길을 가라고 간청했던 것이다.

수도사는 설명했다.

"이 땅은 성지에 속한 땅입니다. 예루살렘과 아토스 성산의 여러 수도원의 소유지입니다. … 그러므로 이곳에서 여러분들의 말들에게 풀을 먹여서는 안 됩니다. 그러니 계속해서 길을 가십시오."

이미 말했듯이, 사실, 무슬림의 지배에도 불구하고, 아니 그 때문에 온 땅이 성지들의 소유지, 그리스, 터키, 팔레스타인 그리고 모든 중동 지역에 있는 수도원들의 소유지가 되었다. 까르파티아 산맥의 동쪽 사면 모든 지방, 특히 네암쯔에는 수도사들밖에 없었다. 대부분은 루마니아인들이었지만 개중에는 그리스인, 러시아인, 불가리아인, 세르비아인, 알바니아인도 있었다. 그들은 수천 개에 달하는 스키트, 수도원, 켈리아, 동굴, 빠라끌리시 등의 수도처에서 살았다. 그들 대부분은 기도와 가난 속에서 천사 같은 삶을 살았다. 하지만 그들 중 또 어떤 이들은 토지 관리, 숲 개발, 재정 운영, 농업 등 행정적인 일에 종사했다. 그들은 수확한 곡물들을 소유주인 성지의 수도원으로 보냈다. 토지는 각각의 수도원들에 속하는 하인들과 농노들에 의해 경작되었다. 말을 키우는 멜기세덱 신부님의 조상들은 수도사들과 농노들 밖에는 볼 수 없었다. 그들은 소유주를 만나 담판을 짓고 싶었다. 하지만 소유주들은 성지에 있는 수도원들이었다. 게다가 수도원들은 너무 멀리 있었고 또 너무 막연했다. 새로운 이주자들은 까르파티아 산맥 건너편으로 다시 돌아갈 수도 없었다. 그들은 또한 앞으로 더 전진해 나갈 수도 없었다. 저 아래는 말들을 다 죽여 버릴, 심지어 그들조차도 생명을 유지할 수 없을 평원이 펼쳐져 있었기 때문이었다. 산 사람들은 오직 산에서만 살 수 있다. 평야로 내려가는 순간 그들은 다 망한다. 잠잘 수도, 먹을 수도, 숨 쉴 수도 없게 된다. 분명 그들이 평야

지대로 내려 갈 수 없었던 또 다른 이유들이 있었을 것이다. 하지만 그렇다고 해서 더 이상 머물러 있을 수도 없는 노릇이었다.

수도사들은 그들에게 말했다.

"만약 당신들이 수도사 혹은 농노들이 된다면, 네암쯔에 머물 수 있을 것입니다. 이곳에는 수도사들과 농노들뿐입니다."

새로운 이주자들은 수도사가 될 수 없었다. 그들은 이미 아내와 자식들과 가축들이 있었다. 그리고 그들은 어떤 경우에도 아내와 자식들과 말들과 떨어져 살기를 원치 않았다. 그들은 또한 가난과 독신과 순종의 소명도 없었다. 그들은 그저 말을 키우는 사람들이었을 뿐이다. 특별히 그들은 자유로운 사람들이었다. 그들의 자긍심은 대단해서, 하느님 앞에서가 아니라면 그 누구에게도 무릎 꿇지 않았다.

농노들과 수도사들은 그들의 말들과 복장, 그들의 장대한 기골 그리고 그들의 아내들에 감탄했다. 수도사들과 농노들은 너무도 거대하고 자유로운 이 산사람들 옆에 서면 마치 호산나 강의 물고기처럼 왜소하게 느껴졌던 것이다. 그래서 그들은 이들을 스코베이, 다시 말해 "큰 물고기"라고 불렀던 것이다. 왜냐하면 이 새로운 이주자들은 농노들에 비해, 그 자유로움, 부유함, 고결함에 있어서 믿을 수 없을 만큼 더 컸기 때문이다. 물론 신장도 거대했다. 그들은 거의 모두가 2미터 정도의 키였다. 그래서 스코베이라는 별칭은 영영 그들의 것이 된 것이다. 전설에 나오는 거대한 물고기의 이름이 그들의 가족 이름, 즉 성(姓)이 되어 버린 것이다.

하느님과 천사들처럼 지혜로운 인간에게는 어떤 문제든 해결할 수 없는 것이 없기 때문에, 대 스코베이들은 수도사들에게 협상을 제시했다.

"수도사님들은 이곳에 수도원이 있습니다. 그리고 수도사님들의 사명은 기도하는 것입니다. 헤지키아(침묵과 고요) 안에 머무는 것입니다. 침묵과 고독 속에 머무는 것이지요. 하지만 순종의 정신으로 수도사님들은 토지 관리에 종사하십니다. 그리고 수도사님들 곁에는 수도원을 위해 일하며 지시를 받는 농노들이 있습니다. 수도사님들은 그들에게 세례를 주고, 장례를 치러줍니다. 밤낮으로 수도원에는 그들의 자식들, 아내들이 찾아오고, 그네들의 곤란한 처지를 하소연합니다. 그러니 수도사님들은 더 이상 고독 속에 있지 못합니다. … 농노들과 여인들로 인해 번잡스러워진 생활은 더 이상 수도 생활이라 할 수 없지요."

대 스코베이들의 요청으로 협의 모임을 갖기 위해 모인 수도사들도 이 말에는 모두 수긍하였다.

"그건 정말 그렇습니다."

"우리는 몇 백 명 정도 되는 스코베이들입니다. 우리는 부유합니다. 그래서 제안하건데, 농노들의 마을마다 성당을 세웁시다. 농노들만을 위한 성당 말입니다. 수도원을 들락거리며 여러분들을 더 이상 성가시게 하지 않도록 말입니다. 그들의 묘지도 조성해주겠습니다. 이 모든 것을 우리 돈으로 다 하겠습니다."

수도사들은 매우 만족했다. 하지만 그들은 의문이 생겼다.

"그리고 여러분들은 수도사들처럼 수도원에 들어가겠단 말입니까? 말을 다 팔아 성당들을 짓는다면 여러분들 모두가 가난뱅이가 될 것 아닙니까! 그러니 수도사가 되겠다는 말 아닙니까?"

대 스코베이들의 대표가 대답했다.

"아닙니다. 우리들은 우리 가문의 남자들을 농노들의 사제로 만들기를 원합니다. 우리 남자들은 여러분들에게서 서품을 받을 것이고, 그들의 돈과 손으로 직접 세운 성당들의 사제, 보제, 성가대장이 될 것입니다. 대를 이어서 이 성당들은 스코베이들을 사제로 두게 될 것입니다. 우리가 얼마나 참된 그리스도인들인지, 사제직을 받기에 합당한 사람들인지 시험해 보셔도 좋습니다."

그래서 이 사안은 오랫동안 숙고를 거치게 되었다. 마침내 수도사들은 대 스코베이들이 오직 그리스도인으로 남기 위해서 그들의 고향을 떠났다는 것을 인정하게 되었다.

그리스도를 위해서 유배를 기꺼이 받아들인 자는 사제직을 받을 만하다. 그것은 신학교육을 이수하는 것보다 더욱 어려운 것이다.

"여러분들은 성당들을 지을 수 있습니다. 그리고 원하는 때에 우리 주교님에게서 사제직을 받게 될 것입니다."

그것은 매우 지혜로운 처사였다. 왜냐하면 유배, 순교, 사슬은 신학 학위, 즉 사제직을 받을 수 있도록 신학교에서 수여하는 자격증 못지않은 가치가 있는 것이기 때문이다. 이 해결책은 하느님께 흡족한 것이었다. 왜냐하면 그것은 아주 공정한 처사였기 때문이다. 그리스도는 신학 박사들 중에서 사도들을 선택하지 않으셨다. 신학교를 마친 사람들 중에서 뽑으신 것도 아니다. 결코 그렇지 않다. 그리스도는 순박한 사람들, 대 스코베이들처럼 평범한 사람들을 선택하셨던 것이다. 한 교부는 이런 말을 했다.

"만약 그리스도가 현자들을 사도로 삼아 세상에 보냈다면, 사람들은 이 현자들이 백성을 설득했고 이렇게 해서 그들을 얻었다고, 혹은 그들이 백성을 현혹하여 사로잡았다고 말했을 것입니다. 만약 그리스도가 부자들을 보냈다면, 사람들은 이 부자들이 먹을 것을 주어 백성을 속였다고 혹은 돈으로 백성을 부패케 하여 지배하게 되었다고 말했을 것입니다. 만약 그가 힘 있는 자들을 보냈다면, 사람들은 이 백성들이 그 힘에 매료되었거나 그 폭력에 의해 강요받았다고 말했을 것입니다."[8]

그리스도를 위해 자기 땅에서 쫓겨난 스코베이들은 농노들의 사제, 그들 스스로 자기 돈과 자기 손으로 지은 성당의 사제가 되었고, 그들의 임무에 최선을 다하였다. 그들은 수세기 동안 그렇게 그곳에 머물렀다. 그리고 하느님은 그들을 받아들이셨다. 가끔, 한 세대에 한두 명쯤만 사제직에 들어서는 것을 거부당했다. 사제가 되길 원치 않는 스코베이도 있었기 때문이다. 수도사들 또한 매우 만족했다. 그들은 그들만의 고요함을 다시 찾아 누릴 수 있었기 때문이었다. 농노들은 더 이상 결혼성사, 세례성사, 장례식, 그 밖의 문제들과 고통들을 안고 와서, 수도사들을 성가시게 하지 않게 되었다. 농노들 또한 매우 만족했다. 그들이 사는 곳 가까이에 성당도 생겼고, 그들의 사제도 갖게 되었기 때문이었다. 그들만의 소유인 성당과 사제 말이다. 그것은 농노들이 소유한 유일한 것이었다. 다른 마을과 공유하지 않아도 되는 각 마을의 고유한 소유물 같은 것이었다. 대 스코베이들 또한 만족했다. 그들은 수도사나 농노가 되지 않고도 네암쯔에 머물 수 있게 되었기 때문이

---

8) Saint Ephrem de Nisibe, *Diatessaron*, 20.

었다. 그래서 그들은 수백 개의 성당을 지었다. 사제가 된 남자들과 그들의 아내들을 위한 사제관들도 지었다. 그들 중 가장 훌륭하고 또 연장자인 남자들은 사제직을 받았다. 그리고 그들의 아들들은 신학교에 들어갔다. 이것은 몇 세기 동안 계속 이어졌다. 그러므로 농노들과 가난한 이들은 대 스코베이를 사제로 두는 일에 익숙해졌다. 대 스코베이들은 농노 해방 이후에도 계속해서 하느님의 종이 되었고, 그들이 건축한 성당에서 사제로 봉사했다. 그들은 언제나 자유민이었다. 그들은 수도사들과 접촉하지 않았다. 말을 키우고 토지를 경작하는 등, 자기 손으로 일하여 생계를 해결했다. 멜기세덱 신부님은 누구 소유도 아닌 잡목 숲을 자기 손으로 개간했다. 그는 네암쯔 지방에서도 가장 아름다운 과수원을 예루살렘에 조성했고, 그것을 통해 얻은 소득으로 열여섯 명이나 되는 자녀들의 신학교 수업료며 결혼 지참금 등을 충당했다. 이와 같은 방식으로, 구약 성경과 신약 성경의 이름들, 그리고 성인들의 이름들, 그리고 그 마을들이 속했던 수도원들의 이름들을 가진 모든 마을에서는, 마을 사제가 모두 스코베이 가문의 사람들이었다. 내 어머니는 예루살렘에서 마리아 스코베이로 태어났다. 그리고 지금 나는 내 첫 번째 학년을 예루살렘에서, 스코베이 가문 중에서도 가장 연장자이신 멜기세덱 신부님의 사제관에서 보내게 되었던 것이다. 나의 첫 번째 학교 선생님, 사제관 옆에 있는 마을 학교의 교장은 내 어머니의 친 형제, 멜기세덱 신부의 아들, 그의 맏아들이었다. 그는 신학교를 나왔다. 아주 좋은 성적으로 졸업하였다. 하지만 그는 사제가 되지 않았다. 하느님이 그를 원하지 않으셨기 때문이다. 그는 수염이 없는 남자로 태어났다. 그것은 사제가 되어서는 안 된다는 징표였던 것이다. 그래서 그는 예루살렘 학교의 선생님이 된 것이다. 내 어머니는 그에게서 읽고 쓰기를 배웠다. 그리고 예루살렘의 살인범 이오넬 말라이도 마찬가지였다. 그는 내가 내일부터 다녀야 하는 학교를 나왔고, 내 어머니와 같은 학급 친구였던 것이다.

그때 불현 듯, 나는 공포심을 느꼈다. 마마 쁘레스비떼라의 말이 떠올랐다. "이집트의 면사 때문에, 또 사제가 감히 그것을 팔았기 때문에, 이제 우리에게 이집트의 열 가지 재앙이 닥치고 말 거야." 그 재앙들은 이미 시작되었던 것이다. 사제관에서 일어난 범죄. 강절도 사건과 함께. 또 마을에 번진 전염병과 함께 말이다. 그리고 마지막 재앙은 첫아들들의 죽음이 될 것이다. 나는 첫아들이었다. 그러므로 나는 위험에 처해 있었던 것이다. 예루살렘의 살인범이 내 목숨을 노릴 것이라고 모두가 내게 경고해 주었기 때문이다. 내 아버지가 그에게 부상을 입혔거나, 혹은 내 아버지가 그에게 부상을 입혔다고 그가 믿고 있을 것이기 때문이라는 것이었다. 예루살렘의 살인범은 멜기세덱 신부님의 사제관에 은밀하게 들어와서 꼽또르 위에서 자고 있는 내 목을 조를 수도 있는 노릇이었다.

나는 소리 지르며 잠에서 깨어났다. 멜기세덱 신부님은 그의 방에서 아직 자지 않고 깨어 있었다. 그는 옷도 다 입고 있었다. 촛불은 여전히 불을 밝히고 있었다. 식은땀에 흠뻑 젖은 채, 나는 그에게로 도망쳤다.

멜기세덱 신부님이 지시했다.

"무릎을 꿇거라."

밖에서는 수탉이 울었다. 멜기세덱 신부님은 천장 밑 선반에 놓여있던 '에뻬뜨라힐리온'을 집어서 입 맞춘 뒤 목에 걸었다. 그리고 기도하기 시작했다.

그것은 '메소닉띠꼰', 즉 심야과[9]였다. 나는 그런 기도예식이 있는 줄도 몰랐다. 내 아버지는 심야과를 전혀 드리지 않았기 때문이다.

---

9) 역자 주) 심야 자정에 드리는 기도예식.

매일 반복되는 부활

내가 심야과에 참석한 것은 그때가 내 인생에서 처음이었다. 우리 루마니아 사람들은 그것을 '메조녹띠까'라 부르고 그리스말로는 '메소닉띠꼰'이라 한다. 한밤중에 드리는 그런 기도 예식이 있다는 것을 아는 사람은 별로 없다. 그것은 오직 정교회에만 있는 예식이고, 실은 수도원에서만 거행된다. 내가 악몽 때문에 무서워하며 그의 방으로 뛰어 들어갔을 때, 멜기세덱 신부님이 이미 옷을 다 입고 있었다. 예루살렘의 살인범이 내 방, 내 꼽또르에 들어와서 내 목을 조르려 하는 꿈을 꾸었기 때문이었다. 멜기세덱 신부님은 수단과 안테리온을 입고, 『오롤로기온』이라 불리는 『매일예식서』를 들고 그 안에 들어있는 심야기도 예식문을 읽었다. 그는 테두리를 금색실로 수놓은 붉은

색 에뻬뜨라힐리온을 가지고 있었다. 재단 중앙에서 타고 있던 촛불 빛으로 조명된 그는 너무 멋있었다. 비록 계속해서 『오롤로기온』 책장을 넘기고 있었지만 실상 멜기세덱 신부님은 심야과를 읽고 있지는 않았다. 그는 그것을 다 암송하고 있었다. 게다가 나중에 알게 된 것이지만, 비록 그가 그것을 읽고 싶었다 해도, 그것은 불가능한 일이었을 것이다. 왜냐하면 그는 그때 거의 시력을 잃은 것이나 마찬가지인 상태였기 때문이다. 그는 글자들이 보이지 않았음에도 책장을 넘기며 눈으로 끊임없이 본문들을 따라갔다. 『띠뻬콘』이라는 『전례규칙서』에 의하면 사제는 결코 예식문들을 암송해서는 안 되고 반드시 읽어야 한다고 정해놓았기 때문이다. 특히 거룩하고 신성한 리뚜르기아의 경우는 더욱 엄격하게 이것을 지켜야 한다. 그가 내게 지시한 대로 무릎을 꿇고서, 나는 그가 서있는 모습을 쳐다보았다. 정말 거대한 기둥 같았다. 천정과 바닥을 이어주는 연결선이었다. 아니 하늘이라는 천정과 땅이라는 바닥을 연결해주는 선이었던 것이다. 멜기세덱 신부님은 '성대 바실리오스의 기도'를 읊었다.

"우리를 성령의 전으로 만드시어, 우리의 육신과 영안에 깃든 모든 더러움을 깨끗하게 하소서. 우리가 당신의 독생자 우리 주 하느님 구세주 예수 그리스도의 영광스럽고도 빛나는 재림의 날을 간절하게 기다리면서, 이 생의 모든 어둔 밤들을 깨어있는 마음과 신중한 생각으로 보낼 수 있게 하소서. 그리하여 그분이 온 세상을 심판하시고 각자에게 그 행한 대로 돌려주시기 위해 지극한 영광 속에서 이 땅에 다시 오실 때, 우리가 누워 잠들어 있는 것이 아니라 오히려 그분의 계명들을 온전히 실천함으로써 깨어 일어나 있게 하소서."

심야과는 거의 한 시간이 걸렸다. 이어서 멜기세덱 신부님은 그의 에뻬뜨라힐리온을 벗어서 입 맞춘 다음 잘 접어서 다시 천정 선반에 올려놓았다. 『매일예식서』와 함께 말이다. 그런 다음 그는 금속 상자 하나를 열었다. 차가 들어 있는 상자였다. 거기서 건포도를 내게 꺼내 주었다.

그는 폭이 매우 넓은 가죽 허리띠를 매고 있었다. 그의 두 눈은 평소보다 더 눈부시게 빛났다. 제단 중앙에서 타고 있던 촛불에 그의 흰 수염은 마치 금가루가 날리는 듯했다. 만년설로 덮인 산봉우리에 있는 달빛 아래 빛나는 눈 같았다.

내가 건포도를 먹고 있을 때, 그가 물었다.

"너는 한 번도 심야과를 드린 적이 없느냐?"

나는 대답했다.

"네. 드린 적이 없어요. 아버지는 한 번도 심야과를 드리기 위해 한밤중에 일어난 적이 없어요."

멜기세덱 신부님이 내게 설명해 주었다.

"하느님은 우리에게 하루에 일곱 번 기도하라고 명하셨단다.[1] 그리고 그리스도께서 손수 제정하신 첫 번째 기도가 바로 심야과지. 왜냐하면, 주님께서 말씀하시길 '집 주인이 돌아올 시간이 저녁일지, 한밤중일지, 닭이 울 때일지, 혹은 이른 아침일지 알 수 없다. 그러니 깨어 있어라.'라고 하셨거든. '메소닉띠꼰(심야과)'은 사실 죽은 자들의 부활과 그리스도의 지상 재림을 매일같이 반복하는 것이란다."

멜기세덱 신부님은 언제 한번 우리 고향 산속에 있는 대수도원의 심야과에 데려가 주겠다고 내게 약속했다. 그는 말했다.

"자정에, 모든 성당의 종들과 시만드론이 있는 힘껏 울려대기 시작하지. 자정의 종소리는 마지막 날, 죽은 자들의 부활의 날에 울리게 될 천사들의 나팔 소리를 상징하는 거야. 천사들의 나팔소리를 듣고, 죽은 자들은 무덤에서 나올 거야. 모든 사람이 묻혀있던 그 자리에서 말이다. 또 물에 빠져 죽은 사람은 바다 깊숙한 곳에서 솟아오를 것이

---

1) 참고 시편 119편 164절: "당신의 옳은 판결, 찬송하오니 하루에도 일곱 번씩 찬양합니다."
2) 마르코복음 13장 35절.

고, 맹수들에게 물려 죽은 사람은 맹수들의 배 속에서 나올 거야. 그리고는 천사들에 둘러싸여 심판대에 좌정하실 그리스도의 보좌 앞에 모두가 나와 서게 될 거란다."

"자정에, 종소리와 시만드론 치는 소리를 듣고 성당 주위와 숲속에 흩어져 있는 수실들에서 잠자고 있던 수도사들은 마치 죽은 자들이 관에서 깨어 일어나듯 잠자리에서 깨어 일어나지. 그리고는 죽은 자들이 무덤에서 나오듯, 침대에서, 수실에서 나온단다. 지상의 모든 수도원들의 수도사들이 자정에 침대에서 나오는 거야. 그리고는 성당으로 달려가지. 그곳에는 마치 그리스도가 그 보좌에 앉으시고 부활한 모든 사람들이 도착하길 기다리듯이, 제의를 갖춰 입은 사제가 제단 앞에서 수도사들이 오길 기다린단다. 그리고 수도사들이 모두 모이면, 심야과가 시작되는 거야."

"신부님은 매일 밤, 부활을 매일 반복하는 이 기도 예식을 거행하시나요?"

멜기세덱 신부님이 대답했다.

"그렇단다. 평신도 중에도 자정에 일어나서 우리가 죽은 다음에 기다리게 될 부활을 요약해주는 이 예식을 거행하는 사람들이 많이 있단다."

멜기세덱 신부님에게는 부활과 마지막 심판을 상징하는 이 기도예식이 가장 좋아하는 예식 중 하나일 거라고 나는 느꼈다. 그 느낌은 틀리지 않았다. 왜냐하면 바로 이어서 그가 이렇게 덧붙였기 때문이다.

"우리는 우리의 부활을 기다리면서 살고 있지. 모든 사람의 궁극적인 목표니까. 우리는 그것을 기다리면서 우리의 인생을 보내는 거야. 우리의 부활은 눈부실 거야. 아무도 그것을 상상할 수 없지. 그리스도는 다시 우리 가운데 오실 거야."

나는 물었다.

"그러면 우리는 우리의 몸과 함께, 우리의 눈, 우리의 뼈와 함께 부활하게 되나요? 그리고는 영원히 살게 되나요?"

"우리의 살과 뼈도 역시 부활할 거란다. 왜냐하면 우리의 몸은 우리의 영이 거하는 성전이니까. 이 땅에서 몸은 영혼과 똑같은 시련을 겪지. 그래서 몸 또한 부활하게 될 것이고, 또한 영원한 생명을 누리게 될 것이란다. 하지만 몸은 변모될 거야. … 변모된다는 것이 무슨 뜻인지 알고 있니?"

"아니요."

"그것은 우리 모두가 지금과 똑같은 살과 뼈를 갖게 될 것이지만, 우리의 몸은 빛나고 모든 불결함을 벗어던지게 될 것이라는 뜻이야. 다볼 산에서 그리스도의 몸이 그랬던 것처럼 말이야."

이것을 나에게 설명해주는 것이 어렵다는 것을 알고, 멜기세덱 신부님은 선반에서 에뻬뜨라힐리온 옆에 놓여 있던 교부들의 책을 한 권 꺼내 내게 주었다. 그리고는 개양귀비와 백합의 마른 꽃잎을 끼워 표시해 둔 페이지를 펴서 큰 소리로 읽어보라고 했다. 나는 시키는 대로 책을 펴서 읽었다.

"… '이 썩을 몸은 불멸의 옷을 입어야 하고 이 죽을 몸은 불사의 옷을 입어야 하기 때문입니다.'[3]라고 말할 때 바울로가 말하자면 이 문제를 다룬 것이다. 왜냐하면 이 몸이 우리가 알고 있는 그대로의 허약한 존재로 부활하지는 않겠지만, 그럼에도 불구하고 그분은 그것을 똑같이 부활시키시기 때문이다. 그분은 그 몸을 불멸의 옷으로 입히시고, 그 몸은 불사의 몸으로 변모된다. 불을 관통한 쇠가 불이 되는 것처럼, 혹은 그 몸을 부활시키실 주님께서 그것이 어떤 모습이어야 할지를 다 아시는 것처럼 말이다. 그러므로 이 몸은 부활하지만 이 땅에서의 상태로 머물지 않는다. 몸은 영원히 남는다. 몸은 우리가 공급하는 양식을 필요로 하지도 않고, 성장의 단계도 거치지 않는다. 사실, 그 몸은 영적인 것이 된다. 경이로운 어떤 것, 우리가 감히 표현할 수조차 없는 지극히 고귀한 것이 된다. 그래서 이런 말씀이 있는 것이다. '그 때에 의인들은 그들의 아버지

---

3) 고린토전서 15장 53절.

의 나라에서 해와 같이 빛날 것이다.'[4] 사람들의 불신앙을 미리 아신 하느님은 아주 작은 벌레에게도 빛을 발할 수 있는 기능을 허락하신다. 그리하여 우리 눈에 보이는 미물을 통해서 우리가 기다리고 있는 그 현실이 무엇인지를 우리가 믿을 수 있게 도와주신다. 왜냐하면 한 부분을 주시는 분은 또한 전체를 주실 수 있는 분이시기 때문이다. '미물에 불과한 벌레도 빛을 내게 하시는 분은 분명 더더욱 사람을 의롭게 만드실 것이기 때문이다.'"[5]

우리 모든 사람, 특별히 가난한 우리 몰도바 사람들, 이 땅에서는 영양부족과 과로, 그리고 옥수수를 주식으로 삼는 이들에게 생기는 펠라그레(pélagre) 병으로 초췌해진 몸을 가진 우리, 동쪽의 모든 침략자들에 의해 짓밟혀 온 동유럽 변방에서도 가장 궁핍한 프롤레타리아들인 우리 몰도바 사람들도 언젠가는 달과 해처럼 빛나는 몸을 가지게 될 것이라는 것을 책으로 읽고, 나는 너무 행복해서 눈에 눈물이 가득해졌다. 왜냐하면 초라하고 가엾고 왜소한 벌레도 저녁이 될 때 별처럼 빛을 발한다면, 의로운 사람의 몸은 그보다 더욱 밝게 달과 해처럼 빛날 것이기 때문이다. 하느님은 바로 빛을 발하는 이 벌레를 통해서, 의심할 수 없는 방식으로 또 가장 분명한 방식으로, 우리에게 사

---

4) 마태오복음 13장 43절. 다니엘 12장 3절.
5) Saint Cyrille de Jérusalem, P.G. 33, col. 1040 A.

후 육체의 빛나는 부활과 그리스도의 재림의 증거를 보여주신 것이다. 낮에는 조약돌이나 흙덩이의 색깔을 가지고 있어서, 마치 역사책이 몰도바 사람들을 그렇게 대하듯이, 세심하게 주의하지 않으면 그냥 밟고 지나가 버리게 되지만, 밤이 되면 별처럼 빛나는 이 벌레를 통해서 말이다.

이 땅의 모든 사람들은 이렇게 우리 루마니아 사람들을 멸시하고 짓밟는다. 하지만 빠루시아, 즉 그리스도의 재림과 죽은 자들의 부활의 날에 우리는 빛을 발할 것이다. 우리가 기다리는 이 부활, 모든 수도원에서 매일 한밤중에 반복하여 기념하는 이 부활의 날에 말이다. … 그리고 나는 방금 처음으로 그 예식에 참여했던 것이다. 나는 행복에 겨워 눈물을 흘렸다. 왜냐하면 나의 이 작은 몸, 나의 이 허약한 몸, 일곱 살 먹은 어린 아이의 연약한 몸도 언젠가는 빛나게 될 것이고 영원성을 소유하게 될 것이기 때문이다. … 그 어떤 유물론도 인간의 몸을 구성하고 있는 물질이 영원하다고 선언한 적이 없다. … 성화되고 신화되고 신성과의 접촉으로 빛나게 된 인체의 물질에 불멸성을 약속한 그리스도교의 가르침에 비교할 때, 그들의 유물론은 기만에 불과하다.

나는 계속해서 교부의 책을 읽어나갔다.

"그러므로 우리는 부활할 것이다. 우리 모두는 영원한

몸을 갖겠지만 그렇다고 다 같지는 않을 것이다. … 의로운 사람은 천사들과 함께 있을 수 있는 천상의 몸을 받는다. 하지만 죄인은 영원한 불 속에서 타 없어지지 않고 계속해서 죄의 형벌을 견디게 될 그런 영원한 몸을 받는다. 하느님은 몸을 이 두 가지 중 하나를 위해 사용하신다. 우리에게는 어떤 것도 몸이 없이 일어나지 않기 때문이다. 신성을 모독하는 것도, 기도하는 것도 다 우리의 입이다. 훔치는 것도, 자선을 베푸는 것도 다 우리의 손이다. 나머지도 마찬가지다. 이와 같이 몸은 어떤 상황에서도 영혼의 충실한 종이기 때문에, 영혼의 운명을 따라서 몸 또한 운명을 함께 한다."[6]

이날 밤부터 나는 내 자신의 몸을 다른 눈으로 보게 되었다. 내 영혼의 충실한 동반자로 보게 된 것이다. 그리고 나는 앞으로 일어날 그 모든 사건 중에서도 가장 위대한 사건인 빠루시아를 기다린다.

1968년을 지나는 우리 시대에, 세상은 심장이식이라는 의학 기술의 기적적인 성과를 경이롭게 바라보고 있다. 그리하여 이 땅에서 사람은 다른 사람의 심장을 가지고 살 수도 있게 될 것이다. 다른 사람의 눈이나 신장, 혹은 다른

---

6) Saint Cyrille de Jérusalem, P.G. 33, col. 1040 B.

사람의 다리를 가지고 살 수 있는 것처럼 말이다.

우리 그리스도인들은 이 놀라운 과학 기술에 대해 마음 깊이 기뻐한다. 모든 치유, 육체적 고통의 모든 종식은 우리에게 기쁨을 준다. 하지만 우리는 그것이 전부는 아니라는 것을 알고 있다. 뭔가 또 다른 것이 존재한다. 왜냐하면 우리는 시간의 종말, 죽은 자들의 부활, 마지막 심판, 빠루시아, 그리고 아뽀까따스따시스 즉 '그 본래의 온전함 안으로 피조세계 전체가 회복되는 것'을 기다리기 때문이다. 우리는 그리스도의 두 번째 강림과 죽은 자들의 부활을 확신한다. 아뽀까따스따시스, 회복의 제반 과정이 어떻게 성취될 것인지 그 방법에 대해서는 오직 신비만 있을 뿐이다. 우리는 모든 것을 다 알지는 못한다는 말이다. 그러나 선택된 이들에게 주어진 계시와 교회가 간직해온 전승에 따르자면, 우리는 이 날 죽은 자들이 그들의 무덤을 열고 거기서 나오게 될 것이라고 추측해 볼 수 있다. 루마니아 북쪽, 내가 태어난 몰도바에는 15세기에 세워진 한 성당이 있다. 보로네쯔의 성당이다. 그 성당의 벽에는 아뽀까따스따시스의 장면들이 그려져 있다. 천사들은 나팔을 분다. 모든 무덤이 열리고 죽은 자들이 거기서 나온다. 어떤 사람의 팔을 집어 삼킨 늑대는 그 팔을 주인에게 돌려준다. 사자의 입에서는 어린 아이의 머리가 나온다. 바다 괴물과 물고기는 익사한 사람들의 몸을 내놓는다. 까마귀와 맹금들은 전쟁터에서 먹어치운 시신들의 살을 돌려준다. 모든 피조물들이 본래의 온전한 모습으로 회복된다. 이것이 바로 아뽀까따스따시스다. 그날 코스마와 다미아노스에 의해 이식된 흑인의 다리는 부활한 보제 유스티노스의 몸을 떠나 본래 주인인 흑인에게 되돌아갈 것이다. 의사들이 어떤 사람에게 이식해준 소녀의 심장은 그것이 떼어내진 가슴으로 돌아갈 것이다. 백인 환자에게 이식된 흑인의 심장 또한 마찬가지다. 성경에 기록된 것처럼 말이다. "나의 살갗이 뭉그러져 이 살이 물크러진 후에라도 나는 하느님을 뵙고야 말리라. 나는 기어이 이 두 눈으로 뵙고야 말리라."[7]

이식된 신체, 다시 말해 '가죽 옷'인 인간의 육체에 첨가되거나 이식된 장기들은 인간이 이 땅위에서 살아가는 아주 짧은 기간 동안만 유효하다.

나는 내 외할아버지에게 물었다.

"그리스도의 두 번째 강림은 우리 시대에라도 일어날 수 있나요?"

"우리는 평생, 낮이고 밤이고 한결같이 그리스도의 두 번째 강림을 기다린단다. 그것은 우리가 기다리고 있는 유일한 중대 사건이야. 그리고 진정으로, 또 본래적으로 우

---

7) 욥기 19장 26-27절.

리가 관심을 쏟게 되는 유일한 사건이지."

나는 또 물었다.

"그럼 그분이 다시 오실 때, 우리가 살아있을 수도 있단 말인가요?"

"그분은 오늘 밤에라도 오실 수 있지. 우리가 함께 있는 이 시간에 말이야. 그러면 살아있는 사람은 무덤을 경험하지 않고 생명에서 영원으로 건너간단다. 그것은 그때 가서야 알려질 신비들 중의 하나란다. … 우리의 임무는 기다리는 것, 준비하는 것이야. 만약에 우리가 큰일들에 대해서 준비하지 않는다면, 작은 일에 대해 준비하는 것이 뭐가 중요하겠니."

나는 눈을 들어 멜기세덱 신부님을 쳐다보았다. 정말로, 그는 너무 늙어서, 마치 성경에 나오는 멜기세덱처럼, 그 또한 이 땅에서 아버지나 어머니나 족보를 가졌다고는 도무지 생각하지 못할 정도였다. 그는 시간을 초월해 있었다. 몽블랑이 모든 산들 위에 있는 것처럼 말이다. 내 아버지처럼, 그리고 다른 모든 사제들처럼 그 또한 사제였다. 하지만 동시에 그는 전혀 다른 방식으로 사제였던 것이다. 분명 그는 뭔가 더 가진 것이 아니다. 하지만 우리는 그가 다르다는 것을 알았고 또 느꼈다. 그는 뭔가 땅에 속하지 않는 어떤 것을 가지고 있었다. 먼저 그는 2미터의 신장을 가졌고, 자세도 수직이었다. 그가 사제가 된 이래로, 다시 말해 거의 평생토록, 그는 머리카락을 자르지 않았다. 이미 구약 성경에서도 머리카락을 자르지 않는 것은 "하느님께 속한 것, 하느님께 봉헌된 것이라는 이중의 표시"[8]였다. 그의 머리카락에 가위를 댄 적이 한 번도 없었지만, 사제의 영대처럼 허리춤까지 아래로 길게 늘어뜨린 그의 머리카락과 수염은 매우 잘 정리되어 있었다. 너무도 잘 정돈되고 깨끗하여 빛이 났다. 물론 그의 머리카락은 여러 방향으로, 하느님이 정해 놓으신 방향으로 뻗어났다. 머리카락이 뻗어나가야 할 방향도 다 하느님이 정해놓으시기 때문이다. 그리고 멜기세덱 신부님의 머리에서는 머리카락들이 하느님이 정해 놓으신 질서에 따라 뻗어났기 때문에, 너무도 조화로웠고 엄청나게 아름다웠다. 세상의 그 어떤 이발사도 그와 같은 머리 모양을 구현하지는 못할 것이다. 왜냐하면 그것은 하느님이 하신 것이기 때문이다. 사람의 손은 결코 하느님보다 더 탁월할 수 없다. 아무리 위대하고 실력이 좋아도 말이다.

멜기세덱 신부는 다른 정교회 사제들과 똑같은 수단을, 그리고 내 아버지의 것과 똑같은 안테리온을 입었다. 하지만 그의 사제복은 똑같지만 뭔가 달랐다. 그의 수단은 다른 사제들의 수단 그 이상이었다. 수단은 그의 몸의 일부가 되었다. 마치 거대한 참나무 껍질이 나무의 일부인 것

---

[8] 민수기 6장 5절.

처럼 말이다. 그리고 심지어는 그에게서 수단을 벗긴다 해도, 그는 결코 벌거숭이가 되지 않을 것만 같았다. 왜냐하면 그의 피부 자체가 사제복처럼 되었기 때문이다. 의복에 있어서 그가 내 아버지나 다른 사제들과 다른 점 하나가 있는데, 그것은 그가 폭이 매우 넓은 가죽 허리띠를 매고 있다는 것이다. 허리를 조여 주는 단단하고 검은 가죽 허리띠 말이다. 물론 다른 사제들도 가끔은 허리띠를 한다. 하지만 그들의 허리띠는 천으로 된 것이다. 오직 수도사들만 가죽 허리띠를 맨다. 그리고 멜기세덱 신부님은 수도사들처럼 그것을 매고 있었던 것이다. 자 보라. 복장을 갖춘 그리스도의 병사를. 그는 먼저 허리띠를 허리에 매야한다는 것을 안다. 허리띠를 매는 것에는 그 사람이 성취해야 할 어떤 놀라운 신비가 숨겨져 있다. 허리에 허리띠를 차는 것, 죽은 짐승의 가죽으로 허리를 두르는 것은 모든 신체의 죽음 혹은 고행을 의미한다. … 허리띠를 매는 것에서 우리는 "너희는 허리에 띠를 매라"[9]는 복음의 계명에 대한 끊임없는 상기를 발견한다. 또한 "너희 안에 있는 이 땅에 속한 지체들을 죽이라"[10]는 사도의 요청을 깨닫는다. "이런 까닭에 우리는 그들만이 정념의 씨앗들을 잠재우는

---

9) 루가복음 12장 35절.
10) 골로사이 3장 5절.
11) Saint Jean Cassian, *Les Institutions cénobitiques*, livre I, II.

이 허리띠를 맨다는 것을 성경에서 읽게 된다."[11]

멜기세덱 신부님이 갑자기 내게 물었다.
"너는 예루살렘의 살인범이 두렵니?"
나는 고개를 숙였다. 그렇다. 나는 두려웠다. 하지만 지금, 우리가 죽은 다음에는 더 행복해지고 별처럼 빛나게 될 것이라는 말을 듣고 또 이해하게 된 지금, 어찌 죽음에 대한 두려움을 말할 수 있겠는가? 하지만 미래의 생명이 아무리 찬란해도, 모든 사람은 심지어 노예, 죄수, 걸인조차도 이 땅에 머물길 원한다. 자신의 실존이 비참하더라도 계속되길 원한다. 모든 사람은 자신의 삶이 가능한 한 더 길게 연장되길 원한다. 그것은 사실이다. 그리고 아무도 죽기를 원하지 않는다. 미래의 생명을 누리기 위해서라고 할지라도 말이다. 심지어 성인들조차도 죽기를 원하지는 않는다.

나는 대답했다.
"나는 그가 와서 나를 죽일까봐 두려워요. 엄마가 조심하라고 내게 말했어요. 왜냐하면 살인범은 예루살렘 출신이기 때문이라고요. 그리고 그는 어디서든 누구라도 죽이고 해를 가할 수 있는 미친개와 같다고 말이에요. 그게 다 내 아버지 때문이라고 말이에요."

멜기세덱 신부님은 손으로 내 머리를 쓰다듬었다. 그의

창백한 손으로 말이다. 그의 손은 따뜻했지만 내 어머니의 손처럼, 내 아버지의 손처럼 따뜻하지는 않았다. 그의 손은 아기의 손처럼 정화된, 조금은 약한 온기를 지녔다. 그것은 순진무구함의 온기, 거룩함과 순결함의 온기였다. 나는 확신한다. 그리스도가 내 머리를 만지는 날, 아마도 그 느낌은 정확히 이와 똑같을 것이라고 말이다. 1963년 빠리의 루마니아 정교회 성당에서 내가 안수례를 통해 사제로 서품 받던 날, 그 서품식 날, 나는 그때와 똑같은 온기, 똑같이 투명한 무게를 내 머리에서 느꼈다.

그 순간 멜기세덱 신부님이 손으로 내 머리를 쓰다듬어준 것은, 엄밀히 말해서 보통 어른들이 아이들을 쓰다듬어주는 것과 똑같은 것이라고 말할 수는 없다. 그의 손은 마치 아무런 무게도 나가지 않지만 누구도 흔들 수 없는 그런 방패처럼 내 머리를 덮고 있었던 것이다.

"비르질, 하느님과 천사들이 너를 보호해주실 거다. 그래서 너의 집 사제관에 범죄를 몰고 온 예루살렘의 살인범은 너에게 어떤 해도 입히지 못할 거야. 만약 천사가 너를 보호해준다면, 그 누구도, 절대 그 누구도, 예루살렘 아니라 그 어느 곳의 살인범이라 해도 너에게 해를 입힐 수는 없단다."

나는 안심이 되었다. 멜기세덱 신부님이 선언한 그 진리를 확신했다. 하지만 그래도 나는 계속 두려웠다. 나는 그에게 고백했다.

"할아버지가 기도하고 있을 때, 내가 왔어요. 악몽을 꾸었기 때문이에요! 나는 예루살렘의 살인범이 내 잠자리로 올라와 내 목을 조여 죽이려고 하는 꿈을 꾸었어요. 분명히 나는 하느님도 믿고 천사들도 믿어요. 하지만 나는 예루살렘의 살인범도 무서워요. 그는 자신에게 부상을 입힌 사람이 내 아버지라고 생각해요. 그래서 나에게 복수하려 할 거예요."

멜기세덱 신부님은 대답했다.

"그에게 부상을 입힌 사람은 네 아버지가 아니란 말이니? 살인범은 피를 흘리며 떠났어. 엄청나게 많은 피를 흘리면서. 모든 사람이 그의 피를 보았어. 사제관 앞에서 말이야. 네 아버지가 아니라면 누가 그에게 부상을 입힐 수 있었을까?"

"살인범이 쏜 총알이 문턱의 화강암으로 된 돌출부에 맞고 튕겨서 그 사람뿐만 아니라 동시에 내 아버지까지 부상을 입힌 거래요. 하지만 살인범은 내 아버지가 자기에게 부상을 입혔다고 생각하고 있어요. 그는 여기로 와서 복수할 거예요. 나를 죽일 거예요. 엄마가 그렇게 말했어요."

"사람들이 그러던데, 너는 네 이름을 거룩하게 하고 싶어 한다지? 그게 정말이니?"

나는 대답했다.

"네."

"그리고 너는 성 비르질이란 이름을 축일달력에 올리려면 무엇을 해야 하냐고 네 아버지에게 물어보았다지? 내 말이 맞니?"

"네."

"그래서 네 아버지는 너도 성인이 될 수 있다고 말했다지?"

"네. 아버지는 나도 성인이 될 수 있다고 말해주었어요. 아니 그것은 모든 그리스도인들이 받은 계명이라고 말했어요. 하느님이 거룩하시니까 우리도 거룩해지라는 계명 말이에요."

"그럼 네가 성인이 되려면 무엇을 해야 하는지도 알겠구나? 네 아버지는 뭐라고 하더냐?"

"네. 알아요. 성인이 되려면, 한 가지만 하면 된다고 했어요. 원수를 사랑하는 것 말이에요."

"그리고 네가 아버지에게 이 질문을 했을 때, 너는 원수가 없었어. 하나도 말이야. 그래서 너는 원수가 없다는 것 때문에 성 비르질이 될 수가 없었어. 그렇지 않니? 그래서 너는 주님께 원수를 달라고 기도했지. 적어도 한 명 이상 말이야. 내 말이 맞지, 그래 안 그래? 그런데 보렴. 하느님이 네 기도를 들어주셨구나. 너는 오히려 만족해야 해. 이제 너는 원수를 가졌어. 너를 죽이려고 하는 원수를 말이야. 네 아버지에게 총상을 입힌 원수. 예루살렘의 살인범 말이야. 네 엄마가 말한 것처럼, 그는 너를 찾아 와서 너에게 해를 입히려 할 거야. 그가 사제관에서 입은 부상에 원한을 품고 복수하기 위해서 말이야. 하느님이 정말 무시무시한 원수를 네게 보내셨구나! 비르질, 그런데 너는 그를 사랑할 수 있겠니? 내게 대답해 보렴!"

나는 놀라며 반문했다.

"예루살렘의 살인범을 사랑할 수 있냐고요?"

왜냐하면 예루살렘의 살인범을 사랑한다는 것은 생각할 수도 없는 것처럼 보였기 때문이다. 나를 목 졸라 죽이려는 사람을 사랑하라니. 꿈속에서도 나를 죽이려 혈안이 된 그를 사랑하라니.

"예루살렘의 살인범은 네 원수야. 그렇지 않니?"

나는 말했다.

"아아, 맞아요."

"그가 그렇게 무시무시하고 두려운데도 너는 그를 사랑할 수 있겠니?"

나는 고개를 숙이고 말았다. 그것이 거룩함을 위해 치러야 할 값이란 걸 깨달았다. 만약 꿈속에서조차 나를 공포에 떨게 하는 예루살렘의 살인범을 내가 사랑한다면, 나는 후광, 성인들의 후광을 얻게 될 것이고, 성 비르질이 될 것이었다. 하지만 만약 내가 그를 사랑하지 않는다면, 나는 이처럼 아름다운 라틴 이름을 거룩하게 하는 데 성공하지 못할 것이고 그렇게 되면 나보다 앞서 살았던 모든 비르질들과 똑같은 사람이 될 것이었다. 나는 다시 울기 시작했다.

"왜 우는 게냐? 비르질."

"예루살렘의 살인범을 사랑할 수 없기 때문이에요. 아마도 나는 결코 그를 사랑할 수 없을 것 같아요. 더군다나 그 사람은 말이에요!"

나는 건포도 몇 알을 더 얻어먹은 후, 눈물을 닦으며 나의 꼽또르로 돌아가 잠을 잤다. 나는 잠들었고 꿈을 꾸었다. 이번에는 나와 멜기세덱 신부님, 내 어머니, 내 아버지, 그리고 마을의 모든 사람들이 하늘에서 빛나는 꿈이었다. 빛을 내는 벌레처럼. 또 별처럼 말이다. 그것은 너무 아름다운 광경이었다. 그것은 빠루시아였다. 사람들이 꿈꾸고 기다릴 수 있는 것들 중에서도 가장 아름다운 것이다. 역사상 너무도 비참하게 살아온 모든 루마니아 사람들, 까르파티아 산맥의 동쪽 사면에 사는 모든 가난한 프롤레타리아들은, 천사들보다 더욱 아름답게 빛을 발하는 몸을 가지고서 하늘에서 영원토록 사는 하나의 백성으로 변모될 것이다.

나의 첫 번째 원수

하느님은 내 기도를 들어주셔서, 나의 첫 번째 원수,
예루살렘의 살인범을 내게 보내주셨다.

내가 예루살렘, 멜기세덱 신부님의 사제관에서 보낸 두 번째 밤이었다. 나는 낮에는 학교에 갔다. 동급생들과 학급 친구들도 사귀었다. 또 학교 선생님인 니꼬 스코베이도 알게 되었다. 내 어머니의 큰 오빠이면서 동시에 나의 선생님이었던 그는 매우 엄한 사람이었다. 분명한 것은 하느님이 그가 사제직에 들어가는 것을 거부하신 이유가 단지 그가 수염이 없기 때문만은 아니라는 것이다. 그에게서 가장 인상적이었던 것은 수염이 없다는 것이 아니라 오히려 그의 회색 눈이었다. 차가울 뿐만 아니라, 부드러움과 사랑의 빛은 조금도 찾아볼 수 없는 눈이었다. 그는 다른 학생들보다 내게 특별히 더 엄격했다. 그는 마치 나를 알지 못하는 사람처럼 나에게 이름과 성과 출생지를 물어보았다. 나중에 나도 경험한 바이지만, 그것은 마치 경찰들이 심문하는 것과 흡사했다. 하지만 나는 그를 사랑하지 않을 수 없었다. 그의 몰인정함에도 불구하고 말이다. 왜냐하면 나는 내 원수들을 사랑하지 못하느니 차라리 죽는 것이 더 낫다고 생각했기 때문이었다. 나는 성인들이 가진 후광을 나도 가지고 싶었다. 하느님이 '성(聖)'이라는 수식어와 함께 이 아름다운 이름 비르질을 축일달력에 기록해주시길 바랬다. '성 비르질'이라고 말이다. 가야할 길이 험난할 것임을 나는 잘 안다. 하지만 나는 그 어떤 장애 앞에서도 뒷걸음질 치지 않기로 결심했다. 그래서 나의 삼촌인 학교 선생님이 나를 냉혹하고 엄격하게 대할수록, 나는 더욱더 그를 사랑하지 않을 수 없었던 것이다.

집에 들어서면서, 나는 멜기세덱 신부님에게 나의 승전보를 전했다. 나는 말했다.

"그는 내게 정말 몰인정했어요. 마치 진짜 원수처럼 굴었어요. 하지만 나는 그에게 조금도 미움의 그림자를 보이지 않았어요. … 거룩함을 향한 길에서 이것도 내게 하나의 성공 아닌가요?"

멜기세덱 신부님이 말했다.

"그게 아니란다, 비르질. 그는 너를 사랑해서 그렇게 엄격하게 굴었던 거야. 너를 훌륭한 학생으로 만들기 위해서 말이야. 고약해서 그런 게 아니야. 너도 잘 알거야. 그가 너의 원수가 아니란 걸 말이다. 그가 그렇게 엄격하게 대한 것은 학교 선생님으로서, 너를 잘 가르치고 싶은 사람으로서, 너를 사랑하기 때문이었던 거야."

내가 말했다.

"맞아요. 그가 그렇게 엄하고 불친절하게 군 것은 다 나를 위해서예요."

"만일 자기를 사랑하는 사람만 사랑한다면 칭찬받을 것이 무엇이겠니? 죄인들도 자기를 사랑하는 사람은 사랑한단다."[1]

내가 물었다.

"신부님, 절대적으로 원수를 사랑해야 하는 이유는 무엇인가요?"

"공평하고, 자발적이고, 이익을 구하지 않는 사랑으로 모든 사람을 사랑하지 않는 사람은 하느님을 사랑할 수 없고, … 그리고 단 한 사람이라도 미워하는 사람은 하느님을 미워하는 것이 때문이란다."

그것은 이해하기가 힘들었다. 멜기세덱 신부님은 신학 박사들처럼 거룩한 교리들을 설명해주기 위해 사제가 된 것이 아니라 사람들을 성화시키고, 신화시키고, 하느님의 자녀로, 하늘 왕국에 합당한 자로 만들기 위해서 사제가

---

[1] 루가복음 6장 32절.

된 것이다. 우리가 목마름을 해결하려면, 수분 공급에 관한 논문을 읽을 것이 아니라 물을 마셔야 하듯 말이다.

사제는 사제직과 함께 받은 성령의 선물들(은사들)을 신자들에게 퍼 나눠주어야 한다. 샘과 같이 사제는 신자들을 고쳐주어야 하고, 그들을 멋지게 만들어주어야 하지, 어떻게 하면 멋진 사람이 될 수 있나 설명해 주어서는 안 된다. 요리법에 관한 수천 가지의 글을 읽는다 해도 배고픔은 사라지지 않는다. 수백만 가지 신학적인 글을 읽고 공부한다 해도, 믿음이 없을 수도 있다. '하느님을 아는 사람' 즉 신학자가 되기 위해선, 하느님을 먹어야 한다. 하느님을 마셔야 한다. 하느님을 초대하여 우리 안에 사시게 해야 한다. 그리고 우리는 하느님에게로 이사해야 한다. 마치 샘에서 물을 마시듯 그분을 마셔야 한다. 음식을 먹듯 그분을 먹어야 한다. 그러면 하느님처럼 거룩하게 될 것이다. 하느님의 아들이 될 것이다. 하느님과 같은 몸을 가지게 될 것이다. 신학자라는 것은 하느님과 한 몸이 됨으로써 하느님을 알게 되는 것을 말한다. 이런 까닭에 '유카리스티' 즉 '감사의 성만찬 성사'는 '성사들의 성사'이다. 또 이런 까닭에, 사제는 천사들보다 더욱 탁월하다. 사제가 빵과 포도주를 그리스도의 몸으로 변화시키고, 그렇게 해서 하느님을 모두가 먹고 마시게 해줄 뿐만 아니라, 사제는 또한 땅과 하늘에서 죄인들을 용서할 수 있기 때문이다. 그는 심판할 수도 있다. 멜기세덱 신부님에게 성인이 되기 위해서는 반드시 원수를 사랑해야 하는 이유가 무엇이냐고 묻는 것은 물을 마셔야 할 샘에 가서 왜 이 물들이 갈증을 해소해주는가 하고 묻는 것이나 마찬가지다. 그것은 어리석은 것이다. 샘은 어떻게 왜 자기가 갈증을 풀어주는지 알지 못한다. 다만 그렇게 할 뿐이다. 사제도 마찬가지다. 사제는 우리를 성화시킨다. 이것 때문에, 그리고 또 다른 역사적 이유로 인해, 정교회 사제들의 모든 신학적 지식은 휴대할 수 있는 몇 권의 책에 다 포함되어 있다. 몇 권의 주머니 책에 말이다. 단지 극소수의 사제들만 열어서 읽어보는 책,『엔키리디온』혹은 '작은 책'이 그것이다. 모든 교리와 전승이 다 여기 들어있다. 또 다른 책은『필로깔리아』[2]로, 거룩한 교부들의 영적인 전통 전체를 포함하고 있다. 그것은 일종의 '신학대전'이다.『엔키리디온』외에도『신타그마(선집)』,『시나고기(모음집)』,『삐달리온(규범)』같은 것이 있다. 그 외『빤덱토스(전집)』와 같은 작은 책들도 있다. 하지만 이 모든 책들은 똑같은 믿음과 똑같은 교회의 전통을 요약적으로 우리에게 전달해주는 단 하나의 책일 뿐이다. 이 책들 각각은 그 자신이 하나의 완전한 서재이다. 더군다나 그 책들은 종종『서재』라고 불리곤

---

2) '필로깔리아'는 '아름다움에 대한 사랑'이라는 뜻이다.

한다. 총대주교 성 포티오스가 저술한 책 제목처럼 말이다. 그의 책 또한 신앙 전체의 요약이고, 모든 서재의 요약이다. 하지만 정교회의 진짜 서재는 오직 성당에만 비치되어 있는 전례서들이다. 그것은 많지 않아서, 사제들은 거의 다 암송한다. 그리고 이 땅에서 사람을 성화시키고 하늘의 시민으로 만들어주는 모든 예식과 기도문들을 포함한다. 정교회의 전례서에는 이런 것들이 있다. 먼저 『띠삐꼰(전례규칙서)』이 있는데, 이 책은 모든 정교회 예식의 규칙을 담고 있다. 또 거룩하고 신성한 리뚜르기아 예식 본문을 담고 있는 『리뚜르기꼰(성찬 예배서)』이 있다. 또 모든 축복 기도문과 축성 기도문이 들어있는 『에프홀로기온(각종 예식서)』이 있고, 신약 성경 중 사도들의 서신서를 담고 있는 『아뽀스똘로스(사도경)』가 있다. 또 네 복음서를 담고 있는 『에방겔리온(복음경)』이 있다. 이 책은 인쇄된 활자를 통해서 그리스도 자신이 육화하신 것으로 여겨지기 때문에 가장 거룩한 책이기도 하다. 그런 까닭에 『에방겔리온』은 언제나 제단 중앙에 놓여진다. 그리고 또 구약성경의 시편만 따로 모아놓은 『쏘띠에』, 매일 드리는 여덟 가지 예식을 모아놓은 『오롤로기온(매일예식서)』, 8주 주기의 8음조로 된 각종 성가들을 모아놓은 『옥또이꼬스(8조 예식서)』, 부활대축일 이전 10주간 모든 예식을 담고 있는 『뜨리오디온(사순절 예식서)』, 부활대축일부터 오순절 성령강림대축일까지의 모든 예식을 포함하고 있는 『뺀디꼬스따리온(오순절 예식서)』, 그리고 일 년 열두 달 매일 기념되는 축일 예식을 포함하고 있는 열두 권으로 된 『미네온(월별예식서)』이 있다.

 내가 물었다.
 "왜 원수를 사랑하지 않으면 하느님을 사랑하지 않는 것이 되지요? 하느님은 사람들의 원수가 아니잖아요. '필란드로포스(phil-anthropos)' 즉 '사람들의 친구'라고 부르듯이 그분은 우리 아버지잖아요. 우리를 사랑하시는 하느님을 사랑하는 것과 원수를 사랑하는 것이 도대체 무슨 관계가 있죠? 그건 마치 식초를 좋아하지 않는 사람은 꿀을 좋아하지 않는다고 말하는 것 같아요."
 불쌍한 멜기세덱 신부님! 오늘 나는 그에게 이런 질문을 던지는 것은 너무 잔인한 짓임을 알게 되었다. 하지만 사제란 무엇인가. 성령을 받은 사람 아닌가. 그러므로 사제를 구해주는 분은 성령이다. 그의 인간적 능력이나 학문이 아니다. 불혀의 모양으로 성령을 받은 뒤 사도들은 마치 여러 나라 말을 구사할 수 있는 사람처럼 외국어를 능통하게 말할 수 있었다. 그들은 배움이 부족한 사람들이었지만 아주 높은 수준의 철학적 논쟁들을 전개할 수 있었다. 성령은 무엇이든 할 수 있고 아무것도 두려워하지 않는다. 내가 던진 것과 같은 질문을 한 번도 받아본 적이 없었던 멜기세덱 신부님은 내게 대답했다.

"거기 보면 『빠떼리꼰』이라는 제목의 책이 있을 게다."

나는 의자에서 일어나 천정 선반에 놓아둔 『게론디꼰』 혹은 『교부들의 책』이라고도 불리는 『빠떼리꼰』을 집었다.

멜기세덱 신부님이 말했다.

"꽃가지로 표시해둔 페이지를 열어 보거라. 왼쪽 페이지에 우리의 거룩한 교부이신 가자의 도로테오스 성인이 쓴 설명이 나올게다. 그분이 아마도 나보다 더 명확하게 네게 설명해 줄게다."

나는 다른 정교회 서적들과 다를 바 없는 『빠떼리꼰』을 열었다. 모든 교리들, 금언들, 그리스도교 영성과 신앙의 전통들을 담아놓은 짧고도 완벽한 모음집이었다. 꽃가지로 표시해 둔 곳을 나는 읽었다.

"한 마디로, 할 수 있는 한 여러분은 서로 연합하는 일에 매진하십시오. 왜냐하면 우리가 이웃과 연합될수록, 하느님과 더욱 연합되기 때문입니다. … 이 말의 의미를 이해할 수 있도록 나는 교부들에게서 빌려온 하나의 형상을 보여드리겠습니다: '땅에 원을 하나 그렸다고 가정해 보십시오. 컴퍼스로 하나의 중심에서 원을 그었다고 가정합시다. 그러면 우리는 원의 중앙을 중심이라고 부릅니다. 내가 말한 것을 여러분의 영에 적용해보십시오.

이 원은 세상입니다. 원의 중심은 하느님입니다. 중심에서 나가는 수많은 선들은 사람들이 살아가는 다양한 방식, 다양한 길입니다. 원의 중심에 가까이 가듯 성인들은 하느님께 가까이 갑니다. 그리고 이 중심과 가까워질수록, 그들은 중심이신 하느님과 가까워질 뿐만 아니라 서로 간에도 더욱 가까워집니다. 하느님께 가까이 갈수록 서로 더욱 가까워지고, 반대로 서로 가까워질수록 하느님과도 가까워집니다.

그리고 여러분들은 그 반대의 경우, 즉 하느님을 등지고 멀어질 때, 원의 중심에서 점점 멀어질 때도, 마찬가지임을 이해할 것입니다. 그러므로 하느님과 멀어질수록, 서로 멀어지고, 서로 멀어질수록 하느님과도 멀어진다는 것은 명백합니다.

그것이 바로 사랑의 본성입니다. 우리가 서로 외면할수록 하느님을 사랑하지 않을수록, 우리는 서로에게서도 점점 멀어짐을 느낍니다. 하지만 우리가 하느님을 사랑하면, 그만큼 사랑으로 그분과 가까워지고, 그만큼 사랑으로 우리 이웃과 연합됩니다. 그리고 우리가 이웃과 연합되는 만큼, 우리는 하느님과 연합됩니다."

멜기세덱 신부님이 물었다.
"이제 이해하겠니? '필라델피아(phil-adelphia)'와 '필란드로피아(phil-anthropia)'가 없는 '필로테이아(philo-théia)'는 없단다. 다시 말해 '형제에 대한 사랑', '모든 사람에 대한 사랑'이 없는 '하느님에 대한 사랑'은 존재하지 않는다는 말이지."

하지만 나는 한 가지를 지적했다.

"그렇지만 우리 모두가 살인범의 형제는 아니지 않나요? 예루살렘의 살인범은 내 형제가 아닌 걸요."

"만약 네가 피조물인 모든 인간에 대해 똑같은 사랑을 가지고 있지 않다면, 너는 결코 참된 그리스도인이 될 수 없어.[3] 예루살렘의 살인범, 또 다른 살인자들 그리고 도둑들은 모두 악을 행했어. 그건 맞는 말이야. 하지만 사랑은 앙심을 품지 않고, 모든 것을 덮어주지.[4] 성인들이 눈이 멀어서 죄를 보지 못했겠니? 과연 그 누가 성인들보다 더 죄를 미워하겠니? 하지만 그들은 죄인들을 미워하지 않았어. 그들을 판단하지도 않았어. 그들을 피하지도 않았단다. 반대로 그들은 죄인들을 불쌍히 여겼고, 그들에게 충고했고, 그들을 위로했고 마치 병든 신체 부위처럼 보살펴주었단다.[5]"

"알겠어요. 신부님. 나는 내 온 마음을 다해서 내 원수를

---

3) Saint Maxime le Confesseur, P.G. 90, col. 917 A.
4) 고린토전서 13장 5-7절.
5) Dorothée de Gaza, P.G. 88, col. 1693 A.

미워하지 않기 위해 노력할 거예요. 내 첫 번째 유일한 원수인, 예루살렘의 살인범을 결코 미워하지 않을 거예요."

멜기세덱 신부님이 말했다.

"미워하지 않는 것은 사랑하는 것이 아니야.[6] 그리스도의 계명은 분명해. 너희는 원수를 사랑하라.[7] 그분은 미워하지 말라고 말하지 않고 사랑하라고 말했어."

저녁 내내, 나는 슬펐다. 예루살렘의 살인범을 사랑하겠다는 나의 결심은 내 능력을 넘어서는 것이었다. 성인들과 순교자들도 나보다 먼저 이 불가능성을 경험했다는 것을 나는 알지 못했던 것이다. 지혜로운 스승이요 황제의 친구요 고위 관료였던 고백자 성 막시모스, 자신의 신앙을 부정하느니 차라리 오른팔과 혀가 잘리는 것을 허용했던 이 경탄스러운 순교자는 이렇게 썼다. "겉으로는 어떨지 몰라도, 아무도 자신에게 고통을 주는 사람을 사랑할 수 없다. … 주님의 계획을 진정으로 알지 못한다면 말이다."[8]

미워하지 않는 것은 어렵지만 할만하다. 하지만 자기에게 악을 행하는 자를 사랑하는 것, 그것은 불가능하다.

밤새도록 나는 꼽또르 위 따뜻한 벽돌이 깔린 잠자리에서 깨어있었다. 전날 밤과 같은 악몽 때문에 그런 것이 아

---

6) Saint Maxime le Confesseur, Centuries sur la charité II, 49 et 50.
7) 루가복음 6장 27절.
8) Saint Maxime le Confesseur, P.G. 90, col. 916.

니었다. 멜기세덱 신부님의 방에는 불이 켜져 있었다. 그리고 어떤 낯선 사람이 신부님과 말하고 있었다. 낯선 사람은 방금 들어왔다. 그는 멜기세덱 신부님의 침대 옆에 서 있었다. 그들은 내가 깨지 않도록 낮고 작은 음성으로 말했지만, 나는 그들의 말을 분명하게 들었다. 멜기세덱 신부님의 말과 한밤의 방문자의 말들을 말이다.

신부님이 말했다.

"안 되네."

"멜기세덱 신부님, 저를 재워주십시오. 신부님 댁에서 좀 지내야겠어요. 여기서 자고 먹고 해야겠어요. 여기 꼽또르에 숨어 있어야겠어요. 신부님이 나를 죽인다 해도, 나는 여기서 나가지 않을 거예요. 나는 신부님 댁에 있을 거예요. 여기 머물 거예요."

멜기세덱 신부님이 말했다.

"자네는 여기 머물 수 없어. 그건 안 돼."

"모든 사람처럼, 내가 예루살렘의 살인범이기 때문에, 신부님 댁에서 머물 수 없다는 말씀이신가요? 그런가요, 신부님?"

"자네가 여기를 떠나야 하는 이유는 자네가 예루살렘의 살인범이기 때문이 아니라, 지금 여기에는 자네가 있을 만한 공간이 없기 때문일세."

"나 같은 살인범들이 머물 곳은 이 땅의 감옥과 영원한 지옥밖에 없다는 것을 저도 잘 압니다."

멜기세덱 신부님이 말했다.

"나는 자네를 감옥에도 지옥에도 보내지 않아. 이오넬. 비록 예루살렘의 살인범이라 해도, 자네는 내 아들일세. 내가 자네에게 세례를 주었기 때문일세. 내가 자네에게 이오넬이라는 이름으로 세례를 주었고 거룩하고 위대한 성유 성사를 베풀었어. 그를 통해서 자네에게 준 하느님 자녀의 자격은 그 누구도 빼앗아 갈 수 없다네. 자네가 저지른 많은 범죄에도 불구하고, 자네는 여전히 하느님의 형상이고 하느님의 양자라네. 자네의 이름은 하늘에 적혀 있을 거야. 아무도, 그 어떤 범죄도 그것을 지울 수는 없네. 내가 자네에게 은신처와 거처를 제공하지 않는 이유는 이미 꼽또르 위의 공간을 다른 이가 사용하고 있기 때문일세. 그리고 그곳 말고는 자네가 기거할 만한 다른 장소가 여기엔 없기 때문이란 말일세."

살인범이 물었다.

"누가 그곳을 차지하고 있단 말입니까?"

"비르질일세. 삼 일 전, 자네가 돈을 훔치려고 사제관 다락방에 들어갔다가 죽이려고 했던 콘스탄틴 신부의 아들 말일세. 설마 자네가 죽이려고 했던 사람의 어린 아들과 함께 자는 것을 내가 허락할 거라 기대하진 않겠지? 어린 아이에게 자기 아버지를 죽이려 했던 사람과 함께 자라고 할 수는 없지 않는가. 그럴 수는 없네. 그 애는 너무 어리고 연약해. 아니 어른이라고 해도 예루살렘의 살인범과 한 침대에서 자라고 할 수는 없을 거야."

예루살렘의 살인범은 말했다.

"용서해주십시오. 더 이상 고집하지 않겠습니다. 비르질이 신부님 댁에 있는 줄은 몰랐습니다. 그 애가 꼽또르에서 자는 것도요. 저는 지금 떠나겠습니다, 신부님."

"마을에는 콜레란지 흑사병인지 전염병이 돌고 있어. 학교들도 폐쇄됐고. 그 애 엄마가 아버지를 병원에 데려다 주는 길에 그 아들을 내게 맡겨 놨다네. 예루살렘의 학교에 갈 수 있도록 말이야. 그 동네 학교가 닫혀 있는 동안만이라도 말일세. …"

예루살렘의 살인범이 물었다.

"콘스탄틴 신부님은 어떠십니까?"

그는 다른 음성으로 말했다. 아주 부드러운 음성이었다.

"자네가 쏜 총알들이 살에 박혔는데, 다 제거했다는군. 자네가 그 저주받을 롱 라이플 총으로 쏘았던 총알들 말일세. … 하지만 지금은 조금씩 회복중이라는군, 하느님의 은총으로. 어떻게 자네는 감히 사제를 죽이려고 했는가?"

살인범이 말했다.

"회복되었다니 하느님께 감사드립니다."

비록 그를 보지는 못했지만, 나는 그가 이콘을 향해 돌아서서 십자 성호를 그으며 말했을 것이라고 짐작했다. 내 아버지가 회복 중이라는 말에 하느님께 감사드리면서 말이다. 그 순간 나는 눈물을 왈칵 쏟았다. 나는 살인범들이 기도도 할 수 있고 울기도 할 수 있으리라고는 상상하지 못했다.

살인범이 말했다.

"그건 사고였습니다. 신부님에게 부상을 입힌 것은 튕겨난 총알들이었어요. 저 또한 그로 인해 부상을 입었습니다. 똑같은 총알로 인해서 말입니다. 내 다리를 보십시오. …"

멜기세덱 신부님이 소리쳤다.

"그렇지만 누가 총을 쏘았나? 살인자인 자네 아닌가!"

"맞습니다, 신부님. 제가 총을 쏘았습니다. 하지만 손에 총을 가지고 있고 갑자기 두려움에 사로잡혔다면, 누구라도 총을 쏘게 마련입니다. 그분이 갑자가 내 앞에 나타나서 문을 막고 있었기 때문에 나는 무척이나 놀랐습니다. 그래서 총을 쏘게 된 것입니다. 놀라고 두려워서요. 그에게 겁을 주려고 말입니다. 그를 죽이려고 그런 게 아닙니다. 그래서 아래를 향해 총을 쏜 것이고요."

"기적적으로 생명을 잃지 않았더라면 어쩔 뻔했단 말인가! 그는 죽고 말았을 걸세. 자네 때문에 죽고 말았을 거야! 그러니 자네는 지금 내가 그 어린 것, 비르질에게 자기

아버지를 죽이려고 했던 사람 옆에서 자라고 말해주길 요청할 수가 없다네. 그럴 수는 없는 일일세. 그건 불가능한 일이야. 그러니 자네는 여길 떠나서 다른 곳에 숨어 있어야 할 걸세."

살인범은 근심에 싸여 대답했다.

"물론입니다. 그렇게 할 수는 없지요."

멜기세덱 신부님이 물었다.

"어떻게 자기 아버지를 죽인 자 옆에서 자라고 할 수 있겠어?"

그 순간 내가 꼽또르에서 소리 질렀다.

"멜기세덱 신부님, 나에게 그걸 물어 볼 수 있잖아요. 나는 그 사람이 여기 머물게 하고 싶어요. 나 때문에 그 사람을 쫓아내시겠다는 거잖아요. 그 사람은 꼽또르 위에서 나와 함께 나란히 자도 된단 말이에요. 그 사람이 내 아버지를 죽이려 하지 않았다는 것을 나도 알아요. 그는 놀라서 총을 쏘았을 뿐이에요. 내 아버지도 그렇게 말했어요."

나는 일어나서, 신부님 방으로 들어갔다. 예루살렘의 살인범이 거기 서 있었다. 그는 아주 젊은 사람이었다. 창백했고 또 연약해 보였다. 소년의 티를 벗지 못한 청년이었다. 분명 그는 두 팔로 팔짱을 낀 채, 목에는 두 줄의 총탄띠를 걸고 있었다. 그는 장총을 가지고 있었다. 진짜 소총 말이다. 그는 정말 살인강도의 차림이었다. 하지만 나는 그가 두렵지 않았다. 그는 매우 젊었다. 그리고 매우 창백했다. 그는 내 어머니, 마마 쁘레스비떼라와 같은 나이였고, 그녀의 동창생이었다. 하지만 그는 훨씬 더 젊어보였다. 그는 마치 사육제에서 강도로 변장한 것만 같았다. 그럼에도 불구하고, 그는 진짜로 예루살렘의 살인범이었다. 멜기세덱 신부님은 그를 잘 알고 있었다. 나는 그가 두렵지 않았다. 예루살렘의 살인범은 내 원수가 아니었던 것이다. 그러므로 비록 꼽또르에서 내 옆에서 자기도 하고 머물기도 하라고 그를 초대하긴 했지만, 그렇다고 해서 그를 통해 나의 뽈리띠아가 증가된 것은 아니었다. 왜냐하면 나의 뽈리띠아는 원수를 사랑하는 것이었기 때문이다. 친구를 사랑하는 것, 그것은 지극히 당연한 것이다. 나는 그를 내 친구로서 초대한 것이다. 예루살렘의 살인범은 나의 원수가 아니었다. 그리고 솔직히 말해서, 나는 무의식중에 그 살인범을 가까이서 보고 싶었는지도 모른다. 그와 얘기해 보고 싶었는지도 모른다. 책에서는 도무지 배울 수 없는 것에 대해 사람 대 사람으로 그에게 물어보고 싶었는지도 모른다. 예를 들어, 어떻게, 왜 살인범이 되었는지, 살인범이 되었을 때의 느낌은 어떤 것이었는지 말이다. 그는 살인범들 중에서도 제일 유명하다. 그가 바로 그 무시무시한 예루살렘의 살인범이었던 것이다. 그에게는 엄청난 액수의 현상금이 붙었다. 나는 이 모든 것을 그에게 물어볼 수 있었던 것이다. 나는 그가 두렵지 않았기 때문이다. 그는 악한 사람이 아니었다.

살인범은 나를 쳐다보았다. 그리고는 멜기세덱 신부님의 허락을 기다렸다. 신부님이 말했다.

"비르질이 예루살렘의 살인범과 같이 자는 것을 두려워하지 않는다면, 자네는 여기 머물 수 있네."

결국 그는 사제관에 머물게 되었다. 우리와 함께. 나와 함께. 모든 경찰들이 그를 수색하고 있는 동안 말이다.

자정이 되자, 예루살렘의 살인범과 나는 무릎을 꿇고 심야과 예식에 함께 참여했다. 부활의 날에, 악한 사람이건 선한 사람이건 우리는 모두 무덤에서 나올 것이다. 똑같이 말이다. 모두가 천사들의 나팔 소리를 듣고 말이다. 그리고 심판 후에 우리는 갈라지게 될 것이다. 하지만 심판을 기다리는 동안, 우리는 나란히 죽은 자들의 부활에 참여하게 될 것이고, 지금 멜기세덱 신부님은 그것의 일상적 반복인 이 예식을 거행하고 있는 것이다. 지금처럼 판결을 기다리면서 말이다. 그리고 모든 사람, 절대적으로 모든 사람, 성인이건 살인자이건 모든 사람은 오직 하느님의 긍휼을 통해서만 지옥의 화염에서, 영원한 정죄에서 벗어날 수 있을 것임을 나는 알고 있다. 하느님 앞에서는 모두가 예외 없이 죄인이고 정죄 받아 마땅하다. 다만 어떤 사람들은 죄를 덜 지었고, 어떤 사람들은 더 많이 죄를 지었을 뿐인 것이다. 그것은 정도의 차이에 불과하다. 하지만 정죄는 모두의 것이다. 하느님의 자비가 아니라면 아무리 성인들과 천사들이 중보를 한다 해도 그 누구도 구원받을 수 없다. 처음으로, 나는 신학적으로 볼 때, 성인과 살인범 사이에는 죄로 보나 덕으로 보나 양적인 차이만 있을 뿐이라고 생각해 보았다. 마지막 심판에서는 성인도 살인자도 모두 죄인이고, 똑같이 자신의 죄를 고해야 한다. 가장 위대한 성인이라 할지라도 죄 없다고 강변할 수는 없다. 이렇게 생각하면서, 나는 예루살렘의 살인범의 손을 잡았다. 왜냐하면 우리는 죽은 자들의 부활을 매일 반복하여 기념하는 심야와 기도예식의 끝부분에 와 있었기 때문이다. 그리고 나는 그에게 말했다.

"멜기세덱 신부님과 나, 이렇게 여기서 우리와 함께 있으면, 안전할 거예요."

예루살렘의 살인범이 말했다.

"그리고 지극히 높으신 하느님의 도움으로 …"

내 아버지를 죽이려고 했던 사람이 왔음에도 불구하고, 나는 여전히 진짜 원수를 가지지 못했다고 생각했다. 예루살렘의 살인범은 내 눈에 결코 원수로 보이지 않았기 때문이다. 그는 그저, 라스보에니에서, 흰 계곡에서, 우리 고향 마을에서 우리를 학살했던, 하지만 그럼에도 불구하고 우리는 결코 그들을 죽일 용기를 낼 수 없었던 그 무서운 터키 병사들과 같았던 것이다. 왜냐하면 그 학살의 임무, 그의 복장에도 불구하고, 터키 병사는 우리 형제 중 한 명일 수 있었기 때문이었다. 뻬도마조마, 즉 우리가 정복자들에게 세금으로 바친 갓난아기들 중 하나일 수도 있었기 때문이다.

우리는 언제나 카인의 자리에 있기보다는 차라리 아벨의 자리에 있기를 원했다. 그것이 우리의, 루마니아 사람들의, 까르파티아에 사는 그리스도인들의 선택이었던 것이다. 우리의 형제들을 죽이느니 차라리 자신이 죽는 것을 선택하는 것 말이다. 터키 사람들처럼, 유대인들처럼, 결국 예루살렘의 살인범도 성인이 되는 데 꼭 필요했던 그리고 성 비르질이라는 이름이 축일달력에 들어가게 하는 데 절대적으로 필요했던 이 원수를 제공해주지는 못했던 것이다. 그래서 나는 계속해서 다만 한 명이라도 원수를 찾아야만 했다. 진짜 원수를 말이다. 터키 병사처럼 또 예루살렘의 살인범처럼 원수의 차림을 하고 있지만 실상은 숨겨진 형제들 말고. 또 나를 모욕하는 것인 줄만 알았지만, 실상은 나를 천사, 말락이라고 불렀던 유대인들 말고, 진짜 원수 말이다.

나의 원수 찾기는 꽤나 오래된 일이었다. 나는 예루살렘의 살인범에게 조언을 구했다. 어떻게 하면 내가 원수를 얻을 수 있겠는지 말이다. 그리고 그를 사랑해서 거룩함을 획득할 수 있을지에 대해서 말이다.

　예루살렘의 살인범은 내게 좋은 정보를 줄 수 있는 아주 탁월한 위치에 있었다. 이 땅에서 그는 천지사방 다 원수뿐이다. 그런데 나는 하나도 없다. 적어도 이 점에 있어서는 정말 불공평하다. 물론 다른 일에서도 세상은 언제나 그렇지만 말이다. 어떤 사람은 전부 가지고 있고, 또 어떤 사람은 하나도 없다.

두 예루살렘 사이의 여행

이오넬 말라이가 말했다.

"나는 숨을 곳을 찾아 사제관에 왔어. 어디도 안전하게 숨을 곳이 없었기 때문이야."

잠들기 전 나는 그에게 이렇게 물었다.

"여기서 오래 머물 건가요?"

그는 말했다.

"그렇지는 않을 거야. 나에겐 기차표가 하나 있어. 하지만 빠나기아 고개는 눈이 많이 내려 통행이 금지됐어. 고갯길이 열리는 대로 나는 떠날 거야. …"

떠날 것이라고 말하면서 그는 행복해했다.

예루살렘의 살인범은 스물에서 스물다섯 살 쯤 되어보였다. 하지만 강도 살인 절도의 경력은 벌써 상당했다. 지역 경찰들은 그를 공공의 적 1호로 여기고 있다. 이미 오래 전에, 언제 어디서든 눈에 띠는 대로 사살해도 좋다는 지시가 내려졌다. 맹수처럼 단번에 쓰러뜨려야 한다는 것이다.

"내 목에 현상금을 내걸고, 살려서건 죽여서건 나를 잡아 경찰에 넘겨주는 자에게는 백만 프랑에 해당하는 보상금을 약속한 뒤로, 내게 가장 큰 위험은 이제 경찰이 아니야. 수사관도 아니야. 그건 바로 정직한 시민들이야. 돈을 모으는 데만 관심이 있는 사람들, 평생 그것만 해온 사람들 말이야. 그들은 길거리에서 만나는 행인들을 주의 깊게 살피지. 예루살렘의 살인범이 아닌가 하고 말이야. 나를 경찰에 넘겨 백만 프랑을 주머니에 넣기 위해서. 나는 이제 더 이상 아무 데도 숨을 데가 없어. 멜기세덱 신부님만이 나를 넘겨주지 않을 유일한 분이시지. 그는 그 누구도 넘겨주지 않을 분이셔, 결코. 그래서 내가 여기에 온 거야. 호산나 강가 예루살렘, 내가 태어난 고향에 들어올 때는 모든 사람이 다 나를 알아볼 것이라는 위험도 감수한 거야. 심지어 내 친척들조차도 나를 넘겨줄 거야. 내게는 어머니도 아버지도 없어. 설사 있다 해도 아마 그들에게 가기를 겁냈을 거야. 그 백만 프랑 때문에. 왜냐하면 돈은 악마의 눈이기 때문이야. …"

예루살렘의 살인범은 울고 있었다. 어린 아이처럼 말이

다. 왜냐하면 그는 이제 겨우 소년티를 벗었을 뿐이었기 때문이다. 그는 아직도 어린 청년에 불과했다.

그는 다시 반복했다.

"그래. 돈, 그것은 악마의 눈이야. … 내가 놀란 것은 사람들이 그리스도의 목숨 값보다 더 많은 돈을 내 목숨에 걸어놓았다는 사실이야. 너는 이것에 대해 생각해 본 적이 있니? 그건 그야말로 신성모독이야. 이오넬 말라이가 그리스도보다 더 값이 나가다니! 빌어먹을. 유다도 백만 프랑을 받지는 못했어. 하지만 나, 이오넬 말라이를 팔아먹는 사람은 그걸 받게 되겠지. 세금도 안 붙이고 온전히 백만 프랑을 말이야. 우리 산골에서는 온 가족이 삼 대를 일해도 벌지 못할 큰돈을 말이야. …"

나는 이오넬 말라이가 불쌍했다. 그의 무기, 칼, 총탄띠, 수류탄, 소총 등, 뼛속까지 무장했던 그 모든 무기들을 다 내려놓았을 때, 그는 다만 소박하고 평범한 사람일 뿐이었다. 지치고 가난한 사람 말이다. 그리고 그는 잠들기 전에 내게 자신의 역사를 이야기해 주었다. 왜냐하면 그는 무엇보다도 내가 겁먹지 않길 바랐기 때문이다. 또 내게 나쁜 인상을 주고 싶지 않았기 때문이다. 내가 망치로 그의 손가락을 깨부순다 해도, 내가 그에게 겁먹는 것, 내가 그의 말을 믿지 않는 것에 비하면 그게 덜 고통스러웠을 것이다. 몇 년 전부터 모든 사람이 그를 추격해 왔다. 그는 부드러움도 친절함도 신뢰도 다 빼앗겨 버렸다. 그리고 그것은 물이나 양식이 없는 것보다 더 비참한 것이었다. 사람들은 궁핍과 기아로 죽는다. 그런데 부드러움과 친절은 우리를 키운다. 그것은 힘을 준다. 양식보다 더 말이다. 음료보다 더 말이다. 이오넬 말라이, 예루살렘의 살인범은 몇 년 전부터 단 한 방울의 부드러움도 친절도 신뢰도 맛보지 못했다. 그는 그것을 갈망했다. 이 모든 것의 결핍으로 진이 다 빠져 있었다. 그 누구보다도 지쳐있었다.

그는 말했다.
"나의 마지막 친구는 롱 라이플(Long-Rifle), 스키페타르였어. 그가 죽은 뒤, 나는 짐승처럼 살았지. 혼자, 두려움 속에서. 단 몇 초라도 내게 인간적인 시선을 갈망하면서 말이야. 마치 태양 빛과 같은, 지금 너의 시선과 같은 것 말이야. 나는 네가 나를 미워하지 않는 것을 알아. 너는 나를 미워하지 않지? 그렇지?"

나는 대답했다.
"맞아요. 미워하지 않아요."

"너는 나를 미워해야 할 이유가 없어. 나는 정말이지 네 아버지를 죽이려 하지 않았어. 그 반대야. 나는 다만 그에게 누를 끼치고 싶지 않았어. 그래서 떠나기 전에, 총을 몇 발 쏜 거야. 겁나서 그랬던 것만은 아니야. 다음 날 사람들이 와서 왜 면사 대금을 지키지 못했냐며 그분을 몰아세우지 못하게 하기 위한 것이기도 했어. 나는 사제관의 문턱이 돌로 된 것을 몰랐어. 나는 문턱을 향해 총을 쏘았지. 네 아버지를 다치게 하지 않으려고. 맹세컨대, 문턱이 나무가 아니라 돌이라는 것을 나는 정말 몰랐어. 그 돌 때문에 내가 네 아버지를 다치게 한 거야. 나도 알아. 그 때문에 그분이 죽을 수도 있었다는 것을. 하지만 나도 다쳤어. 여길 봐. …"

그는 자신의 다리를 보여주며 말했다.

"나는 의사를 찾아갈 수도 없어. 이 상처 부위가 감염되면, 나는 죽을 수도 있어. 내가 너의 아버지를 죽이려 하지 않았다는 것을 이제 믿겠니? 나도 같은 총알에 죽게 될지도 몰라. 왜냐하면 나는 단 한 발의 총알을 쏘았으니까."

내가 말했다.

"마마 쁘레스비떼라의 말에 의하면, 내 아버지의 다리에서는 여러 발의 총알이 발견되었데요."

"그건 다 같은 총알이야. 단지 총알 하나가 부서져 파편이 된 거지. 미국제 총알 한 발. 나를 믿을 수 없는 게로구나? 내 평생 나는 한 번도 사람을 죽이거나 다치게 하지 않았어. 나, 예루살렘의 살인범은 살인범이 아니야. …"

지방의 가장 유명한 살인범이라면, 비록 어린 아이에게도, 그런 주장을 하는 것은 위험한 것이다.

나는 입을 다물었다. 그에게 반박하지 않았다. 하지만 나는 그가 거짓말을 하고 있다고 확신했다. 그가 말한 모든 것이 거짓이라고 말이다. 일 년 전 내 고향 마을 여관 주인을 죽인 예루살렘의 살인범인 그가 어떻게 아무도 다치게 하거나 죽인 일이 없다고 말할 수 있단 말인가? 그는 내 얼굴에서 이마가 찌푸려지는 것을 보았다. 그리고 내 눈에서 내가 그를 믿지 않고 있다는 것을 읽었다. 그는 절망했다. 왜냐하면 그에게는 누군가 그를 믿어주는 것이야말로 사활이 걸린 문제였기 때문이다. 그를 신뢰해주는 것 말이다.

그는 말했다.

"어린 아이인 네가, 천사처럼 순결한 네가, 멜기세덱 신부님께 나를 여기에 있게 해달라고 말할 만큼 그렇게 마음이 넓은 네가, 그런 너조차도 나를 믿지 못하는데, 과연 이 지상에서 누가 나를 믿어주겠니?"

"여관 주인 모칸을 죽인 게 아저씨가 아니면, 누가 그랬단 말인가요? 사람들은 살인 현장에서 아저씨의 손자국, 아저씨의 신발 자국을 발견했어요. 그 여관에서요. 아저씨 핏자국도요. 아저씨도 잘 알 거예요."

"그래 맞아. 나도 거기 있었어. 여관 강도 사건에 나도 낀 것은 맞아. 하지만 여관주인 모칸을 죽인 건 내가 아니야. 그건 스키페타르였어. … 롱 라이플 말이야. 그가 죽인 거야. …"

"그는 아저씨 친구예요. 아저씨도 그와 한 패였어요! 아저씨도 그가 죽이는 걸 도왔어요. 아저씨는 살인공범이에요."

살인범이 하소연했다.

"제발, 다른 사람들처럼 나를 정죄하지 말아다오."

"아저씨는 스키페타르의 공범이에요. 그가 살인할 때 아저씨도 그와 함께 있었어요. 아저씨도 그 사람만큼이나 죄를 지은 거예요. 여관 주인을 죽인 것은 아저씨와 그 사람 둘 다예요. 아저씨 손에 죽은 다른 모든 사람도 마찬가지고요."

"죽인 건 스키페타르야. 내가 아니야. 결단코. 나는 누구도 때려본 적이 없어!"

살인범의 역사는 평범했다. 그는 예루살렘의 고아였다. 그의 부친은 겨울에 호산나 강 상류에 있는 삐삐리그의 산속 어딘가에서 나무 자르는 일을 하다가 펠라그레 병으로 죽었다. 예루살렘 주민 모두는 예루살렘의 수도원의 농노가 된 후로 언제나 나무 자르는 일을 해왔다. 그의 모친은 폐병으로 죽었다. 이오넬 말라이는 예루살렘 학교에 갔다. 내가 지금 다니는 학교 말이다. 병역처럼 교육 또한 의무였다. 학교를 마칠 즈음 그는 날품팔이를 시작했다. 그것은 일종의 '아까티스토스' 즉 '앉지 않는 사람', 항상 서 있어야 하는 사람이었다. 누군가 자신을 농장 일꾼으로 고용해주기를 기다리며 늘 서있어야 했던 것이다.[1] 얼마 후 그는 병역의 의무를 마치러 군대에 갔다. 징집영장이 나오기도 전에 자원병으로 말이다. 그것은 젊은 시절의 비참한 삶의 시간을 조금이라도 줄여보자는 생각에서였다.

"내가 롱 라이플, 스키페타르를 만난 것은 군대에서였어. … 그는 참 멋진 친구였지. 그는 단번에 나를 매혹시켜버렸어. 그는 핀도스 산맥 출신이었어. 산골 촌놈이었지. 나처럼 말이야. 하지만 세르비아, 불가리아, 그리스, 알바니아, 지중해를 두루 걸치고 있는 그 엄청난 산들은 정말 야생의 산들이었고 거칠었지. 거기 사는 사람들만큼이나 말이야. 스키페타르도 거친 사나이였어. 그는 언제나 나를 보호해주었어. 내 친구였지. 언젠가 휴가를 얻었을 때, 그가 여기 예루살렘에 왔었어. 우리 마을을 보았지. 그리고 멜기세덱 신부님도 만났어. 거룩하고 신성한 리뚜르기아

---

[1] Virgil Gheorghiu, *La Condottiera*, Paris, 1967.

에도 참석했고. 고백성사도 하고 성체성혈을 영하기도 했지. 왜냐하면 그는 거친 사나이였으니까. 하지만 그의 마음은 그가 살던 산들처럼 넓고 컸어. 그의 인간적인 마음은 하늘에 닿을 만했지. 그는 정말 마음이 넓었어. 나는 롱 라이플처럼 마음이 넓은 사람을 한 번도 본 적이 없어. 제대 후 그는 내게 말했어.

'너의 고향, 호산나 강가 예루살렘에는, 할 일이 없어. 너는 땅도 집도 가족도 없어. 아무 것도 없어. 그러니까 나랑 같이 아메리카로 가지 않을래?'

내가 물었지.

'아메리카?'

우리 같은 아까티스또스들은 군대에 있을 때나 여행을 하지. 철도를 이용해서, 공짜로, 병영이 설치되는 곳으로 말이야. 그렇지 않고는 여행할 일이 없지. 군대 가기 전에도 제대 후에도 말이야. 비르질, 너도 나중에 경험하게 될 거야. 가난한 사람들은 마치 뿌리가 땅에 박혀있는 나무들 같아. 대지에 말이야. 가난한 사람들, 앉지 않는 사람들, 아까티스또스들의 뿌리는 바로 궁핍이고 돈이 없다는 사실이야. 이런 까닭에 스키페타르, 롱 라이플이 함께 아메리카로 여행을 가지는 제안을 들었을 때, 나는 맨 처음에는 그가 농담하는 줄로 알았어. 우리 몰도바 사람들에게, 가장 긴 여행이 있다면, 그것은 우리가 이 세상에서의 삶의 마지막에 하게 될 여행, 호산나 강가 예루살렘을 떠나 천상의 예루살렘을 향해 가는 여행이지. 하지만 하늘은 우리의 산에서 그렇게 멀지는 않아. 내가 군대 생활을 했던 주둔지의 마을, 크라이오바는 호산나 강가 예루살렘보다 훨씬 더 하늘의 예루살렘에 가깝지. 우리는 철도를 이용해서 삼 일 밤낮을 여행했어.

롱 라이플이 말했어.

'나는 아메리카를 잘 알아. 거기에 가족도 있어. 먼 친척 말이야.'

그건 정말이었어. 그는 미국에서 보내온 편지들을 받곤 했지. 그는 대양 건너편에 친척이 있었던 거야.

'만약 나와 함께 가길 원한다면, 내가 데려갈게. 아메리카에 가면 너도 분명 행복해 할 거야. 행복한 사람이란 게 어떤 건지 알게 될 거야! 이 땅 어디서도 미국에서보다 더 행복할 수는 없으니까! 그곳은 풍요의 땅, 행복의 땅이야! 진짜 지상 천국이지. 미국에 가본 적이 없는 사람은 지상에서의 행복이 뭔지를 알 수가 없어.'

그래서 우리는 아메리카로 떠나기로 결심했어. 행복하게 살기로 말이야. 그리고 밤낮 그 꿈을 꾸었지."

스키페타르의 불행, 그의 죽음, 그리고 이오넬 말라이의 살인강도 전력, 이 모든 것이 그들의 꿈에서 비롯됐다. 지상에서 행복하게 살고 싶다는 꿈, 아메리카로 건너가 아메리카 사람이 되겠다는 꿈에서 말이다. 왜냐하면 꿈은 배의 돛과 같기 때문이다. 그것은 일에 활력을 준다. 삶의 진보를 돕는다. 바다에서 돛이 배를 앞으로 나가게 해주는 것과 똑같다. 하지만 만약 돛이 배의 규모에 비해 너무 크면, 배를 난파시킬 수도 있다. 죽음을 가져다 줄 수도 있다. 그래서 자기 분수에 알맞은 꿈을 꾸어야 한다. 자신의 무게와 자신의 가치에 알맞은 꿈 말이다. 그런데 아메리카, 그것은 이제 막 병역을 마친 스키페타르와 말라이, 이 두 친구에게 너무 큰 꿈이었다.

스키페타르는 말라이에게 이렇게 말했다.

"아메리카 사람들, 그들은 부유한 사람들이야. 멋진 사람들이지. 그들은 온갖 기계들을 다 발명했어. 무슨 일이든 그들은 이 땅 그 어디서도 찾아볼 수 없는 것들을 이용하지. 천국에나 가야 가질 수 있는 것들을 말이야. 아메리카 사람들은 모두가 부유하고 행복해. 도로는 죄다 우유 빛깔처럼 희고, 곧고, 무한하지. 그들은 모두 자동차를 타고 다녀. 하늘에는 비행기가 가득하고. 그들은 모두 날아다니지. 새들처럼. … 만약 우리가 아메리카에 가게 된다면, 우리도 그들처럼 살게 될 거야."

나는 일곱 살 때, 예루살렘의 살인범의 입을 통해서, 아메리카 사람들이, 동화에 나오는 마법의 세계에도 존재하지 않는 그런 놀랍고도 신화 같은 문명을 창조해냈다는 것을 알게 되었다. 이 문명, 이 안락함을 소유하게 된 순간부터, 그들이 마치 굉장한 장난감을 가지게 되어 그것을 최대한 가지고 놀기 위해 잠자러 가는 것도 다 거절하고 떼를 쓰는 어린아이처럼 되리라는 것은 너무도 당연한 것이다. 그래서 아메리카 사람들은 언제나 밖에서, 외면적으로 살아간다. 그들 자신을 위해 건축한 놀라운 세상 속에서 말이다. 그들의 놀라운 나라에서, 길거리에서, 비행장에서, 레스토랑에서, 극장에서, 영화관에서 말이다. 행복을 만들어주는 모든 기계들을 최대한 사용하면서 말이다. 오직 밖에서, 외면적으로 살아가기 때문에, 그들은 더 이상 그들의 내면으로 들어가려 하지 않는다. 그들의 내적인 삶으로 들어가려 하지 않는다. 각 사람의 마음과 영혼 안에 있는 삶으로 말이다. 왜냐하면 그들이 외적으로 소유하고 있는 것이 비교할 수 없을 만큼 훌륭하기 때문이다. 그들은 도시 바깥에서 야영하는 집시들처럼 산다. 이렇게 바깥에서 살아감으로써 그들은 혼자 있는 습관을 잃어버렸다. 그리고 이것은 끔찍한 재앙으로 그들을 이끌었다. 모든 것을 할 수 있게 된 그들은 더 이상 목동이 될 수 없게 되었다. 왜냐하면 목동은 홀로 있는 것에 만족하는 사람이기 때문이다. 혼자 사는 것에 만족하는 사람이기 때문이다. 자기 생각, 자기의 꿈, 자기의 감정을 가지고 외부 세계와 단절한 채 살아가는 사람이기 때문이다. 그런데 기계들의 가시적인 세상 문명에서 단절된, 그 안락함에서 단절된, 그의 경이로운 사회에서 끊어져 나간 아메리카 사람은 머리가 잘려나간 사람보다 더 죽은 사람이다. 아메리카 사람들에게는 외부 세계가 그들 자신의 살보다 더 중요하다. 그것은 그들의 살을 대체한다. 그들에게는 모든 것이 외적이고 가시적이다. 그리고 그들의 내면에는 무엇이든지 말라버린다. 텅 비어 버린다. 그 공허함 속에서 살기 위해 무슨 짓을 했는가? 내적인 삶, 영혼의 생명을 소홀히 함으로써, 그들은 결국 그것을 잃고 말았다. 사람이 어떤 신체 부위를 사용하지 않으면, 그것은 결국 사라지고 만다. 만약 아메리카 사람이 홀로 있게 된다면, 그는 사막 한가운데 던져진 사람보다 더 비참할 것이다. 혼자 있는 아메리카 사람은 자기 안에서 텅 빈 사막과 공허를 발견하고는 두려워한다. 그리고 술을 마시기 시작한다. 인사불성의 상태가 되기 위해서, 자기 자신의 사막에 홀로 있지 않기 위해서 말이다. 그가 살기 위해서는 외적인 것이 필요하다. 그렇지 않으면 그는 죽고 만다. 이것은 외적인 것만 갈망하다가 자신의 모든 내적인 풍요를 잃어버린 유다 민족의 탄식을 전해주는 예레미야의 외침을 기억나게 한다. "내 눈이 내 영혼을 황폐하게 만들어구나!"[2] 다시 말해 유다 민족은 "눈에 보이는 것을 탐하다가, 보이지 않는 덕을 다 잃어버렸던 것이다."³ "그 나무를 쳐다보니 과연 먹음직하고 보기에 탐스러울 뿐더러 사람을 영리하게 해줄 것 같아서, 그 열매를 따먹었다."⁴고 하던 이브처럼 말이다.

이 지경에 이르자, 모든 기계들의 주인들은 목동이 없게 되었다. 문명은 양들을 필요로 한다. 양모, 양고기, 치즈를 위해서 말이다. 양이 없이는 삶도 없다. 하지만 목동이 없는데 어떻게 양이 있겠는가? 그러자 아메리카 사람들은 금을 주고 외국의 목동들을 수입한다. 목동이라 함은 사실 혼자서도, 홀로 있어도 행복한 사람을 의미한다. 목동의 모든 풍요함은 바로 그 자신 안에 있기 때문이다. 세상에서 가장 훌륭한 목동들, 아니 내적으로 풍요한 사람들은 지구 표면 모든 곳에서 사라져 가고 있기에 아마도 현재로선 유일한 목동들, 탁월한 목동들, 내적인 삶을 가진 유일한 사람들, 그들은 바로 산 속에 있다. 특히 바스크 지방, 삐레네 산맥, 핀다스 산맥, 까르파티아 산맥에 있다. 그래서 아메리카 정부는 이 산에 사는 목동들을 수입한다. 세상에 목동을 제공할 수 있는 유일한 곳인 이곳에서 말이다. 그리고 이오넬 말라이와 스키페타르는 목동이 되기 위해서 미국으로 가기로 결심했던 것이다.

---

2) 예레미야 애가 3장 51절.
3) Saint Grégoire le Grand, Les vices principaux, II, 1.
4) 창세기 3장 6절.

문제는 아메리카에 도착하는 것이었다. 그들은 여권과 비자를 발급받았다. 여행에 꼭 필요한 서류들이었다. 그들에게 부족한 것이 있다면, 이제 뱃삯을 지불할 돈뿐이었다. 그들은 흑해에 있는 콘스탄짜 항구까지 걸어서 갔다. 숙소와 양식을 얻기 위해 날품팔이를 하면서 말이다. 콘스탄짜에서 그들은 뱃사람으로 속이고 몰래 배에 올라타려 했다. 그러나 그것은 불가능했다. 그리고 그들은 체포되었고 재판에 넘겨져 몇 주간 감옥살이를 해야 했다. 그 다음 다시 그들의 고향으로 보내졌다. 손에는 수갑이 채워진 채 경찰서에서 경찰서로 인계되면서 말이다. 그들이 경찰로부터 겪은 굴욕, 부당한 처사, 폭행과 폭력, 그들을 부랑아처럼 다룬 헌병대의 행태들이 그들을 점점 더 모질게 만들었고, 살기를 불어넣었고, 변화시켜 버렸다.

호산나 강가 예루살렘에 당도한 이오넬 말라이의 온 몸은 상처투성이였다. 마치 도형수처럼 폭행과 쇠사슬과 고문으로 인한 멍투성이였다. 그는 이십 년은 더 늙어 보였다. 그리고 그의 마음은 반항심으로 모욕감으로 굳어질 대로 굳어져 있었다.

스키페타르, 그는 경찰들에 끌려서 돌아간 그의 고향 마을, 그의 고향집을 떠났고, 어느 날 호산나의 예루살렘에 이르렀다.

"우리 함께 조합을 털자. 그 돈으로 아메리카로 가는 뱃삯을 지불하는 거야."

롱 라이플이 제안했다. 그는 이미 소총도 구비해 놓았고, 그로 인해 롱 라이플이 그의 별명이 되었다.

이오넬 말라이가 대답했다.

"도둑질은 나쁜 짓이야. 그건 죄란 말이야."

호산나 강가 예루살렘 출신인 이오넬 말라이는 그리스도인이었다. 그는 아메리카로 가서 이 땅에서 행복을 누리며 살기 위해 그의 고향을 떠나고 싶어 했다. 하지만 그는 그가 영원히 살게 될 저 하늘의 예루살렘에 들어가지 못하는 일은 결코 원치 않았다.

스키페타르가 말했다.

"농담이야. 그건 죄지. 도둑질을 해서는 안 돼. 맞는 말이야. 하지만 만약 우리가 국가의 돈을 훔친다면, 조합의 돈을 훔친다면, 그건 도둑질이 아니야. 이웃에게 속한 것을 훔치는 건 분명 도둑질이야. 하지만 국가, 그건 우리의 이웃이 아니잖아. 국가는 아무 것도 아니야. 그것은 무야. 없는 거야. 허구에 불과한 거라고. 이론적으로 말하자면, 국가는 곧 우리 자신이야. 그러니까 만약 우리가 국가의 금고에서 돈을 취한다면, 그것은 마치 우리 주머니에서 돈을 취하는 거나 마찬가지라는 거지. 그건 도둑질이 아니지. 하느님도 그것을 죄로 여기지 않으실 거야. 십계명도 그에 대해선 아무 말도 없잖아."

스키페타르는 정말 감탄스러울 정도로 언변이 좋았다. 그는 정말 유혹자였다. 사람을 뒤에서 조종할 수 있었다. 그는 국가의, 조합의 금고를 털어도 죄가 없는 깨끗한 사람으로 남게 될 거라고 이오넬 말라이를 설득했다. 그리고 그들은 그렇게 했다. 그런데 사고가 났다. 경비원들이 상해를 입었다. 그들을 체포하려 했던 헌병과 경비들이 죽었다. 그러고도 그들은 아직 필요한 만큼의 돈을 수중에 넣지 못했다. 여관 강도질과 여관주인 모칸의 살해는 이오넬 말라이를 절망에 빠뜨렸다. 하지만 너무 늦었다. 그들은 체포되었지만 헌병 한 명을 죽이고 다시 도망쳤다. 그 와중에 스키페타르는 헌병들에 의해 사살됐다. 이오넬 말라이 혼자 남게 되었다. 사람들은 스키페타르가 저지른 모든 범죄와 살인을 그에게 덮어 씌웠다. 그들은 항상 같이 행동했고 같이 체포되었다. 하지만 스키페타르가 죽은 지금, 예루살렘의 살인범이라고만 불리게 된 이오넬 말라이는 그 모든 것을 물려받게 된 것이다. 무기들, 총탄 띠, 돈. 뿐만 아니라 이제 그에게 덮여 씌워진 그 모든 범죄까지 말이다.

그는 내게 말했다.

"나는, 내 손으로 아무도 죽이지 않았고, 다치게 하지도 않았어. 내가 무기를 잡게 된 건 스키페타르가 죽은 다음부터야. … 나는 그를 숲속에 묻었어. 그리고 그가 가지고 있던 모든 것을 가지게 되었지. 왜냐하면 죽게 된 이상, 그는 아무 것도 필요 없게 되었으니까. 그의 롱 라이플 소총도, 그의 탄띠도, 그의 은행 수표도. 내가 다 가지게 된 거야. 그리고 나 혼자서 그를 묻어 주었어. … 만약 아메리카에 도착하게 된다면, 나는 불쌍한 스키페타르를 위해서 추도식을 해줄 거야."

"그러면 면사 대금은 왜 훔친 거예요?"

"돈이 조금 부족했어. 나는 계속 쫓기는 신세니까 아메리카로 가는 배를 타기 위해 콘스탄짜로 갈 수 없게 된 거지. 그래서 기차를 타고 떠나기로 결심했어. 비엔나까지 가려면 돈이 더 필요했던 거야. 하지만 이제 빠나기아 고개마저 큰 눈으로 인해 기차가 다닐 수 없게 되었어. 며칠 전부터 나는 어디로 가야할지 모르겠는 거야. 고갯길이 다시 열릴 때까지 기다리는 수밖에 없었지. 나는 부상을 입었어. 그래서 추운 숲 속에 더 이상 숨어있을 수가 없었지. 누군가의 집에 숨어든다면, 그가 나를 신고하고 말거야. 내 머리에는 백만 프랑이 걸려있으니까. 그래서 나는 네가 여기에 있는 줄도 모르고 무작정 여기로 온 거야. 네가 나에게 원한을 품지 않았다니 정말 고마워. 내가 너의 아버지에게 부상을 입힌 것은 운이 안 좋았기 때문이야. 절대 일부러 그런 게 아니라고. 내가 아무도 죽이거나 다치게 하지 않았다고 주장한다면, 나를 믿어주겠니?"

나는 말했다.

"만약 경찰이 아저씨를 잡으면, 살인죄로 재판할 거예요. 그것도 여러 건의 살인죄로 말이에요! …"

그가 대답했다.

"고개만 넘어갈 수 있었으면 좋겠어. 그러면 경찰도 어쩔 수 없을 거야."

때는 이제 막 겨울 초입이었다. 다른 곳은 아직도 가을이었다. 그리고 포도수확이 한창이었다. 하지만 여기는 이미 폭설이 내렸고 고개는 폐쇄되었다. 예루살렘의 살인범, 이오넬 말라이는 우리 집에서 오래도록 머물러야 할 것이다. 우리와 함께 말이다. 나는 예루살렘의 살인범과 함께 겨울을 보내야 한다는 것, 그와 함께 벽난로 위의 따뜻한 잠자리를 공유해야 한다는 것이 싫지만은 않았다. 나는 다만 그의 생명이 걱정스러웠을 뿐이다. 이중의 의미에서 그랬다. 먼저, 마을 사람 모두가 그를 알고 있다. 그러므로 그가 사제관에 숨어있다는 사실은 얼마 안 가 모두에게 알려질 것이다. 게다가 그는 큰 부상을 입었다. 내 아버지를 죽일 뻔했던 그 총알로 인해서 말이다. 그는 겨우 걸을 수 있을 뿐이었다. 의학적 치료가 없이는 나을 수 없을 정도였다. 하지만 의사를 찾아가는 것은 불가능하다. 예루살렘의 살인범이 처한 상황은 절망적이었다. 그는 하늘이 내게 보내준 첫 번째로 심각한 원수였다. 하지만 그와 함께 꼽또르에서 자면서, 나는 그도 나와 똑같은 사람이라고 생각하게 되었다. 살인범은 나의 친구였지 원수가 아니었던 것이다.

나는 그를 사랑했고, 그를 불쌍히 여겼다. 그는 비참하고 가난한 삶으로 인해 아메리카로 가서 목동이 되길 원했던 사람이었던 것이다. 왜냐하면 그는 내적인 삶을 소유하고 있었기 때문이다. 우리 고향 산골에 사는 모든 사람들이 그렇듯 말이다. 그는 얼마 안 있어, 갑작스럽게 떠났다. 걸어서 산을 넘어가겠다는 메모 하나를 남겨 놓고 말이다. 그는 봄을 기다릴 수 없었던 것이다.

나는 예루살렘의 살인범 이오넬 말라이가 아메리카에서 목동이 되는 그의 꿈을 이루었을 것이라고 생각한다. 그래도 그는 여전히 아메리카 문명의 경이로움보다는 그의 영혼 안에 지니고 있는 경이로움을 더 좋아할 것이라고 생각한다. 그러므로 그는 좋은 목동이다. 그리고 그는 저 높은 곳, 하늘의 예루살렘의 훌륭한 시민이 될 것이다. 만약 이미 그곳에 가 있지 않다면 말이다. 지상의 예루살렘과 하늘의 예루살렘 사이에는 우리가 건너가야 할 많은 위험이 있다.

그가 떠났을 때 나는 울었다. 하늘에서 그는, 부상당한 몸으로 어떻게 빠나기아 고개를 걸어서 넘어갈 수 있었는지 내게 말해 줄 것이다. 아무튼 나는 계속해서 나의 진짜 원수를 기다리고 있었다.

거의 반세기가 지난 오늘날도, 나는 여전히 비르질이라는 아름다운 이름을 거룩하게 하려는 나의 결심 안에 굳게 머물러 있다. 나는 신학을 공부했고 사제가 되었다. 내 조상들처럼 말이다. 대 스코베이의 진짜 후손에 걸맞게 말이다. 내게 가장 경이로운 세계는 언제나 아무 간섭도 받지 않고 자기 자신과 함께 머물 수 있는 사람들의 세계이다. 아메리카 사람들과는 다른 세계. 나는 목동들이 될 수 있는 사람들과 같은 부류이다. 그들은 사라져가고 있는 종족이다. 왜냐하면 외적인 세계는 너무도 경이로움을 선사해주고 있기 때문이다. 모든 것이 우리를 밖으로 불러낸다. 비르질이란 이름의 성화에 대해선, 나는 여전히 그것을 실현하는 것이 가능하다고 믿는다. 일곱 살 때와 마찬가지로 지금도 나는 성인이 되기 위해선 원수를 사랑해야 한다는 것을 알고 있다. 그런데 오늘날 내게 부족한 것은 원수가 아니다. 원수는 이루 헤아릴 수 없이 많다. 바다의 모래만큼 많다. 진짜 원수들. 끔찍한 원수들이 밤낮 사방에서 나를 노리고 있다. 어쩌면 나를 둘러싸고 있는 모든 것이 다 원수일지도 모른다. 그렇게 많은 원수에도 불구하고, 또 그들을 사랑하려는 나의 노력에도 불구하고, 나는 비르질이라는 이름의 성화와 신화로 이끌어줄 영적인 완전을 향한 전진 안에서, 나의 뽈리띠아 안에서, 정체 상태에 빠져 있다. 내 원수들은 지상에서 나에게 가장 큰 도움을 주는 이들이기 때문이다. 어떤 친구도 내 원수들이 내게 제공하는 그 봉사를 제공하지 않는다. 매순간 사방에서 나를 노리고 있는 그들 덕분에, 나는 언제나 정신을 바짝 차리고 있다. 내 원수들 덕분에, 나는 최대한으로 나의 잘못과 죄와 오류를 줄이도록 강요받는다. 평생 이 땅에서 내가 선을 이룰 수 있었다면, 그것은 내 원수들 덕분이다. 내가 중대한 오류를 저지르지 않았다면, 눈을 부라리며 나를 감시하는 내 원수들 덕분이다. 나는 발걸음마다 조심해야 한다. 내가 이 땅에서 실현한 모든 선이 다 내 원수들의 괴롭힘과 그들의 증오 덕분이기 때문에, 나는 다만 그들에게 감사할 뿐이다. 선을 행하게 하고 악을 피하게 해주는 이들에게 감사하는 마음을 가지는 것은 그야말로 당연한 일 아닌가. 그들이 없었다면 나는 아마도 선이라고는 아무것도 행할 수 없었을 것이라고 고백한다. 내가 범한 모든 잘못, 오류, 모든 죄 또한 나는 내 원수들의 탓으로 돌린다. 왜냐하면 그들은 친구들처럼 용서하지 않기 때문이다. 그러므로 나는 지금까지 나를 도와 준 것에 대해, 또 지금도 여전히 밤낮으로 가차 없는 감시로 나를 도와주고 있는 것에 대해 그들에게 사의를 표한다. 그러므로 나는 그들을 미워할 수가 없다. 왜냐하면 그들은 내 인생의 끝날까지 어떤 친구도 해줄 수 없는 봉사를 내게 제공해왔고, 제공하고 있고, 앞으로도 제공할 것이기 때문이다!

그러므로 한 가지 분명한 사실은, 논리적으로 보아도 나는 결코 내 원수들을 미워할 수 없다는 것이다. 물론 나는 그들과 싸운다. 하지만 나는 그들에 대해 눈곱만큼의 증오심도 품지 않는다.

그런데, 원수를 미워하지 않는 것만으로는 충분치 않다. 그리스도인이 자기 이름을 거룩하게 하려면, 그들을 사랑해야 한다. 나는 내 마음을 다해서 온전히 엄청나게 많은 내 원수들을 사랑하고 있다고 확신한다. 그 모든 원수를 말이다. 그들이 없다면 나는 죽고 말 것이다. 하지만 나의 사랑은 이기적이다. 그것은 그리스도인의 참된 사랑이 아니다. 자발적이고 이해타산을 넘어선 무상의 사랑이 아닌 것이다.

가끔 나는 그들이 그렇게 귀한 협력자가 아니었다 해도 나는 내 원수들을 사랑했을 것이라고 장담하곤 한다! 하지만 곧 의심이 몰려온다. 사랑에 관해서, 우리는 그 무엇도 확신할 수 없다. 사람은 자기가 정말 사랑하고 있는지 아니면 사랑한다고 믿고 있는지 구체적으로 알지 못한다.

남자와 여자 사이의 흔한 세속적 사랑에서도 우리는 사랑한다고 굳게 믿곤 한다. 그것이 진실하고 영원한 것이라고 맹세한다. 그러나 실상, 우리는 자신을 속일 뿐이다. 사랑한다는 환상을 가지고 있을 뿐이다.

자신의 사랑을 증명해 보이는 데는 두 가지 방법이 있다. 먼저 사랑하는 사람을 위해 자신의 목숨을 내놓는 것이다.

두 번째 증거는 의심할 필요도 없이 이것, 즉 원수를 용서하고, 그들을 축복하고, 그들이 우리를 죽이려는 순간에도 그들을 위해 기도하는 것이다. 그리스도가 그렇게 하신 것처럼 말이다. 수많은 순교자들이 그랬듯이 말이다. 십자가에서 마지막 숨을 쉬시기 전에 하신 그리스도의 말씀은 분명하다. 그는 원수들을 사랑하셨다. 그들을 용서하셨다. 그들을 위해 기도하셨다. 그래서 그분은 거룩하신 것이다.

나는 사 반 세기 전부터 망명 생활을 하고 있다. 물들이 배를 에워싸듯, 사방으로 원수들에 둘러싸여서 말이다. 뱃사람이 자신의 유해가 땅에 묻히지 않고 바다에 뿌려질 것이듯이, 나도 마찬가지로 나를 에워싼 원수들에 의해 죽임을 당하여 인생을 마치게 될 것이다. 논리적으로도 나는 그 무엇으로도 대체할 수 없는 수많은 내 원수들의 손에 내 영혼을 내놓을 수밖에 없다. 하지만 우리 시대에는 그리스도의 시대처럼 공개적인 장소에서, 도성 바깥에서, 형벌을 구경하는 수많은 사람들 앞에서 십자가에 처형하지는 않는다. 성 스테파노스 보제를 돌로 쳐 죽였던 것처럼, 돌로 쳐 죽이지도 않는다. 공개적으로 목매달아 죽이지도 않는다. 수많은 관중들 앞에서 맹수에게 던져지지도 않는다. 오늘날은 멀리서 은밀하게 죽인다. 흔적도 남기지 않는다. 내 원수들이 내게서 목숨을 제거하려는 순간이 되어서야 비로소, 나는 내가 정말 원수들을 사랑하는지 알게 될 것이다. 결코 그 전은 아니다. 하지만 그 순간이 되면, 아무도 증인이 될 수 없다. 어디에나 현존하시는 하느님을 제외하곤 말이다. 오직 그분만이 내 죽음의 증인이 되실 것이다. 그분만이 내가 나를 죽인 이들을 사랑하는지 아실 것이다.

나는 하느님을 사랑한다. 그분이 나의 창조주이기 때문이다. 그분은 나의 아버지시다. 그분은 나의 위대한 대제사장이시다. 하지만 내가 그분을 사랑하는 특별한 또 하나의 이유가 있다면, 그것은 그분만이 내 죽음의 유일한 증인이실 것이기 때문이다. 오직 그분만이 내가 정말로 내 원수들을 사랑하는지, 나를 죽음에 몰아놓은 그들을 용서하는지 듣고 보실 것이다. 이렇게 나는 일곱 살 때부터 원수를 사랑하기로 결심했다. 그것은 축일달력에 성 비르질이라는 이름이 없기 때문이다. 이 땅에서 나는 명명축일을 박탈당했기 때문이다.

하지만 내 모험의 마지막을 아는 사람은 아무도 없을 것이다. 긴장감은 언제나 유지될 것이다. 내가 마지막 숨을 내쉴 때, 오직 하느님만이 나의 고유한 음성을 듣고 보실 것이다. 내가 나를 죽인 살해자들을 사랑하는지, 그래서 내가 그토록 꿈꿔온 영광에, 인간에게 가장 크고 위대한 그 영광에 들어갈 만한지 말이다.